藏诵读版

后汉书全鉴

〔南朝宋〕范晔◎著 东篱子◎解译

扫一扫
免费赠送3种国学音频！

国家一级出版社 中国纺织出版社 全国百佳图书出版单位

内 容 提 要

《后汉书》是一部记载东汉历史的传记体史书，由南朝刘宋时的范晔所著，全书共分一百二十卷，包括纪十卷、列传八十卷和志三十卷，记载了从王莽末年起至汉献帝之间约二百年的历史。书中人物形象鲜明，个性突出，有一定的典型性。如：舍生取义的李膺、范滂等，富有极高的文学价值和史学价值。正如章太炎所言："《史》、《汉》之后，首推《后汉书》。"陈寅恪也说："蔚宗（范晔字）之为《后汉书》，体大思精，信称良史。"

图书在版编目（CIP）数据

后汉书全鉴：典藏诵读版 /（南朝宋）范晔著；东篱子解译．—北京：中国纺织出版社，2019.4
ISBN 978-7-5180-6086-3

Ⅰ.①后… Ⅱ.①范… ②东… Ⅲ.①中国历史—东汉时代—纪传体 ②《后汉书》—注释 ③《后汉书》—译文 Ⅳ.①K234.204.2

中国版本图书馆 CIP 数据核字（2019）第 063528 号

策划编辑：段子君　　责任校对：王花妮　　责任印制：储志伟

中国纺织出版社出版发行
地址：北京市朝阳区百子湾东里 A407 号楼　邮政编码：100124
销售电话：010—67004422　传真：010—87155801
http://www.c-textilep.com
E-mail：faxing@c-textilep.com
中国纺织出版社天猫旗舰店
官方微博 http://weibo.com/2119887771
佳兴达印刷（天津）有限公司印刷　各地新华书店经销
2019 年 4 月第 1 版第 1 次印刷
开本：710×1000　1/16　印张：20
字数：254 千字　定价：49.80 元

目录

纪

列传

纪

光武帝纪

【题解】

《光武帝纪》为《后汉书》的首篇。光武帝刘秀为东汉开国皇帝，本篇讲述了光武帝辉煌的一生：凭借自身权谋和胆识，在当时纷乱动荡的时代，击败各方涌起的势力，即皇帝位，平定了天下，建立了东汉王朝；光武帝跟随时代的步伐，拨乱反正，休养生息，勤政宽仁，开创了光武中兴的盛世。

【原文】

世祖光武皇帝讳秀①，字文叔，南阳蔡阳人，高祖九世之孙也，出自景帝生长沙定王发。发生春陵节侯买，买生郁林太守外，外生钜鹿都尉回，回生南顿令钦，钦生光武。光武年九岁而孤，养于叔父良。身长七尺三寸，美须眉，大口，隆准②，日角。性勤于稼穑③，而兄伯升好侠养士，常非笑光武事田业，比之高祖兄仲。王莽天凤中④，乃之长安，受《尚书》，略通大义。

【注释】

①世祖：刘秀的庙号。

②准：鼻子。

③稼穑：耕种和收获。

④天凤：王莽的第二个年号。

【译文】

东汉世祖光武皇帝刘秀，字文叔，为南阳蔡阳人，是汉高祖刘邦的九世孙，出自汉景帝的儿子长沙定王刘发这一脉。刘发的儿子为春陵节侯刘买，刘买的儿子为郁林太守刘外，刘外的儿子为钜鹿都尉刘回，刘回的儿子为南顿县令刘钦，刘钦的儿子便是汉光武帝刘秀。光武帝刘秀九岁时便死了父亲，他由叔父刘良抚养长大。光武帝身高七尺三寸，须眉浓密，嘴宽，鼻挺，额头饱满。刘秀生性比较勤劳、喜欢耕种庄稼，而他的哥哥刘伯升喜欢行侠义之事、供养门客，经常讥笑汉光武帝刘秀只知道在田间劳作，并将刘秀比作汉高祖刘邦的哥哥刘喜。王莽天凤年间，刘秀才前往长安，开始跟随老师学习《尚书》，略微知道其中的大义。

【原文】

莽末，天下连岁灾蝗，寇盗锋起。地皇三年①，南阳荒饥，诸家宾客多为小盗。光武避吏新野，因卖谷于宛。宛人李通等以图谶说光武云②："刘氏复起，李氏为辅。"光武初不敢当，然独念兄伯升素结轻客，必举大事，且王莽败亡已兆，天下方乱，遂与定谋，于是乃市兵弩。十月，与李通从弟轶等起于宛，时年二十八。

【注释】

①地皇：王莽的第三个年号。

②图谶（chèn）：古时关于帝王

受命征验之类的书籍，多指预言、隐语等。开始于秦朝，盛行于东汉。

【译文】

王莽末年，天下连年遭受蝗灾，盗匪四起。地皇三年，南阳灾荒严重，各家门客大多都成了行盗之人。光武帝刘秀为了躲避官吏而逃到新野地区，并在附近的宛地以卖粮为生。宛地人李通等以古时帝王受命征验之类的书籍鼓动光武帝刘秀说："刘氏一族将要复兴，李氏一族将会辅佐他们成就大业。"起初光武帝并不敢相信，不过又想到自己的兄长刘伯升素来喜欢结交仁义豪杰，他一定会举兵起事的，而且王莽政权败亡的征兆已经出现，天下已经动荡不安，于是光武帝便和李氏商议谋反之事，并在市集上购置兵器弩弓等。十月，光武帝和李通的从弟李轶在宛地起兵，那一年他二十八岁。

【原文】

十一月，有星孛于张。光武遂将宾客还舂陵。时伯升已会众起兵。初，诸家子弟恐惧，皆亡逃自匿，曰"伯升杀我"。及见光武绛衣大冠①，皆惊曰"谨厚者亦复为之"，乃稍自安。伯升于是招新市、平林兵，与其帅王凤、陈牧西击长聚。光武初骑牛，杀新野尉乃得马。进屠唐子乡，又杀湖阳尉。军中分财物不均，众恚恨②，欲反攻诸刘。光武敛宗人所得物，悉以与之，众乃悦。进拔棘阳，与王莽前队大夫甄阜、属正梁丘赐战于小长安，汉军大败，还保棘阳。

【注释】

①绛衣：深红色的衣服。古时代指军服。

②恚（huì）：愤怒，怨恨。

【译文】

十一月，有彗星在张宿出现。光武帝便带着宾客返回了舂陵。当时刘伯升已经会合众人起兵。刚开始，各家子弟都十分恐惧，争相逃窜自保，并说"刘伯升要杀掉我"。等他们看到穿着军服的光武帝时，又都惊讶地说"谨慎厚道的人也起兵造反了"，这才有些安心。于是刘伯升召集新市、平林地方的兵力，和他们的主帅王凤、陈牧一起攻打西面的长聚。刚开始光武帝只能骑着牛征战，后来杀掉了新野县尉才得到了马匹。进而攻打唐子乡，又杀死了湖阳县尉。军中的财物分配不均匀，引起了众怒，将士们想要反攻刘氏一族。后来光武帝将家族中人所得的财物聚拢起来，并全部分给了将士，将士们这才满意了。攻打下棘阳后，又和王莽前队大夫甄阜、属正梁丘赐交战于小长安，汉军大败，只能又退守棘阳。

【原文】

更始元年正月甲子朔，汉军复与甄阜、梁丘赐战于沘水西，大破之。斩阜、赐。伯升又破王莽纳言将军严尤、秩宗将军陈茂于淯阳[①]，进围宛城。

【注释】

①纳言：王莽时期，将大司农改为纳言。

【译文】

更始元年正月初一，汉军又和甄阜、梁丘赐所率领的军队在沘水西岸决战，大获全胜。斩杀了甄阜、梁丘赐二人。刘伯升又在淯阳打败了王莽的纳言将军严尤、秩宗将军陈茂所率领的部队，并进一步围攻宛城。

【原文】

二月辛巳，立刘圣公为天子，以伯升为大司徒[①]，光武为太常偏将军[②]。

【注释】

①大司徒：官名。

②太常：官名。秦朝时期设立，为奉常，后汉景帝时期改为太常。

【译文】

二月辛巳日，拥立刘圣公（刘玄）为天子，刘伯升为大司徒，光武帝刘秀为太常偏将军。

【原文】

三月，光武别与诸将徇昆阳、定陵、郾，皆下之。多得牛、马、财物，谷数十万斛，转以馈宛下。莽闻阜、赐死，汉帝立，大惧，遣大司徒王寻、大司空王邑将兵百万，其甲士四十二万人，五月，到颍川，复与严尤、陈茂合。初，光武为舂陵侯家讼逋租于尤[1]，尤见而奇之。及是时，城中出降尤者言光武不取财物，但会兵计策。尤笑曰："是美须眉者邪？何为乃如是！"

【注释】

①逋（bū）租：拖欠税租。

【译文】

三月，光武帝刘秀另外带着各位将士攻打昆阳、定陵、郾等地，都一一拿下了。缴获了大量的牛、马、财物，获得几十万斛的谷物，光武帝刘秀便将这些全部转赠给宛地的军队。王莽听说了甄阜、梁丘赐被杀，汉帝已立的消息，十分恐惧，便派遣大司徒王寻、大司空王邑率领百万将士，其中全副武装的精锐甲士有四十二万人，五月份，大军到达颍川，和在此地的严尤、陈茂大军会合。起初，光武帝刘秀曾经为了叔父舂陵侯家而前往严尤那里状告拖欠田租的佃户，严尤见到刘秀并认为他是一个奇异之人。而到如今，严尤又听从城中投奔自己的人说光武帝刘秀不聚敛财物，只专注于操练军队、谋划战局。严尤笑着说："是那个须眉浓密的人吗？他为什么这么做呢！"

【原文】

初，王莽征天下能为兵法者六十三家数百人，并以为军吏；选练武卫，招募猛士，旌旗辎重，千里不绝。时有长人巨无霸，长一丈，大十围，以为垒尉；又驱诸猛兽虎豹犀象之属，以助威武。自秦、汉出师之盛，未尝有也。光武将数千兵，徼之于阳关[1]。诸将见寻、邑兵盛，反走，驰入昆阳，皆惶怖，忧念妻孥，欲散归诸城。光武议曰："今兵谷既少，而外寇强大，并力御之，功庶可立；如欲分散，势无俱全。且宛城未拔，不能相救，昆阳即破，一日之间，诸部亦灭矣。今不同心胆共举功名，反欲守妻子财物邪?”诸将怒曰：“刘将军何敢如是!”光武笑而起。会候骑还[2]，言大兵且至城北，军陈数百里，不见其后。诸将遽相谓曰：“更请刘将军计之。”光武复为图画成败。诸将忧迫，皆曰：“诺。”时城中唯有八九千人，光武乃使成国上公王凤、廷尉大将军王常留守，夜自与骠骑大将军宗佻、五威将军李轶等十三骑[3]，出城南门，于外收兵。时莽军到城下者且十万，光武几不得出。既至郾、定陵，悉发诸营兵，而诸将贪惜财货，欲分留守之。光武曰：“今若破敌，珍珤万倍[4]，大功可成；如为所败，首领无余，何财物之有!”众乃从。

【注释】

①徼（yāo）：拦击。

②候骑：负责巡逻侦察的骑兵。

③骠骑大将军，五威将军：骠骑大将军，汉武帝时期设置，霍去病算是第一任骠骑大将军，此后便沿用下来；五威将军，王莽时期设置的武官职称，官服有五色，以此来威令天下。

④瑶（bǎo）：古时候同“宝”。

【译文】

起初，王莽征召天下熟习兵法的人，有六十三家门派共几百人，并将一些军中职务委任给他们；挑选、训练武士，招募勇猛之士，运送辎重的军车，绵延千里。当时有一个高人自称巨无霸，高一丈，宽十围，王莽任其为垒尉；又有驱赶虎豹犀象之类的猛兽，为军队将士助威。自从秦汉出师盛况以来，这还是从未有过的景象。光武帝刘秀带领几千士兵，在阳关这个地方拦击王莽的军队。各位将士见王寻、王邑的兵力强盛，便掉头就跑，奔回昆阳，一副惊心惶恐的样子，又思念家中妻儿，便想要趁着混乱之际回到城中。光武帝刘秀商议说：“如今我们的兵力粮草都比较少，而敌军的力量却非常强大，如若我们合力攻击他们，或许还能有建立功业的机会；如若是分散开来，就势必无法保全了。更何况刘伯升带领的大军还没有攻下宛城，无法前来支援，昆阳一旦被攻破，一日之间，各位部将也都会被歼灭了。而今各位将士们却不同心协力共创功名，反而却想要去守着妻子和财物吗?”各位将士发怒道：“刘将军为何会说出这样的话!”光武刘秀笑着起身。正好此时负责侦察的骑兵回来了，说王莽大军已经到达城北地区，军列排了有数百里，根本看不到他们的队尾。各位将士急忙对光武刘秀说：“还请刘将军拿个主意。”光武帝刘秀又为了战局的成败而做出相应的谋划策略。各位将士很急迫忧虑，都说：“好。”当时城中只有八九千人，光武帝刘秀便让成国上公王凤、廷尉大将军王常在城中留守，当天晚上他和骠骑大将军宗佻、五威将军李轶等十三骑人马，从城南门出去，在城外收兵。当时城下的王莽兵力足有十万之多，光武帝刘秀几乎没有办法突出重围。等他们到达郾城、定陵之后，将各个营部的兵力全部调动出来，不过各位将领却都是贪财怕死之人，都想要分守自己的营地。光武帝刘秀说：“如若现在能够攻破敌军，就可以得到上万倍的珍宝奇玩，也就能够成就大的功业；如果今天失败，各位将领的性命不保，又何谈财物呢！”于是各位将士才听命跟从。

【原文】

六月己卯，光武遂与营部俱进，自将步骑千余，前去大军四五里而陈。寻、邑亦遣兵数千合战。光武奔之，斩首数十级。诸部喜曰：“刘将军平生见小敌怯，今见大敌勇，甚可怪也，且复居前。请助将军！”光武复进，寻、邑兵却，诸部共乘之，斩首数百千级。连胜，遂前。时伯升拔宛已三日，而光武尚未知。乃伪使持书报城中，云“宛下兵到”，而阳堕其书。寻、邑得之，不憙①。诸将既经累捷，胆气益壮，无不一当百。光武乃与敢死者三千人，从城西水上冲其中坚②，寻、邑陈乱，乘锐崩之，遂杀王寻。城中亦鼓噪而出，中外合执，震呼动天地，莽兵大溃，走者相腾践，奔殪百余里间③。会大雷风，屋瓦皆飞，雨下如注，滍川盛溢④，虎豹皆股战，士卒争赴，溺死者以万数，水为不流。王邑、严尤、陈茂轻骑乘死人度水逃去。尽获其军实辎重、车甲珍宝⑤，不可胜算，举之连月不尽，或燔烧其余。

【注释】

①憙（xǐ）：同“喜”。

②中坚：中坚力量。古时军事作战时，中军是其中最尊贵的。

③殪（yì）：跌倒。

④滍（zhì）川：滍水，古水名。

⑤军实：器械和粮食，泛指军需物资。

【译文】

六月己卯日，光武帝和各个营部同时出发，自己带领着千名步骑兵，在和王莽大军相距四五里的地方驻扎。王寻、王邑也派遣几千名兵士迎战。光武帝刘秀奔入敌军阵营，斩杀了几十名敌军。各营部的将领都高兴地说："刘将军平日里见到一个瘦小的敌人都会胆怯，而今看到强敌却是勇猛无畏，这可真是奇怪，而且还冲在阵列的前面。我们来协助将军！"光武帝刘秀又进攻，王寻、王邑兵士有些退却，各营部将士乘胜追击，斩杀敌军几百几千个。连续打了胜仗，光武帝刘秀的部队又前进了一些。当时，刘伯升攻下宛地已经有三天的时间了，但是光武帝刘秀尚且没有得到这个消息。于是他便让人假装拿着刘伯升的书信告诉城里的人，说"宛地的援军马上就要到了"，并假装将这封信丢在了半路上。王寻、王邑得到了这封信，心里很不高兴。而汉军又连连得胜，气势旺盛，可以以一当百。于是光武帝刘秀又带着三千敢死之士，从城西水上攻打王莽部队的中坚力量，王寻、王邑的军列大乱，汉军便乘机摧毁敌军，杀掉了王寻。城中的汉军也擂鼓而出，和外围的汉军里应外合，呼声震动天地，王莽军队大败，争相出逃的人相互践踏，奔走溃逃的队伍有百余里。适逢雷雨大作，屋瓦乱飞，大雨如注，滍川水满溢出，老虎豹子都吓得战战兢兢，士兵们都争相逃命，溺死的人更是数以万计，河水都因此而被堵塞不流。王邑、严尤、陈茂轻装骑马踏着溺死者的尸体逃走了。光武帝刘秀的军队缴获敌军所有的军需辎重、车甲珍宝，数不胜数，几个月都没办法搬运完，只能将剩下的一部分烧掉了。

【原文】

光武因复徇下颍阳①。会伯升为更始所害，光武自父城驰诣宛谢②。司徒官属迎吊光武，光武难交私语，深引过而已。未尝自伐昆阳之功，又不敢为伯升服丧，饮食言笑如平常。更始以是惭，拜光武为破虏大将军，封武信侯。

九月庚戌，三辅豪杰共诛王莽，传首诣宛。

【注释】

①颍阳：郡名，今河南省许昌市。

②父城：县名，今河南省平顶山市。

【译文】

光武帝又乘机攻下颍阳。此时刘伯升已经被更始帝刘玄杀死，光武帝刘秀又从父城疾驰到宛城谢罪。司徒府的属官都前来迎接光武帝刘秀，光武帝刘秀却无法私下和他们说些什么，只能深深地自责。他没有自夸讨伐昆阳时的功劳，又不敢为刘伯升服丧，饮食谈笑都和平日里一样。更始帝因此心有惭愧，封刘秀为破虏大将军，并封为武信侯。

九月庚戌日，长安周边的三辅（京兆、左冯翊、右扶风三个郡）中的豪杰之士合谋杀死了王莽，并将他的首级送往宛城。

【原文】

更始将北都洛阳，以光武行司隶校尉[1]，使前整修宫府。于是置僚属，作文移[2]，从事司察，一如旧章。时三辅吏士东迎更始，见诸将过，皆冠帻，而服妇人衣，诸于绣𧝑，莫不笑之，或有畏而走者。及见司隶僚属，皆欢喜不自胜。老吏或垂涕曰："不图今日复见汉官威仪！"由是识者皆属心焉。及更始至洛阳，乃遣光武以破虏将军行大司马事。十月，持节北度河，镇慰州郡。所到部县，辄见二千石、长吏、三老、官属[③]，下至佐史，考察黜陟[④]，如州牧行部事。辄平遣囚徒，除王莽苛政，复汉官名。吏人喜悦，争持牛、酒迎劳。

【注释】

①司隶校尉：官名，汉武帝时期开始设置。

②文移：文书，公文。

③二千石：享俸禄两千石的官员，这里指郡守。

④黜陟（chù zhì）：官吏的升降。

【译文】

更始帝刘玄准备北上定都洛阳，便让光武帝刘秀代理司隶校尉一职，先行到洛阳整修宫殿府邸。于是光武帝刘秀便安置官署，起草公文，从事司察事宜，一切的规章制度都和汉朝旧时一样。当时三辅地区的官员们都准备迎接更始帝进入洛阳，他们看到跟随更始帝的将士们的穿着都非常随意，戴着头巾，穿着女人的服装，在宽大上衣外面还套着一个绣着花的半袖短衣，没有不讥笑他们的，还有一些人竟然畏惧地跑开了。等见到了司隶一行的官署，（更始帝一行）都喜不自胜。有些老官员哭着说："不敢想象如今又能看到汉朝时期的威仪！"由此有识之人开始有了归附的意思。更始帝到达洛阳，便派遣光武帝刘秀以破虏大将军的身份行使大司马的职权。十月，光武帝刘秀拿着符节北渡黄河，镇抚慰问各个州郡。他所去的每个郡县，都会接见郡守、长吏、三老、官属，还有各个部门的小官，考察官员的升降问题，如同州牧治理自己所属的郡国一样。他还为一些冤假错案平反，废除了王莽苛政，恢复了汉朝时期的官名。官吏们都很高兴，争相拿着牛肉、美酒来迎接慰劳他。

【原文】

进至邯郸[①]，故赵缪王子林说光武曰[②]："赤眉今在河东[③]，但决水灌之，百万之众可使为鱼。”光武不答，去之真定[4]。林于是乃诈以卜者王郎为成帝子子舆，十二月，立郎为天子，都邯郸，遂遣使者降下郡国。

【注释】

①邯郸：属于赵国，今河北省南部。

②缪王：汉景帝的第七代孙子刘元。

③赤眉：起义军将领樊崇等人担心作战时会和王莽的军队混淆，便让自己的将士将眉毛涂成红色，称之为“赤眉”。

④真定：今河北省正定县。

【译文】

光武帝刘秀行进到邯郸时，已故赵缪王的儿子刘林对光武帝说：“如今赤眉军驻扎在河东，只要将黄河堤岸掘开而水淹他们，就能够让百万赤眉军变成游鱼。”光武帝刘秀没有应答，便去了真定。于是刘林便使诈让以占卜为业的王郎假扮成汉成帝的儿子刘子舆，十二月，拥立王郎为天子，定都邯郸，又派遣使者前往各个州郡劝降。

【原文】

二年正月，光武以王郎新盛，乃北徇蓟[1]。王郎移檄购光武十万户，而故广阳王子刘接起兵蓟中以应郎[2]，城内扰乱，转相惊恐，言邯郸使者方到，二千石以下皆出迎。于是光武趣驾南辕，晨夜不敢入城邑，舍食道傍。至饶阳[3]，官属皆乏食。光武乃自称邯郸使者，入传舍[4]。传吏方进食，从者饥，争夺之。传吏疑其伪，乃椎鼓数十通[5]，绐言邯郸将军至，官属皆失色。光武升车欲驰，既而惧不免，徐还坐，曰：“请邯郸将军入。”久乃驾去。传中人遥语门者闭之。门长曰：“天下讵可知，而闭长者乎？”遂得南出。晨夜兼行，蒙犯霜雪，天时寒，面皆破裂。至呼沱河[6]，无船，适遇冰合，得过，未毕数车而陷。进至下博城西[7]，遑惑不知所之。有白衣老父在道旁，指曰：“努力！信都郡为长安守[8]，去此八十里。”光武即驰赴之，信都太守任光开门出迎。世祖因发旁县，得四千人，先击堂阳、贳县[9]，皆降之。王莽和成卒正邳彤亦举郡降。又昌城人刘植，宋子人耿纯，各率宗亲子弟，据其县邑，以奉光武。于是北降下曲阳[10]，众稍合，乐附者至有数万人。

【注释】

①蓟（jì）：现今北京一带。

②广阳王：刘嘉，为汉武帝的第五代孙。

③饶阳：今河北省肃宁县。

④传舍：客馆。

⑤椎鼓：击鼓。

⑥呼沱河：滹沱河，位于今山西省境内。

⑦下博：今河北省深州市西南。

⑧信都郡：今河北省冀州市。

⑨堂阳、贳（shì）县：堂阳，今河北省新河县；贳县，今河北省辛集市南智丘镇。

⑩下曲阳：今河北省晋州市西北方向。

【译文】

更始二年正月，光武帝刘秀认为王郎是新起的兴盛力量，于是便北上攻打蓟县。王郎颁发檄文以十万户悬赏捉拿光武帝刘秀，而已故广阳王的儿子刘接在蓟县起兵以响应王郎，城内混乱不堪，百姓惊恐不安，都说邯郸的使者就要到了，郡守以下的官员都要出城去迎接。于是光武帝刘秀驱车往南逃窜，日夜都不敢再进入城中，吃穿住都在路边解决。到达饶阳后，跟从的官署都出现了缺粮的情况。于是光武帝刘秀便自称是邯郸的使者，在客馆住下。小吏刚把食物呈上来，光武帝刘秀的随从便争相抢夺起来。传菜的小吏（看到这种情况）怀疑其中有诈，便击鼓几十下，谎称邯郸的将军已经来到了，光武帝的属官都大惊失色。光武帝刘秀想要上车逃跑，继而又想（这件事情）恐怕无法避免了，便又慢慢地坐下，说："请邯郸将军进来。"他们等了很久才驾车离开。客馆中的小吏召唤远处的守门人把城门关上。守城门的人说："天下的归属还不知道，难道就要把尊贵的人关起来吗？"于是刘秀一行人便从南门出去。日夜兼程，冒着风霜雨雪，再加上当时天气正寒冷，他们的脸都冻破冻裂了。到达滹沱河后，河中没有船只，幸好当时河水结冰，可以从河面走过去，可还没过完便有几辆兵车掉入河中。刘秀一行人来到下博城西，惊恐未定的将士们不知道何去何从。路边有一位白衣老人，指引他们说：“努力！信都郡的人都在守卫长安，和此地相距八十里。”光武帝刘秀听后急忙赶去，信都郡的太守任光开门迎接。刘秀也趁机发动附近县城的人马，又得到了四千人，先是攻打堂阳、贳县地区，都降服了。王莽帐下的和成卒正邳彤也带着州郡的人前来归降。还有昌城人刘植，宋子人耿纯，各自率领自己的宗族子弟，把他们所占领的县邑都献给光武帝刘秀。于是光武帝刘秀又北上降服了下曲阳，军队也慢慢壮大，愿意跟随他的人有数万之多。

【原文】

复北击中山[①]，拔卢奴[②]。所过发奔命兵[③]，移檄边部，共击邯郸，郡县还复响应。南击新市、真定、元氏、防子[④]，皆下之，因入赵界。

【注释】

①中山：国名。今河北唐县安田一带。

②卢奴：县名，今河北省定州市。

③奔命：古时候郡国都有材官、骑士，碰到紧急的事情时，便挑选一些骁勇善战之士，奔赴战场，奋勇杀敌，所以称之为“奔命”。

④新市，元氏，防子：新市，县名，今河北省新乐市南部；元氏，今河北省元氏县西北一带；防子，今河北省高邑县西南方向。

【译文】

光武刘秀又带军击破了中山国，攻下卢奴县。他每经过一个地方就要征召一些骁勇善战的奔命兵，并将檄文移送到边境的各个部门，相互约定要一起攻打邯郸城，各个州郡也都争相响应。光武刘秀又率领军队攻打新市、真定、元氏、防子四地，都攻下了，并趁机进入赵国境内。

【原文】

时王郎大将李育屯柏人[①]，汉兵不知而进，前部偏将朱浮、邓禹为育所破，亡失辎重。光武在后闻之，收浮、禹散卒，与育战于郭门，大破之，尽得其所获。育还保城，攻之不下，于是引兵拔广阿[②]。会上谷太守耿况、渔阳太守彭宠各遣其将吴汉、寇恂等将突骑来助击王郎[③]，更始亦遣尚书仆射谢躬讨郎，光武因大飨士卒，遂东围钜鹿。王郎守将王饶坚守，月余不下。郎遣将倪宏、刘奉率数万人救钜鹿，光武逆战于南䜌[④]，斩首数千级。四月，进围邯郸，连战破之。五月甲辰，拔其城，诛王郎。收文书，得吏人与郎交关谤毁者数千章。光武不省，会诸将军烧之，曰：“令反侧子自安[⑤]。”

【注释】

①柏人：县名，今河北省柏乡县西南。

②广阿：县名，今河北省隆尧东。

③上谷，渔阳，突骑：上谷，郡名，今河北省怀来县一带；渔阳，郡名，今北京市密云西南方向；突骑，负责突击作战的骑兵。

④南䜌（luán）：县名，今河北省巨鹿县一带。

⑤反侧：出自《诗经·周南·关雎》："辗转反侧"，有内心不安之意。

【译文】

当时，王郎手下大将李育驻守在柏人城，汉军不知道这一情况而继续前行，前部偏将朱浮、邓禹的军队被李育攻破，弄丢了粮草军需装备。位于后行军的光武刘秀听说了这个消息，又将被打散的朱浮、邓禹部下召集起来，和李育在郭门交战，打败了李育的军队，将他们所得到的军需（指的是从朱浮、邓禹那里夺去的军需物资）又全部夺了回来。李育又退回城中把守，光武刘秀的军队又久攻不下，只能带兵转而攻打广阿县。正好又遇到上谷太守耿况、渔阳太守彭宠二人各自派来手下大将吴汉、寇恂等人率军前来协助汉军攻打王郎，更始帝刘玄也派遣尚书仆射谢躬率军讨伐王郎，光武帝刘秀犒赏将士，随后又带军东下围攻钜鹿。王郎的大将王饶守卫巨鹿，汉军用了一个月的时间都没有攻下来。王郎派遣大将倪宏、刘奉率领几万人马救援钜鹿，光武刘秀在南䜌进行了一场激战，斩杀敌军数千人。四月，光武带兵围攻邯郸，连战连胜。五月甲辰日，汉军攻下邯郸，诛杀王郎。光武刘秀缴获了王郎的文书，得到了几千封自己部下与王郎勾结污蔑自己的信件。光武刘秀没有理会，召集全部将士（当着他们的面）把信件烧毁了，并说："让那些内心不安的人心安吧。"

【原文】

更始遣侍御史持节立光武为萧王，悉令罢兵诣行在所①。光武辞以河北未平，不就征。自是始贰于更始。

【注释】

①罢兵：停兵。

【译文】

更始帝派遣侍御史拿着符节以封光武刘秀为萧王，并命令他停兵返回更始帝的所在地。光武刘秀以河北还没有平定为由，拒绝回去。从这时开始光武刘秀就已经对更始帝生起了二心。

【原文】

是时，长安政乱，四方背叛。梁王刘永擅命睢阳，公孙述称王巴蜀，李宪自立为淮南王，秦丰自号楚黎王，张步起琅邪，董宪起东海，延岑起汉中，田戎起夷陵，并置将帅，侵略郡县。又别号诸贼铜马、大肜、高湖、重连、铁胫、大抢、尤来、上江、青犊、五校、檀乡、五幡、五楼、富平、获索等，各领部曲①，众合数百万人，所在寇掠。

【注释】

①部曲：古时候，军队的编制。泛指军队。

【译文】

当时，长安政事混乱，四方人马都纷纷叛离。梁王刘永在睢阳擅自专权，公孙述在巴蜀称王，李宪自立为淮南王，秦丰自封为楚黎王，张步起兵于琅邪，董宪起兵于东海，延岑起兵于汉中，田戎起兵于夷陵，各自设立将帅职位，侵略周边各个郡县。他们又有别号为铜马、大肜、高湖、重连、铁胫、大抢、尤来、上江、青犊、五校、檀乡、五幡、五楼、富平、获索等，各自率领军队，人数加起来有百万之多，在他们的所在地行掠夺之事。

【原文】

光武将击之，先遣吴汉北发十郡兵。幽州牧苗曾不从，汉遂斩曾而发其众。秋，光武击铜马于鄡，吴汉将突骑来会清阳。贼数挑战，光武坚营自守；有出卤掠者①，辄击取之，绝其粮道。积月余日，贼食尽，夜遁去，追至馆陶，大破之。受降未尽，而高湖、重连从东南来，与铜马余众合，光武复与大战于蒲阳，悉破降之，封其渠帅为列侯。降者犹不自安，光武知其意，敕令各归营勒兵[②]，乃自乘轻骑按行部陈[③]。降者更相语曰：“萧王推赤心置人腹中，安得不投死乎!”由是皆服。悉将降人分配诸将，众遂数十万，故关西号光武为“铜马帝”。赤眉别帅与大彤、青犊十余万众在射犬，光武进击，大破之，众皆散走。使吴汉、岑彭袭杀谢躬于邺。

【注释】

①卤掠：掠夺。

②勒兵：指挥军队。

③按行：巡视。

【译文】

光武刘秀准备攻打他们，先派遣大将吴汉召集十郡的兵马北上。幽州牧苗曾不肯服从命令，于是汉军便杀掉了苗曾而调动了他的军队。秋季，光武刘秀在鄡地攻打铜马军，吴汉率领骑兵到达清阳和光武刘秀会合。贼人几次挑战，光武刘秀则一直守营不出；而只要有出城掠夺的铜马军，光武刘秀便派人拦截他们，切断他们的粮草通道。这般持续了一个多月，贼人的粮草断绝，想要趁着夜色逃离，光武刘秀派兵追到了馆陶县，将贼人一举攻破。铜马军还没有受降完毕，高湖军、重连军又从东南方向赶来，和剩余的铜马军队会合，光武刘秀又和他们大战于蒲阳，攻破之后又让他们全部归降，封他们的主帅为列侯。归降的人心中仍有不安，光武刘秀知道他们的疑虑，便让他们回到各自的营部去带领士兵，自己又骑着轻骑前去巡视军队。受降者相互私语说：“萧王对我们推心置腹，我们又如何不以死相报呢!”于是众人皆服。于是光武刘秀将受降之人全部分配给诸位将领，他的军队也由此发展到几十万人，所以关西地区的人将光武刘秀称为“铜马帝”。赤眉军其他部将和大彤、青犊的十几万人马在射犬会和，光武刘秀率军继续攻击，将他们全部攻破，各路人马溃败逃窜。光武刘秀派遣吴汉、岑彭袭击邺城并杀掉了谢躬。

【原文】

青犊、赤眉贼入函谷关，攻更始。光武乃遣邓禹率六裨将引兵而西，以乘更始、赤眉之乱。时，更始使大司马朱鲔、舞阴王李轶等屯洛阳[①]，光武亦令冯异守孟津以拒之。

【注释】

①朱鲔（wěi）：字长舒，今湖北省武汉市人。

【译文】

青犊、赤眉两路贼人进入函谷关，攻打更始帝。于是光武刘秀便派遣邓禹率领六路大军向西引兵，想要利用更始帝、赤眉军混乱的时机。当时，更始帝派遣大司马朱鲔、舞阴王李轶等人驻守洛阳，光武刘秀也命令冯异在孟津坚守以对抗他们。

【原文】

建武元年春正月，平陵人方望立前孺子刘婴为天子[①]，更始遣丞相李松击斩之。

光武北击尤来、大抢、五幡于元氏，追至右北平，连破之。又战于顺水北[②]，乘胜轻进，反为所败。贼追急，短兵接[③]，光武自投高岸，遇突骑王丰，下马授光武，光武抚其肩而上，顾笑谓耿弇曰："几为虏嗤。"弇频射却贼，得免。士卒死者数千人，散兵归保范阳[④]。军中不见光武，或云已殁，诸将不知所为。吴汉曰："卿曹努力！王兄子在南阳，何忧无主？"众恐惧，数日乃定。贼虽战胜，而素慑大威，客主不相知，夜遂引去。大军复进至安次⑤，与战，破之，斩首三千余级。贼入渔阳，乃遣吴汉率耿弇、陈俊、马武等十二将军追战于潞东，及平谷，大破灭之。朱鲔遣讨难将军苏茂攻温，冯异、寇恂与战，大破之，斩其将贾彊。

【注释】

①平陵，刘婴：平陵，今陕西省咸阳市；刘婴，汉宣帝的玄孙。

②顺水：徐水，今河北省满城县北面。

③短兵：指近身作战。

④范阳：县名，今河北省满城县东北方向。

⑤安次：县名，今河北省廊坊市安次区西北方向。

【译文】

建武元年（公元25年）春正月，平陵人方望拥立西汉孺子刘婴为天子，更始帝派遣丞相李松出击并斩杀了刘婴。

光武刘秀北上元氏以攻打尤来、大抢、五幡等军，并追击到右北平，将他们一一攻破。后又在顺水北面交战，乘着胜利的势头草率进兵，最后反被敌军打败。贼人追赶得急，两军最后短兵相接，光武刘秀丢弃战马而徒步向高处走去，遇到了骑兵将领王丰，王丰将战马让给了光武刘秀，光武刘秀抚了一下他的肩膀然后上马，又回头笑着对耿弇说："差一点儿就该让贼人耻笑了。"耿弇频频箭射敌军，才得以免于此难。汉军兵力损失几千人，溃散的兵力全都退守范阳。军中人没有看到光武刘秀，有些人便说或许已经战死了，各位将领都不知道如何是好。吴汉说："我们还要再努力一些！大王兄长的儿子在南阳，又何必忧虑没有君主呢？"众人心中依然恐惧，几日之后方才安定下来。虽然贼人打了胜仗，但他们却一直畏惧汉军的威仪，再加上双方都不知道底细，所以贼人（并没有乘胜攻击而是）趁夜离去了。（光武刘秀归营后）汉军又继续前进并到达安次，在安次和敌军交战，将敌军攻破，斩杀敌军三千余人。贼人进驻渔阳，光武刘秀又派遣吴汉率领耿弇、陈俊、马武等十二将军追击敌军并在潞城东面交战，之后又到达平谷，将敌军歼灭。朱鲔派遣讨难将军苏茂攻打温城，冯异、寇恂率军与之作战，打败了苏茂的军队，斩杀了他的大将贾彊。

【原文】

于是诸将议上尊号①。马武先进曰："天下无主。如有圣人承敝而起，虽仲尼为相，孙子为将，犹恐无能有益。反水不收②，后悔无及。大王虽执谦退，奈宗庙社稷何！宜且还蓟即尊位，乃议征伐。今此谁贼而驰骛击之乎③？"光武惊曰："何将军出是言？可斩也！"武曰："诸将尽然。"光武使出晓之，乃引军还至蓟。

【注释】

①上尊号：这里指让刘秀登基为皇。

②反水不收：覆水难收，意为事情已成定局，无法改变。

③驰骛：奔走。

【译文】

于是诸位将领便商议让光武刘秀称帝。马武首先进言说："天下没有君主。如若有圣明之人趁着国运衰败而起，即便任用孔子为宰相，任用孙子为将军，恐怕还是没有什么益处。覆水难收，后悔不及。虽然大王谦逊退让，可是又将国家社稷置于何地呢！大王应该返回蓟地并即刻登基称帝，然后再商讨出兵征伐的事情。而今连谁是贼人都不知道，又四处奔走地去攻打谁呢？"光武刘秀惊呼："将军为何说出这样的话？可是要斩头的！"马武说："各位将军都是这样说的。"光武刘秀让马武出去后向各位将军做了解释，便带兵返回蓟城。

【原文】

夏四月，公孙述自称天子。光武从蓟还，过范阳，命收葬吏士。至中山，诸将复上奏曰："汉遭王莽，宗庙废绝，豪杰愤怒，兆人涂炭①。王与伯升首举义兵，更始因其资以据帝位，而不能奉承大统，败乱纲纪，盗贼日多，群生危蹙。大王初征昆阳，王莽自溃；后拔邯郸，北州弭定②；参分天下而有其二[③]，跨州据土，带甲百万。言武力则莫之敢抗，论文德则无所与辞。臣闻帝王不可以久旷，天命不可以谦拒，惟大王以社稷为计，万姓为心。”光武又不听。

【注释】

①兆人：民众。

②弭定：平定。

③参：通“三”，三分。

【译文】

夏四月，公孙述自称天子。光武刘秀从蓟城返回，路过范阳，便下令埋葬官吏的遗体。之后又到达中山国，各位将领又上奏说：“汉朝遭遇王莽乱政，宗庙废绝，豪杰愤怒，百姓生灵涂炭。大王和刘伯升率先起兵举事，而更始帝却凭借他的资本占据了皇帝的位置，但他却无法继承汉朝的大统，纲纪败坏，盗贼日益增多，众生危急。大王您初征昆阳时，便将王莽军队打得溃不成军；后来又攻下邯郸，平定了北方各个州郡；三分之二的天下都被您掌握在手中，占据了各个州郡的领土，拥有甲士百万。论武力没有人可以和您抗衡，论文德也无人能够和您相提并论。我听说帝王之位不可以长久空缺，天命也不可谦虚辞让，只恳请大王要以天下社稷为重，将天下万民放在心中。”光武刘秀又不听。

【原文】

行到南平棘[①]，诸将复固请之。光武曰：“寇贼未平，四面受敌，何遽欲正号位乎？诸将且出。”耿纯进曰：“天下士大夫捐亲戚，弃土壤，从大王于矢石之间者，其计固望其攀龙鳞，附凤翼，以成其所志耳。今功业即定，天人亦应，而大王留时逆众，不正号位，纯恐士大夫望绝计穷，则有去归之思，无为久自苦也。大众一散，难可复合。时不可留，众不可逆。”纯言甚诚切，光武深感，曰：“吾将思之。”

【注释】

①南平棘：县名，今河北省赵县以南。

【译文】

光武大军来到南平棘，各位将领又请求称帝之事。光武刘秀说：“寇贼还没有平定，我们现在四面受敌，又何必要急着确定天子称号呢？各位将士先出去吧。”耿纯进言说：“天下间的士大夫离别了亲人，背弃了故土，而死心塌地地跟着大王出生入死，原本就希望能够攀龙附凤，以成就自己的志向。而今功业即成，天人应和，而大王却一直拖延时间违背民意，不肯称帝，我担心士大夫们会因此而失去了希望，生起归去之意，还请大王不要行让自己困苦的事情了。民众一旦散去，再想复合就困难了。时间不可以拖延，民意不可以违逆。”耿纯的言辞很是诚恳，光武刘秀颇为感慨，说：“我会好好考虑的。”

【原文】

行至鄗[①]，光武先在长安时同舍生彊华自关中，奉《赤伏符》，曰“刘秀发兵捕不道，四夷云集龙斗野，四七之际火为主[②]。”群臣因复奏曰：“受命之符，人应为大，万里合信，不议同情，周之白鱼[③]，曷足比焉？今上无天子，海内淆乱，符瑞之应，昭然著闻，宜答天神，以塞群望。”光武于是命有司设坛场于鄗南千秋亭五成陌。

【注释】

①鄗（hào）：县名，今河北省柏乡县村。

②四七：二十八。汉高祖刘邦到光武帝刘秀初期为二百八十年。

③白鱼：武王伐纣时，周武王带军渡河，河中有白鱼跃起，并落入周武王的船中。白鱼目下有赤红色的花纹，传递出武王伐纣的意思。

【译文】

光武大军又来到了鄗地，先前和光武刘秀一起在长安学习同住的学友彊华从关中过来，并给光武献上了《赤伏符》，说：“刘秀骑兵取代无道君主，四方群龙云集争斗于旷野之上，（自汉高祖刘邦到刘秀时期为）二百八十年，刘秀五行属火，正是汉朝命定的君主。”群臣因此又上奏说：“天命的祥瑞，应该以人事为大，万里合信，众人也没有异议，周武王时期的白鱼事件，又怎能和您的情况相比呢？而今天下无主，四海混乱，福瑞已经应验，昭然著闻，您应该答谢天神的旨意，以满足众人的期望。”于是光武刘秀便让官员在鄗城南面的千秋亭中的五成陌设坛祭天。

【原文】

六月己未，即皇帝位。燔燎告天[①]，禋于六宗[②]，望于群神[③]。其祝文曰：“皇天上帝，后土神祇，眷顾降命，属秀黎元，为人父母，秀不敢当。群下百辟，不谋同辞，咸曰：‘王莽篡位，秀发愤兴兵，破王寻、王邑于昆阳，诛王郎、铜马于河北，平定天下，海内蒙恩。上当天地之心，下为元元所归[④]。’谶记曰：‘刘秀发兵捕不道，卯金修德为天子。’秀犹固辞，至于再，至于三。群下佥曰[⑤]：‘皇天大命，不可稽留。’敢不敬承。”于是建元为建武，大赦天下，改鄗为高邑。

【注释】

①燔（fán）燎：烧柴祭天。

②禋（yīn）：祭祀的名称。

③望：祭祀的名称。

④元元：泛指黎民百姓。

⑤佥（qiān）：都。

【译文】

六月己未日，光武刘秀即皇帝位。烧柴祭天，禋祀“六宗”，望祀群神。其祝文中写道：“皇天上帝，后土神祇，因眷顾百姓而降下天命，将百姓托付给刘秀，让其为天下主，可刘秀却不敢担当这份责任。文臣百官，却不谋而合、言辞一致，都说：‘王莽篡位，刘秀愤怒之下起兵举事，在昆阳攻破了王寻、王邑的军队，在河北地区诛杀王郎、铜马，天下平定，四海蒙恩。上承天地之心，下为众望所归。’谶记说：‘刘秀发兵讨伐无道之人，卯金修德应为天子。’刘秀依然推辞，一而再，再而三。群臣都说：‘皇天大命，不可以拖延。’刘秀不敢不恭敬地接受。”于是改建元为建武，大赦天下，改鄗为高邑。

【原文】

冬十月癸丑，车驾入洛阳，幸南宫却非殿[①]，遂定都焉。

【注释】

①却非殿：宫殿名。

【译文】

冬十月癸丑日，光武帝的车驾驶入洛阳，前往南宫却非殿，于是便将洛阳定为都城。

【原文】

二年春正月甲子朔，日有食之。大司马吴汉率九将军击檀乡贼于邺东，大破降之。庚辰，封功臣皆为列侯，大国四县，余各有差。下诏曰：“人情得足，苦于放纵，快须臾之欲，忘慎罚之义。惟诸将业远功大，诚欲传于无穷，宜如临深渊，如履薄冰，战战栗栗，日慎一日。其显效未酬，名籍未立者，大鸿胪趣上[①]，朕将差而录之。”博士丁恭议曰：“古帝王封诸侯不过百里，故利以建侯，取法于雷，强干弱枝，所以为治也。今封诸侯四县，不合法制。”帝曰：“古之亡国，皆以无道，未尝闻功臣地多而灭亡者。”乃遣谒者即授印绶，策曰：“在上不骄，高而不危；制节谨度，满而不溢。敬之戒之。传尔子孙，长为汉籓。”

【注释】

①大鸿胪（lú）：官名。

【译文】

建武二年春正月初一甲子日，出现了日食现象。大司马吴汉率领九位将军在邺城东面攻打檀乡贼，攻破之后又使他们归降。庚辰日，光武帝将有功之臣都封为列侯，最大的封疆有四个县，其他的大小也都有所差异。光武帝下诏说：“人的欲望一旦在某些方面得到满足，就会变本中厉、肆意放纵，只顾贪图一时的快乐，而对国家的刑罚无所顾忌。各位将士功业远大，但要想将功劳传承给后世，就需要如临深渊，如履薄冰，战战兢兢，一日比一日谨慎才可。那些有功劳而没有受到封赏、名籍中没有记载名字的将领，还请大鸿胪尽快呈报，我将会分别委以重任。”博士丁恭建议说：“古时候帝王封赏诸侯不过百里地，《易》卦中说这样有利于分封诸侯，从雷声震惊百里的现象中效法而来，增强主干削弱分支，所以才能够让天下得以治理。而今分封诸侯四个县，这是不合法制的。”光武帝说：“古时候的亡国，都是因为君主无道造成的，还从来没有听说因为功臣得到的土地多而灭亡的。”于是刘秀便派谒者给诸侯授予印绶，而且还警示说：“居于上位而不骄奢，权力再高也不会招来祸患；有节制并谨遵法度，状态满盈也不会溢出。一定要敬之戒之。要把这个训令传递给你们的后世子孙，要长久地作为汉朝的屏藩。”

【原文】

五月丙子，诏曰：“久旱伤麦，秋种未下，朕甚忧之。将残吏未胜，狱多冤结，元元愁恨，感动天气乎？其令中都官、三辅、郡、国出系囚，罪非犯殊死一切勿案[①]，见徒免为庶人[②]。务进柔良，退贪酷，各正厥事焉。”

【注释】

①殊死：斩刑。

②见徒：现在被拘禁的囚犯。

【译文】

（建武五年）五月丙子日，光武帝下诏说：“天下久旱已经毁掉了麦子，而秋种也无法按时进行，朕很是忧虑。这或许是因为官吏残暴而无法胜任官职，冤狱过多，百姓仇恨，所以才让天地有所动容？命令都城中的各个官署、三辅、郡、国释放狱中囚犯，不是犯下死罪的就不要再重新审讯了，现在被拘禁的囚犯都免为庶人。必须要让柔善温良之人担任官职，免去贪婪残暴之人的官位，各自履行好各自的职务。”

【原文】

辛酉，诏曰：“往岁水、旱、蝗虫为灾，谷价腾跃，人用困乏。朕惟百姓无以自赡，恻然愍之[①]。其命郡国有谷者，给禀高年、鳏、寡、孤、独及笃癃、无家属贫不能自存者[②]，如《律》。二千石勉加循抚[③]，无令失职。”

【注释】

①愍（mǐn）：怜悯。

②给禀，笃癃（lóng）：给禀，官府供给粮食；笃癃，困苦病发。

③循抚：安抚。

【译文】

（建武六年春正月）辛酉日，光武帝下诏说："往年的水灾、旱灾、蝗虫的灾害，致使谷价暴涨，百姓困顿。朕却只能看着百姓忍饥挨饿，内心十分悲苦。下令郡国中还有谷粮的，要提供给老人、鳏夫、寡妇、孤儿、老来无子以及困苦病发、无家可归不能自理的人，一切要遵照《汉律》的规定来办。郡守们一定要勤于安抚百姓，万不可失职。"

【原文】

六月辛卯，诏曰："夫张官置吏，所以为人也。今百姓遭难，户口耗少，而县官吏职所置尚繁，其令司隶、州牧各实所部，省减吏员。县国不足置长史可并合者，上大司徒、大司空二府。"于是条奏并省四百余县[①]，吏职减损，十置其一。

【注释】

①并省：合并。

【译文】

六月辛卯日，光武帝下诏说："国家设立大小官职，全然为了百姓。而今百姓有难，户口减少，但是县官以及下属官吏的设置过于频繁，所以下令司隶、州牧各自检查所管辖的州县，裁减官员。那些不足以单独设置官员而又可以合并的郡县，一并报给大司徒、大司空二府。"于是上奏合并了四百多个郡县，减裁官吏，十个官员里面只留下了一个。

【原文】

癸巳，诏曰："顷者师旅未解，用度不足，故行什一之税[①]。今军士屯田，粮储差积。其令郡国收见田租三十税一[②]，如旧制。"

【注释】

①什一之税：十分取一的税。

②三十税一：三十分取一的税。

【译文】

（十二月）癸巳日，光武帝下诏说："之前因战乱频仍，军需不足，所以实行十税一的赋税方式。而今军队实行了屯田制，粮食储存也差不多可以自给自足。下令郡国以三十税一的方式收租，和旧时的制度一样。"

【原文】

又诏曰："世以厚葬为德，薄终为鄙，至于富者奢僭[①]，贫者单财[②]，法令不能禁，礼义不能止，仓卒乃知其咎[③]。其布告天下，令知忠臣、孝子、慈兄、悌弟薄葬送终之义。"

【注释】

①奢僭：奢侈逾礼，不合法度。

②单财：耗尽财物。

③仓卒乃知其咎：遇到仓促事件（代指丧乱）时，厚葬的墓地被挖掘，这才认识到自己的错误。

【译文】

（建武七年春正月丙申日）光武帝又下诏说："世人都将厚葬看作是美德，而鄙视那些从简办理丧事的做法，以至于富贵人的丧事奢侈而不合法度，贫困人的丧事耗尽了财物，法令也无法禁止这种现象，礼仪也无法制止，直到碰上仓促事件时厚葬的墓地被盗，方才认识到其中的错误。所以布告天下，希望你们知道忠臣、孝子、慈兄、悌弟以薄葬的方式为死去的人送终，才是合乎道义的举动。"

【原文】

三月丁酉，诏曰："今国有众军，并多精勇，宜且罢轻车、骑士、材官、楼船士及军假吏[①]，令还复民伍。"

【注释】

①轻车、骑士、材官、楼船士：汉高祖时期传下来的编制。军假吏：军中临时设置的下级官署。

【译文】

三月丁酉日，光武帝下诏说："而今国家有很多兵士，其中亦有很多精良的勇士，可以暂时取消轻车、骑士、材官、楼船士以及军中临时设置的官署，让他们恢复平民身份。"

【原文】

戊子，诏曰："往年已敕郡国，异味不得有所献御[①]，今犹未止，非徒有豫养导择之劳，至乃烦扰道上，疲费过所。其令太官勿复受[②]。明敕下以远方口实所以荐宗庙[③]，自如旧制。"

【注释】

①异味：非比寻常的美味。

②太官：掌管皇帝膳食的官员。

③口实：食物，膳食。

【译文】

（建武十三年春正月）戊

子日，光武帝下诏说："往年已经下令各个郡国，不得进贡很奇特的食物，而今却犹未停止，不仅仅有事先养育、优先选择的劳苦，还要烦劳所经之处，让路过的地方破费疲劳。下令太官不要再接受此般进贡的食物。明令将远方进贡来的食物作为宗庙祭祀所用的物品，一切都如旧时的规定。"

【原文】

二月戊戌，帝崩于南宫前殿，年六十二。遗诏曰："朕无益百姓，皆如孝文皇帝制度，务从约省。刺史、二千石长吏皆无离城郭，无遣吏及因邮奏[①]。"

【注释】

①邮奏：上书。

【译文】

（中元二年）二月戊戌日，光武帝驾崩于南宫前殿，时年六十二岁。遗诏说："朕对百姓并没有做出什么贡献，我死后一切都要遵照孝文皇帝制定的制度，务必从简办理。刺史、郡守不必离开自己所在的城池前来奔丧，也不要因为这件事情派人或者上书吊唁。"

【原文】

初，帝在兵间久，厌武事，且知天下疲耗，思乐息肩[①]。自陇、蜀平后，非儆急[②]，未尝复言军旅。皇太子尝问攻战之事，帝曰："昔卫灵公问陈，孔子不对，此非尔所及。"每旦视朝，日仄乃罢。数引公卿、郎、将讲论经理，夜分乃寐。皇太子见帝勤劳不怠，承间谏曰："陛下有禹、汤之明，而失黄、老养性之福，愿颐爱精神，优游自宁。"帝曰："我自乐此，不为疲也。"虽身济大业，兢兢如不及，故能明慎政体，总揽权纲，量时度力，举无过事。退功臣而进文吏，戢弓矢而散马牛[③]，虽道未方古，斯亦止戈之武焉。

【注释】

①息肩：休养生息。

②儆急：紧急事件，一般代指军情。

③戢（jí）：收藏兵器。

【译文】

当初，光武帝长时间地受沙场之苦，早就厌倦了武事，并且他也知道天下百姓早就疲倦于战事，国力也不堪损耗，民众都向往安宁平静的生活。自从平定了陇、蜀两地的战事后，如若不是紧急军事，他都不会轻易动用兵力。皇太子曾经向光武帝询问攻战事宜，光武帝说："昔日卫灵公向孔子咨询布兵事宜，孔子并没有做出回答，这并非你所要考虑的问题。"每天早上上朝，退朝的时候太阳已经西下。经常召见公卿、郎官和将士们一起谈论经理，到了深夜时分才入睡。皇太子见光武帝如此勤奋，便趁着他休息的时候谏言说："陛下有夏禹、商汤的圣明，却没有黄帝、老子所提倡的修身养性的福分，希望您爱护自己的精神，寻求自身的悠哉安宁。"光武帝说："我自己乐于这般，并不感觉疲劳。"虽然光武帝成就了大业，却还是唯恐自己不及别人而兢兢业业地工作，所以能够明察政事、谨慎处理政务，总揽权纲，量时度力，并没有什么有过失的地方。不任用功臣而任用文官，收藏兵器而遣散马牛，虽然他的治国才略无法和古时圣贤相比，但也领略到了"止戈之武"的精髓。

【原文】

论曰[①]：皇考南顿君初为济阳令，以建平元年十二月甲子夜生光武于县舍[②]，有赤光照室中。钦异焉，使卜者王长占之。长辟左右曰："此兆吉不可言。"是岁县界有嘉禾生，一茎九穗，因名光武曰秀。明年，方士有夏贺良者，上言哀帝，云汉家历运中衰，当再受命。于是改号为太初元年，称"陈圣刘太平皇帝"，以厌胜之。及王莽篡位，忌恶刘氏，以钱文有金刀，故改为货泉。或以货泉字文为"白水真人"。后望气者苏伯阿为王莽使至南阳，遥望见春陵郭，唶曰："气佳哉！郁郁葱葱然。"及始起兵还春陵，远望舍南，火光赫然属天，有顷不见。初，道士西门君惠、李守等亦云刘秀当为天子。其王者受命，信有符乎？不然，何以能乘时龙而御天哉③！

【注释】

①论：古时总结性的一种文体。

②建平：西汉汉哀帝刘欣的年号。

③乘时龙而御天：《周易·乾卦》："乘时六龙以御天也。"强调的是光武帝为受天命而生。

【译文】

论说：光武皇帝的亡父南顿君刘钦起初是济阳县令，建平元年（公元前6年）十二月甲子夜光武帝于县府舍内出生，出生时红光照耀整个室内。刘钦很是诧异，便让卜筮者王长来占卜吉凶。王长避开左右说："此为吉兆但却不可言说。"这一年济阳县的边界上生出了比较祥瑞的禾苗，一个茎上九个穗，所以刘钦为其取名为刘秀。第二年，有一位名为夏贺良的方士，上书汉哀帝，说汉朝江山历经数运而中途衰败，应该会再次接受天命。于是汉哀帝将年号改为太初元年，称"陈圣刘太平皇帝"，以此来压制谶言。等到王莽篡位，因嫉恨刘氏一族，以钱文中带有金刀文字为由，将钱币改称为货泉。有人将货泉写为"白水真人"。后望气占卜的苏伯阿以王莽使者的身份前往南阳，遥望春陵城郭，感叹说："景色很好！郁郁葱葱。"等到光武帝起兵返回春陵时，遥望屋舍的南面，火光冲天，顷刻间又消失不见。当初，道士西门君惠、李守等人也都说刘秀应该是天子。王者授于天命，真的有符瑞一说吗？不然，刘秀又何以能承受天命而登基为帝呢？

献帝伏皇后纪

【题解】

伏皇后是汉献帝的皇后。汉献帝时期，天下混乱，世风日下，汉献帝自身也沦为曹操的傀儡。伏皇后曾经想方设法收回王权，可惜的是她也没有逃过曹操的毒手，最后被残忍地处死。

【原文】

献帝伏皇后讳寿，琅邪东武人，大司徒湛之八世孙也。父完，沉深有大度[1]，袭爵不其侯，尚桓帝女阳安公主，为侍中。

【注释】

①大度：气量比较大。

【译文】

汉献帝的伏皇后名为伏寿，是琅邪东武人，为大司徒伏湛的八世孙。她的父亲伏完，是一个深沉大度之人，承袭了不其侯的爵位，迎娶了桓帝的女儿阳安公主，任职侍中。

【原文】

初平元年，从大驾西迁长安，后时入掖庭为贵人[1]。兴平二年，立为皇后，完迁执金吾。帝寻而东归，李傕、郭汜等追败乘舆于曹阳，帝乃潜夜度河走，六宫皆步行出营。后手持缣数匹，董承使符节令孙徽以刃胁夺之，杀傍侍者，血溅后衣。既至安邑，御服穿敝，唯以枣栗为粮。建安元年，拜完辅国将军，仪比三司。完以政在曹操，自嫌尊戚，乃上印绶，拜中散大夫，寻迁屯骑校尉。十四年卒，子典嗣。

【注释】

①掖庭：嫔妃居住的地方。

【译文】

初平元年，伏完随着皇帝车驾西迁长安，伏皇后便是在这个时候被选入掖庭为贵人。兴平二年，被立为皇后，伏完升任执金吾。不久献帝又东归洛阳，李傕、郭汜等人追击并在曹阳地区打败汉献帝的军队，汉献帝便趁夜渡河逃走，后宫嫔妃都步行逃出军营。伏皇后手中还拿着几匹缣布，董承便派人拿着符节命令孙徽用刀威胁而从伏皇后手中抢走了缣布，并杀掉了皇后身边服侍的人，鲜血溅在伏皇后的衣服上。到达安邑后，皇后身上的衣服已经

很破烂了，而且整日以枣子、栗子为食。建安元年，伏完升任辅国将军，和三司享有同等待遇。伏完思虑到此时国家大权已经被曹操掌控，而不愿自己因皇亲国戚的身份遭到猜疑，于是便上交辅国将军的印绶，任命中散大夫，不久又调任屯骑校尉。建安十四年伏完去世，他的儿子伏典承袭爵位。

【原文】

自帝都许，守位而已，宿卫兵侍，莫非曹氏党旧姻戚。议郎赵彦尝为帝陈言时策，曹操恶而杀之。其余内外，多见诛戮。操后以事入见殿中，帝不任其愤，因曰："君若能相辅，则厚；不尔，幸垂恩相舍。"操失色，俯仰求出。旧仪，三公领兵朝见，令虎贲执刃挟之。操出，顾左右，汗流浃背，自后不敢复朝请。董承女为贵人，操诛承而求贵人杀之。帝以贵人有妊，累为请，不能得。后自是怀惧，乃与父完书，言曹操残逼之状，令密图之。完不敢发，至十九年，事乃露泄。操追大怒，遂逼帝废后，假为策曰：“皇后寿，得由卑贱，登显尊极，自处椒房，二纪于兹①。既无任、姒徽音之美，又乏谨身养己之福，而阴怀妒害，苞藏祸心，弗可以承天命，奉祖宗。今使御史大夫郗虑持节策诏，其上皇后玺绶，退避中宫，迁于它馆。呜呼伤哉！自寿取之，未致于理，为幸多焉。”又以尚书令华歆为郗虑副，勒兵入宫收后。闭户藏壁中，歆就牵后出。时帝在外殿，引虑于坐。后被发徒跣行泣过诀曰：“不能复相活邪？”帝曰：“我亦不知命在何时！”顾谓虑曰：“郗公，天下宁有是邪？”遂将后下暴室，以幽崩。所生二皇子，皆鸩杀之。后在位二十年，兄弟及宗族死者百余人，母盈等十九人徙涿郡。

【注释】

①二纪：一纪为十二年，二纪为二十四年。

【译文】

自从献帝定都许昌后，只是空有其位而已，近身卫士侍从，没有不是曹操的朋党亲信的。议郎赵彦曾经依据当时时局而为献帝陈述对策，曹操很是厌恶便将他杀掉了。其他宫廷内外的官员，被诛杀的也有很多。后来曹操因为有事而入宫拜见献帝，献帝无法抑制内心的愤怒，因而说：“你如若能够诚心辅佐我，那么就要厚待我；如若不是，敬请开恩舍弃我。”曹操大惊失色，再三叩拜后请求退出。根据旧时的礼仪，三公带兵朝见皇帝，命令虎贲侍卫带刀在两边挟持。曹操退出后，左右环顾，汗流浃背，自此不敢再朝请。董承的女儿是贵人，曹操诛杀董承后又请求杀掉董贵人。献帝以董贵人怀有身孕为由，几次请求曹操留情，都不能保全董贵人。自此伏皇后也是心怀畏惧，于是给父亲伏完写信，说曹操残暴威逼的情形，让父亲秘密杀掉曹操。伏完不敢发兵，到了建安十九年，这件事情败露。曹操大怒，于是逼迫汉献帝废后，并伪造诏书说：“皇后伏寿，身份低微，却登上了显贵后位，自入住后宫以来，已经有二十四年了。既没有太任、太姒般的美名，又缺乏谨身养己的福分，而她私下里却心怀妒恨，包藏祸心，不可以承接天命，侍奉祖宗。而今让御史大夫郗虑拿着符节下诏，收缴皇后印绶，退避中宫，迁居其他宫室。多么感伤啊！伏寿是自取引咎，没有依律处置她，已经是她的大幸了。”又让尚书令华歆为郗虑的副手，带兵进入宫中逮捕伏皇后。伏皇后关上房门藏于夹壁内，华歆过去将伏皇后拉出来。当时献帝就在外殿，让郗虑就座。伏皇后披着头发光着脚走过献帝身边而哭着诀别说：“不能让我活下来吗？”献帝说：“我自己都不知道能够活到什么时候！”回头对郗虑说：“郗公，天底下竟然还有这样的事情？”于是便将伏皇后押到暴室，被幽禁而亡。伏皇后的两个皇子都被毒杀。伏皇后在位二十年，兄弟以及她的族人被杀的有一百多人，母亲盈等十九人被流放到涿郡。

列传

刘玄列传

【题解】

刘玄，便是历史上的更始帝。刘玄凭借绿林军、平林军等各方势力，得以登上皇位。刘玄自身的才能并不足以担当帝王的大任。他登基之后，嫉妒贤才，贪图享乐，宠信奸邪之人，没有治国谋略，导致政事混乱不堪，朝中奸恶四起，百姓苦不堪言，最后被赤眉军所灭，而他自己也未能得以善终。

【原文】

刘玄字圣公，光武族兄也。弟为人所杀，圣公结客欲报之。客犯法，圣公避吏于平林。吏系圣公父子张。圣公诈死，使人持丧归舂陵[①]，吏乃出子张[②]，圣公因自逃匿。

【注释】

①持丧：运送棺柩。

②出：释放。

【译文】

刘玄字圣公，是光武帝刘秀的同族兄长。刘玄的弟弟被人所杀，刘玄结交天下宾客以报杀弟之仇。宾客犯法，刘玄为了躲避官吏的追捕而逃到了平林。官吏便将刘玄的父亲刘子张逮捕。刘玄诈死，并让人将棺柩运回春陵，官吏才释放了刘子张，刘玄也因此躲藏起来。

【原文】

王莽末，南方饥馑，人庶群入野泽，掘凫茈而食之①，更相侵夺。新市人王匡、王凤为平理诤讼，遂推为渠帅，众数百人。于是诸亡命马武、王常、成丹等往从之；共攻离乡聚②，藏于绿林中，数月间至七八千人。地皇二年，荆州牧某发奔命二万人攻之，匡等相率迎击于云杜③，大破牧军，杀数千人，尽获辎重，遂攻拔竟陵④。转击云杜、安陆⑤，多略妇女，还入绿林中，至有五万余口，州郡不能制。

【注释】

①凫茈（fú cí）：荸荠。

②离乡聚：地名，古时将比乡小的地方称为聚。

③云杜：县名，今湖北京山。

④竟陵：县名，今湖北潜江西北一带。

⑤安陆：县名，今湖北云梦。

【译文】

王莽末年，南方发生饥荒，百姓全都跑入野外的沼泽地中，挖掘荸荠食用，还会因此相互抢夺。新市人王匡、王凤为百姓平息纷争，于是便被推举为大帅，率领民众几百人。于是一些逃亡之人如马武、王常、成丹等都前来归附他们；一起攻打离乡聚，并隐藏在绿林中，几个月的时间人数便增加到七八千。王莽地皇二年，荆州牧的某个人带领两万人马攻打他们，王匡等人率军在云杜迎击，大破牧军，杀敌几千人，将他们的军需辎重全数缴获，于是大军又攻破竟陵。后又转而攻打云杜、安陆，掠夺了不少妇女，返回绿林中，到人数增加到五万多人，州郡已无法压制他们。

【原文】

三年，大疾疫，死者且半，乃各分散引去。王常、成丹西入南郡，号下江兵；王匡、王凤、马武及其支党朱鲔、张卬等北入南阳，号新市兵：皆自称将军。七月，匡等进攻随①，未能下。平林人陈牧、廖湛复聚众千余人②，号平林兵，以应之。圣公因往从牧等，为其军安集掾。

【注释】

①随：县名，位于今湖北省随州地区。

②平林：地名，位于今湖北省随州地区。

【译文】

王莽地皇三年，暴发了一场大瘟疫，绿林中的人死者过半，于是便各自分散而去。王常、成丹向西前往南郡，号称“下江兵”；王匡、王凤、马武以及他们的属下朱鲔、张卬等人北入南阳，号称“新市兵”；都自称为将军。七月，王匡等人攻打随地，没有攻破。平林人陈牧、廖湛又聚集一千多人，号称“平林兵”，以策应王匡的行动。刘玄也因此前往投奔陈牧等人，在陈牧的军中任职安集掾。

【原文】

是时，光武及兄伯升亦起舂陵，与诸部合兵而进。四年正月，破王莽前队大夫甄阜、属正梁丘赐，斩之，号圣公为更始将军。众虽多而无所统一，诸将遂共议立更始为天子①。二月辛巳，设坛场于淯水上沙中，陈兵大会。更始即帝位，南面立，朝群臣。素懦弱，羞愧流汗，举手不能言。于是大赦天下，建元曰更始元年。

悉拜置诸将，以族父良为国三老，王匡为定国上公，王凤成国上公，朱鲔大司马，伯升大司徒，陈牧大司空，余皆九卿、将军。五月，伯升拔宛。六月，更始入都宛城，尽封宗室及诸将，为列侯者百余人。

【注释】

①共议立更始为天子：《后汉书·齐武王縯传》曰："诸将会议立刘氏以从人望，豪杰咸归于伯升，而新市、平林将帅乐放纵，惮伯升威明而贪圣公懦弱，先共定策立之。"

【译文】

这个时候，光武帝刘秀以及他的兄长刘伯升也在春陵起兵，和各路义军合兵进攻。四年正月，大破王莽前队大夫甄阜、属正梁丘赐，并将此二人斩杀，将刘玄称之为更始将军。起义军民众虽多却没有统一的领导，于是各位将领便商议拥立刘玄为天子。二月辛巳日，在淯水边的沙滩上设立坛场，列阵大会。更始将军刘玄即皇帝位，面朝南而立，接受群臣朝拜。刘玄生性懦弱，（面对此番景象）羞愧得一直流汗，举手之后却又说不出话来。于是便大赦天下，建元为更始元年。

于是将各个将领都封了官爵，封叔父刘良为国三老，王匡为定国上公，王凤为成国上公，朱鲔为大司马，伯升为大司徒，陈牧为大司空，其余将士也都位列九卿或者封为将军等。五月，刘伯升攻下宛城。六月，更始帝在宛城建都，将宗室人员以及各位将领都一一封为爵，光是列侯就有一百多个。

【原文】

更始忌伯升威名，遂诛之，以光禄勋刘赐为大司徒。前钟武侯刘望起兵，略有汝南。时王莽纳言将军严尤、秩宗将军陈茂既败于昆阳，往归之。八月，望遂自立为天子，以尤为大司马、茂为丞相。王莽使太师王匡、国将哀章守洛阳。更始遣定国上公王匡攻洛阳，西屏大将军申屠建、丞相司值李松攻武关①，三辅震动。是时海内豪桀翕然响应②，皆杀其牧守，自称将军，用汉年号，以待诏命，旬月之间，遍于天下。

【注释】

①武关：地名，今陕西商南南面。

②豪桀：豪杰。

【译文】

更始帝忌惮刘伯升的威名，于是便将他杀了，并命光禄勋刘赐为大司徒。前汉钟武侯刘望起兵，占领了汝南。当时王莽的纳言将军严尤、秩宗将军陈茂等已经败于昆阳一战，于是便归附刘望。八月，刘望自立为天子，任命严尤为大司马、陈茂为丞相。王莽派遣太师王匡、国将哀章在洛阳坚守。更始帝刘玄派遣定国上公王匡攻打洛阳，西屏大将军申屠建、丞相司值李松攻打武关，三辅地区皆震动。此时海内豪杰纷纷响应，都杀掉了他们本地的郡守，自称为将军，采用汉朝年号，以此等待诏命，一个月之内，遍布于天下。

【原文】

长安中起兵攻未央宫。九月，东海人公宾就斩王莽于渐台[①]，收玺绶，传首诣宛。更始时在便坐黄堂[②]，取视之，喜曰："莽不如是，当与霍光等。"宠姬韩夫人笑曰："若不如是，帝焉得之乎？"更始悦，乃悬莽首于宛城市。是月，拔洛阳，生缚王匡、哀章，至，皆斩之。十月，使奋威大将军刘信击杀刘望于汝南，并诛严尤、陈茂。更始遂北都洛阳，以刘赐为丞相。申屠建、李松自长安传送乘舆服御，又遣中黄门从官奉迎迁都。二年二月，更始自洛阳而西。初发，李松奉引，马惊奔，触北宫铁柱门，三马皆死。

【注释】

①公宾：复姓。

②便坐：厢房。黄堂：天子的便殿。

【译文】

长安城内有人起兵攻打未央宫。九月，东海人公宾就斩杀王莽于渐台，缴获玉玺绶带，将王莽的首级传到宛城。更始帝当时正坐在便殿中休息，便将王莽的首级拿来观看，很高兴地说："王莽如若不篡位夺权，他的功绩应该可以和霍光相提并论。"宠姬韩夫人笑着说："如若王莽不篡位夺权，陛下您又如何得到这个位置呢？"更始帝很高兴，便将王莽的首级悬挂在宛城市场上。当月，攻破洛阳，生擒王匡、哀章二人，将他们送往宛城，都被处死了。十月，派遣奋威大将军刘信前往汝南击杀刘望，并一起诛杀了严尤、陈茂。于是更始帝北上定都洛阳，任命刘赐为丞相。申屠建、李松将皇帝的车驾、服饰、器物从长安运送过来，又派遣中黄门的官吏恭迎更始帝迁都。更始二年二月，更始帝从洛阳西迁。准备出发的时候，李松为更始帝引导马车，马受惊狂奔，和北宫的铁柱门相撞，三匹马都撞死了。

【原文】

初，王莽败，唯未央宫被焚而已，其余宫馆一无所毁。宫女数千，备列后庭，自钟鼓、帷帐、舆辇、器服、太仓、武库、官府、市里，不改于旧。更始既至，居长乐宫，升前殿，郎吏以次列庭中。更始羞怍，俯首刮席不敢视。诸将后至者，更始问虏掠得几何，左右侍官皆宫省久吏[①]，各惊相视。

【注释】

①宫省久吏：宫里之前的官吏。

【译文】

当初，王莽败亡的时候，只有未央宫被焚烧殆尽，其余宫馆都没有受到损坏。几千宫女，还是居住在后宫，从钟鼓、帷帐、舆辇、器服、太仓、武库、官府、市里等，都和旧时一样。更始帝到达后，居住在长乐宫，登入前殿，郎官依次排列于庭中。更始帝感到羞愧难当，低头用手指摩擦着坐席而不敢看朝中百官。各位将领中有后到的，更始帝询问他们掠夺了多少东西，更始帝左右的随从也都是之前宫中的旧吏，（看到更始帝这般）都讶然地面面相觑。

【原文】

更始纳赵萌女为夫人，有宠，遂委政于萌，日夜与妇人饮宴后庭。群臣欲言事，辄醉不能见，时不得已，乃令侍中坐帷内与语。诸将识非更始声，出皆怨曰："成败未可知，遽自纵放若此！"韩夫人尤嗜酒，每侍饮，见常侍奏事，辄怒曰："帝方对我饮，正用此时持事来乎！"起，抵破书案①。赵萌专权，威福自己。郎吏有说萌放纵者，更始怒，拔剑击之。自是无复敢言。萌私忿侍中，引下斩之，更始救请，不从。时李轶、朱鲔擅命山东，王匡、张卬横暴三辅。其所授官爵者，皆群小贾竖，或有膳夫庖人，多着绣面衣、锦裤、襜褕、诸于②，骂詈道中。长安为之语曰："灶下养，中郎将。烂羊胃，骑都尉。烂羊头，关内侯。"

【注释】

①抵：击。

②襜褕（chān yú）：古时一种比较长的单衣，男女通用。

【译文】

更始帝刘玄娶了赵萌的女儿为夫人，对其极其宠爱，于是更始帝便将朝中政事委托给赵萌处理，日夜和女人在后庭中饮酒作乐。群臣想要上奏政事，他却经常酒醉得无法召见，万不得已，便命令侍中坐在帷帐内和群臣说话。各位将领听出来这并非更始帝的声音，退出后便都抱怨道："成败还没有定局，就已经放纵到如此地步！"韩夫人最喜欢喝酒，每每侍奉更始饮酒的时候，经常看到常侍前来奏事，便很是生气地说："皇上正与我对饮，一定要在这个时候来上奏吗！"韩夫人起身，击破了书案。赵萌专政，作威作福。郎官中有说赵萌放纵的，更始帝很是恼怒，拔剑将这个人杀了。从此之后便没有敢进言的人了。赵萌对一名侍中心怀私恨，想要将侍中杀掉，更始帝前来求情，赵萌也不听从。当时李轶、朱鲔在山东专权行事，王匡、张卬在三辅地区霸道横行。更始帝所授予官爵的那些人，都是些小人、商人之流，有的甚至是屠夫、厨子，都穿着绣花外衣、锦裤、襜褕、妇人的大掖上衣，在大路上都会乱吵乱骂。长安的百姓为他们编了一首歌说："灶下养，中郎将。烂羊胃，骑都尉。烂羊头，关内侯。"

【原文】

军帅将军豫章李淑上书……更始怒，系淑诏狱①。自是，关中离心，四方怨叛。诸将出征，各自专置牧守，州郡交错，不知所从。十二月，赤眉西入关。

【注释】

①诏狱：奉诏关押罪人的牢狱。

【译文】

军帅将军豫章李淑上书劝谏……更始帝很是恼怒，便将李淑下狱。从此之后，关中地区人心背离，四方怨声四起、纷纷背叛。诸位将领带兵出征，各自委任郡守，设立的州郡相互交错，百姓们都不知道要听从谁的命令。十二月，赤眉军向西入关。

【原文】

三年正月，平陵人方望立前孺子刘婴为天子①。初，望见更始政乱，度其必败，谓安陵人弓林等曰："前定安公婴，平帝之嗣，虽王莽篡夺，而尝为汉主。今皆云刘氏真人，当更受命，欲共定大功，何如？"林等然之，乃于长安求得婴，将至临泾立之。聚党数千人，望为丞相，林为大司马。更始遣李松与讨难将军苏茂等击破，皆斩之。又使苏茂拒赤眉于弘农，茂军败，死者千余人。

【注释】

①刘婴：汉宣帝的玄孙，王莽毒死汉平帝，立当初仅两岁的刘婴为帝，王莽摄政。不久后，王莽废黜刘婴，封安定公，让其闲居在长安。

【译文】

更始三年正月，平陵人方望拥立前汉孺子刘婴为天子。起初，方望见更始帝朝政混乱，便料定更始帝一定会失败，于是他对安陵人弓林等人说："前汉安定公刘婴，是汉平帝的后嗣，虽然后来被王莽篡夺了王位，但他之前也是汉朝的君主。而今世人都说刘氏为真命天子，应该承受天命，我们一起来商定大业，如何呢？"弓林等人也深以为然，于是便前往长安找到了刘婴，将他带回临泾并立为天子。他们聚集了几千人马，方望为丞相，弓林为大司马。更始帝派遣李松和讨难将军苏茂等攻打他们，攻破后将他们斩杀。又派遣苏茂在弘农抵抗赤眉军，苏茂军败，死了一千多名兵士。

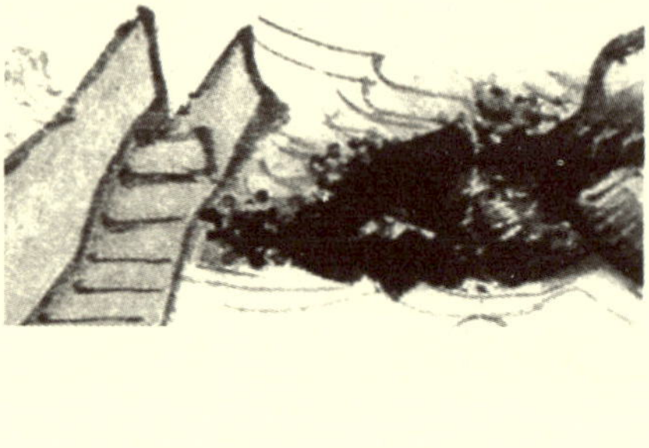

【原文】

时王匡、张印守河东，为邓禹所破，还奔长安。印与诸将议曰："赤眉近在郑、华阴间①，旦暮且至。今独有长安，见灭不久，不如勒兵掠城中以自富，转攻所在，东归南阳，收宛王等兵。事若不集②，复入湖池中为盗耳。”申屠建、廖湛等皆以为然，共入说更始。更始怒不应，莫敢复言。及赤眉立刘盆子，更始使王匡、陈牧、成丹、赵萌屯新丰，李松军掫[3]，以拒之。

【注释】

①郑：地名，今陕西华县；华阴：县名，今陕西华阴。

②不集：不成。

③掫（zōu）：掫城，今陕西临潼北部。

【译文】

当时王匡、张印在河东驻守，后被邓禹攻破，二人只能逃回长安。张印和各位将领商议说：“赤眉军就在郑地、华阴之间，朝夕间就能够到达此地。而今只有长安还没被攻破，不过估计不久后也会被占领，不如率军抢夺城中物品以使自己富足，而后再攻打沿途经过的地方，返回东面的南阳，收缴宛王等人的军队。事情如若不成功，也可以再入江湖做强盗。”申屠建、廖湛等人都非常赞同，便一起说服更始帝。更始帝生气得一句话不说，便没有人敢再进言了。一直到赤眉军拥立刘盆子为天子，更始帝让王匡、陈牧、成丹、赵萌在新丰屯兵，李松率军驻扎在掫城，以此来抵抗赤眉军。

【原文】

张印、廖湛、胡殷、申屠建等与御史大夫隗嚣合谋，欲以立秋日貙膢时共劫更始[1]，俱成前计。侍中刘能卿知其谋，以告之。更始托病不出，召张印等。印等皆入，将悉诛之，唯隗嚣不至。更始狐疑，使印等四人且待于外庐。印与湛、殷疑有变，遂突出[2]，独申屠建在，更始斩之。印与湛、殷遂勒兵掠东西市。昏时，烧门入，战于宫中，更始大败。明旦，将妻子车骑百余，东奔赵萌于新丰。

【注释】

①貙膢（chū lǘ）：古时天子在立秋时举行的祭祀礼仪。

②突出：冲出。

【译文】

张印、廖湛、胡殷、申屠建等人和御史大夫隗嚣合谋，想要在立秋日举行祭祀礼仪的时候劫持更始帝，一起完成之前的计划。侍中刘能卿知晓了他们的计划，便告诉给更始帝。（于是到了祭祀那天）更始帝托病不去祭祀，并且召见张印等人。张印等人都到了，更始帝想要将他们全部杀掉，可只有隗嚣还没有到达。更始帝有些怀疑，便让张印等四人在外庐等候。张印和廖湛、胡殷怀疑其中有诈，于是便冲出皇宫，独留申屠建还在那里，更始帝便将他杀掉了。张印和廖湛、胡殷带兵掠夺东西市场。到了黄昏时分，他们烧掉了宫门，在皇宫内和侍卫大战，更始帝大败。第二天早上，更始帝带着妻儿等共一百多辆车子，向东投奔在新丰的赵萌。

【原文】

更始复疑王匡、陈牧、成丹与张印等同谋，乃并召入。牧、丹先至，即斩之。王匡惧，将兵入长安，与张印等合。李松还从更始，与赵萌共攻匡、印于城内。连战月余，匡等败走，更始徙居长信宫。赤眉至高陵①，匡等迎降之，遂共连兵而进。更始守城，使李松出战，败，死者二千余人，赤眉生得松。时松弟汎为城门校尉，赤眉使使谓之曰："开城门，活汝兄。"汎即开门。九月，赤眉入城。更始单骑走，从厨城门出，诸妇女从后连呼曰："陛下，当下谢城！"更始即下拜，复上马去。

【注释】

①高陵：县名，今陕西高陵。

【译文】

更始帝又怀疑王匡、陈牧、成丹和张印等人是同谋，于是便召他们入宫。陈牧、成丹先行到达宫中，更始帝便立即斩杀他们。王匡很是惧怕，便带兵进入长安，和张印等人会合。李松又返回更始帝身边，和赵萌一起抵抗城中王匡、张印的军队。连续作战一个多月，王匡等人败走，更始帝又迁回长信宫居住。赤眉军到达高陵，王匡等人迎接并归降他们，于是便一起举兵前进。更始帝在城内驻守，派遣李松出城作战，李松战败，死了两千多兵士，赤眉军生擒李松。当时李松的弟弟李汎是城门校尉，赤眉军便派遣使者对李汎说："你打开城门，就不会杀掉你的哥哥。"李汎立即将城门打开。九月，赤眉军进入城中。更始帝自己骑着马，从厨城门逃走，后面的诸多妇女连声呼唤："陛下，应该下马拜谢城池！"更始帝下马拜谢城池，又上马离去了。

【原文】

初，侍中刘恭以赤眉立其弟盆子，自系诏狱；闻更始败，乃出，步从至高陵，止传舍。右辅都尉严本恐失更始为赤眉所诛，将兵在外，号为屯卫而实囚之。赤眉下书曰："圣公降者，封长沙王。过二十日，勿受。"更始遣刘恭请降，赤眉使其将谢禄往受之。十月，更始遂随禄肉袒诣长乐宫①，上玺绶于盆子。赤眉坐更始，置庭中，将杀之。刘恭、谢禄为请，不能得，遂引更始出。刘恭追呼曰："臣诚力极，请得先死②。"拔剑欲自刎，赤眉帅樊崇等遽共救止之，乃赦更始，封为畏威侯。刘恭复为固请，竟得封长沙王。更始常依谢禄居，刘恭亦拥护之。

【注释】

①肉袒：古时候在祭祀或者是请罪的时候，裸露着上身以表恭敬或者是惶恐。

②臣诚力极：我的确尽力了。

【译文】

当初，侍中刘恭因为赤眉军拥立他的弟弟刘盆子为天子，便将自己关入狱中；后来听说更始帝败亡，便又从狱中出来，随着更始帝徒步到达高陵，住在旅馆中。右辅都尉严本担心如若让更始帝离开而自己就会被赤眉军诛杀，于是便在旅馆外围布置了兵力，号称守卫实则囚禁。赤眉军送信说："刘圣公如果投降，便会封他为长沙王。二十天过后，就不会接受投降了。"更始帝派遣刘恭请降，赤眉军让大将谢禄前往受降。十月，更始帝裸露着上身跟随谢禄前往长乐宫投降，将玉玺绶带呈交给刘盆子。赤眉军认为更始帝有罪，将他置于庭中，想要杀掉他。刘恭、谢禄为他求情，没有得到允许，于是更始帝便被拉出去了。刘恭在后面追喊说："我确实已经尽力了，请让我先死。"于是拔剑想要自刎，赤眉大帅樊崇等人急忙制止了他，于是便赦免了更始帝，封为畏威侯。刘恭一直为他求情，于是又封更始为长沙王。更始帝经常依附着谢禄居住，刘恭也一直拥护他。

【原文】

三辅苦赤眉暴虐，皆怜更始，而张印等以为虑，谓禄曰："今诸营长多欲篡圣公者[①]。一旦失之，合兵攻公，自灭之道也。"于是禄使从兵与更始共牧马于郊下[②]，因令缢杀之。刘恭夜往收臧其尸[③]。光武闻而伤焉，诏大司徒邓禹葬之于霸陵。

【注释】

①篡：强力夺取。

②从兵：亲随的士兵。

③臧：埋葬。

【译文】

三辅地区的民众都怨恨赤眉军的暴虐，怜悯更始帝的处境，而张印等人也很忧虑，对谢禄说："而今各个营部都想要强行抢夺刘圣公。一旦他们失手，便会联合起来攻击您，您这是自取灭亡啊。"于是谢禄派遣亲兵和更始帝刘玄在郊外放马，并秘密下令绞杀更始帝。刘恭连夜前去埋葬了更始帝的尸首。光武帝刘秀听说了这件事情很伤心。下诏让大司马邓禹将更始帝安葬在霸陵。

【原文】

论曰：周武王观兵孟津①，退而还师，以为纣未可伐，斯时有未至者也。汉起，驱轻黠乌合之众，不当天下万分之一，而旌旃之所㧑及，书文之所通被，莫不折戈顿颡②，争受职命。非唯汉人余思，固亦几运之会也③。夫为权首④，鲜或不及。陈、项且犹未兴，况庸庸者乎！

【注释】

①观兵：检阅军队。

②顿颡（sǎng）：屈膝下跪，以头触地。

③几运：时运。

④权首：主谋。

【译文】

论说：周武王在孟津检阅军队，又退而还师，认为商纣还不可以讨伐，是因为时机还没有成熟的缘故。汉朝复兴，驱使着乌合之众，其兵力还没有天下的万分之一，可旗帜所到之处，公文所传达之处，人们都俯首跪地，争相接受授命。这并不只是汉朝人对汉朝王室的思念，也是因为时运成熟。主谋的人，很少有不惹祸上身的。陈胜、项羽尚且还未能兴起，更何况是那些平庸之辈呢！

刘盆子列传

【题解】

刘盆子，原本以放牛为生，最后却因为自己身上的刘家血统，而被赤眉军推上帝王的宝座。赤眉军曾有百万大军，显赫一时，但他们缺乏远见卓识，没有长远谋略，不懂治国方略，最后只能走上灭亡之路。

【原文】

刘盆子者，太山式人，城阳景王章之后也。祖父宪，元帝时封为式侯，父萌嗣。王莽篡位，国除，因为式人焉。

天凤元年，琅邪海曲有吕母者，子为县吏，犯小罪，宰论杀之①。吕母怨宰，密聚客，规以报仇。母家素丰，资产数百万，乃益酿醇酒，买刀剑衣服。少年来酤者，皆赊与之，视其乏者，辄假衣裳，不问多少。数年，财用稍尽，少年欲相与偿之。吕母垂泣曰："所以厚诸君者，非欲求利，徒以县宰不道，枉杀吾子，欲为报怨耳。诸君宁肯哀之乎②！"少年壮其意，又素受恩，皆许诺。其中勇士自号猛虎，遂相聚得数十百人，因与吕母入海中，招合亡命，众至数千。吕母自称将军，引兵还攻破海曲，执县宰。诸吏叩头为宰请。母曰："吾子犯小罪，不当死，而为宰所杀。杀人当死，又何请乎？"遂斩之，以其首祭子冢，复还海中。

【注释】

①论杀：叛死刑。

②宁肯：难道不肯。

【译文】

刘盆子，太山式县人，城阳景王刘章的后人。祖父刘宪，元帝时期被封为式侯，父亲刘萌承袭了爵位。王莽篡位后，除去了封国，因而成了式县人。

天凤元年，琅邪海曲县有一位吕姓老妇人，他的儿子为县吏，犯了小罪，而被处以死刑。吕母怨恨县宰，秘密聚集宾客，谋划着为儿子报仇。吕母家境殷实，资产达到几百万，于是便酿造了很多美酒，购买了很多刀剑、衣服。年轻人来买酒，都可以赊给他们，看到其中困窘的人，便立即拿来衣物借给他们，而从不询问借了多少。几年后，她的财物渐渐散尽了，年轻人想要偿还她。吕母低头哭泣说："之所以优待各位，并不是想要谋求利益，只是因为县宰没有道义，枉杀我的儿子，想要为他报仇而已。各位难道不愿意哀怜我吗！"年轻人都认为吕母的意志很壮烈，又一直深受她的恩惠，都纷纷许诺答应。其中的勇士自称猛虎，于是又聚集了数十上百人，因而又和吕母前往海上，召集会合亡命之徒，人数达到了几千人。吕母自称将军，带兵回去攻破海曲县，逮捕了县宰。各位官吏叩头为县宰请罪。吕母说："我的儿子犯了很小的罪过，不应该处死，而却被县宰杀掉了。杀人就应该死，又因何为他求情呢？"于是便将县宰斩杀了，并用县宰的头颅祭祀儿子的坟墓，之后又回到海上。

【原文】

后数岁，琅邪人樊崇起兵于莒，众百余人，转入太山，自号三老。时青、徐大饥，寇贼蜂起，众盗以崇勇猛，皆附之，一岁间至万余人。崇同郡人逄安，东海人徐宣、谢禄、杨音，各起兵，合数万人，复引从崇。共还攻莒，不能下，转掠至姑幕，因击王莽探汤侯田况，大破之，杀万余人，遂北入青州，所过虏掠。还至太山，留屯南城。初，崇等以困穷为寇，无攻城徇地之计[①]。众既浸盛，乃相与为约：杀人者死，伤人者偿创。以言辞为约束，无文书、旌旗、部曲、号令。其中最尊者号三老，次从事，次卒史，泛相称曰巨人。王莽遣平均公廉丹、太师王匡击之。崇等欲战，恐其众与莽兵乱，乃皆朱其眉以相识别，由是号曰赤眉。赤眉遂大破丹、匡军，杀万余人，追至无盐，廉丹战死，王匡走。崇又引其兵十余万，复还围莒，数月。或说崇曰："莒，父母之国[②]，奈何攻之？"乃解去。

时吕母病死，其众分入赤眉、青犊、铜马中。赤眉遂寇东海，与王莽沂平大尹战，败，死者数千人，乃引去，掠楚、沛、汝南、颍川，还入陈留，攻拔鲁城，转至濮阳。

【注释】

①徇地：掠夺土地。

②父母之国：代指老家。

【译文】

几年之后，琅邪人樊崇在莒县起兵，号令上百人，转入太山，自称三老。当时青州、徐州两地爆发了大饥荒，寇贼四起，各个盗贼都认为樊崇是个勇猛之人，便都归附他，一年的时间发展到上万余人。樊崇的同郡人逄安、东海人徐宣、谢禄、杨音，各自起兵，合众有几万人，又前来跟随樊崇。他们合并势力返回攻打莒县，没办法攻破，转而又攻打姑幕县，并攻打王莽的探汤侯田况所率领的军队，大破田况，斩杀敌军上万余人，于是又向北进入青州，所过之处全都掠夺殆尽。之后又返回太山，在南城驻守。当初，樊崇等人因为穷困才做了寇贼，并没有攻打城池、掠夺土地的计划。如今人员日益强盛，于是便相互约定：杀人者死，伤人者偿创。仅是口头约束，没有文书、旌旗、部曲、号令。其中最为尊贵的人号称三老，其次称从事，再次为卒史，其他人都称呼巨人。王莽派遣平均公廉丹、太师王匡攻打他们。樊崇等人想要迎战，又担心他们的军队和王莽的士兵混在一起，于是便把士兵们的眉毛染成红色以此来识别敌我，由此便号称赤眉军。于是赤眉军大破廉丹、王匡的军队，杀敌上万余人，并追击到无盐，廉丹战死，王匡败走。樊崇又率领十几万大兵，返回围攻莒县，一连打了几个月。有人劝说樊崇说："莒县，是我们的故乡，为何一定要攻打它呢?"于是樊崇便撤退了。当时吕母因病而亡，她的手下也都分别加入了赤眉军、青犊军、铜马军中。于是赤眉军就入侵东海，和王莽的沂平大尹交战，战败，死者有几千人，于是便带军离去，掠夺楚、沛、汝南、颍川，又进入陈留，攻破鲁城，转而又进攻濮阳。

【原文】

会更始都洛阳，遣使降崇。崇等闻汉室复兴，即留其兵，自将渠帅二十余人，随使者至洛阳降更始，皆封为列侯。崇等既未有国邑，而留众稍有离叛，乃遂亡归其营，将兵入颍川，分其众为二部，崇与逄安为一部，徐宣、谢禄、杨音为一部。崇、安攻拔长社，南击宛，斩县令；而宣、禄等亦拔阳翟，引之梁，击杀河南太守。赤眉众虽数战胜，而疲敝厌兵①，皆日夜愁泣，思欲东归。崇等计议，虑众东向必散，不如西攻长安。更始二年冬，崇、安自武关，宣等从陆浑关，两道俱入。三年正月，俱至弘农，与更始诸将连战剋胜，众遂大集。乃分万人为一营，凡三十营，营置三老、从事各一人。进至华阴。

【注释】

①疲敝：非常疲乏。

【译文】

恰逢更始帝定都洛阳，于是便派遣使者招降樊崇。樊崇等人听说汉室复兴，便即刻留下自己的兵力，亲自带着二十多个将领，跟随使者到达洛阳归降更始帝，更始帝封他们为列侯。樊崇等人既没有封国，而留下的众人中又有离叛的人，于是樊崇等人又逃回自己的营地，带兵进入颍川，将他的兵士分为两个营部，樊崇和逢安率领一支部队，徐宣、谢禄、杨音三人率领一支部队。樊崇、逢安攻下长社，又向南攻打宛城，斩杀了宛城县令；而徐宣、谢禄等人也拿下了阳翟，随后又带兵攻打梁县，击杀了河南太守。赤眉军虽然连战连胜，但士兵却困顿疲乏而生出厌恶情绪，都日夜发愁哭泣，想要东归家乡。樊崇等人商议计策，思虑到众人东归后部队一定会解散，倒不如向西攻打长安。更始二年冬，樊崇、逢安从武关出发，徐宣等人带兵从陆浑关出发，双管齐下。更始帝三年正月，两只部队都到达弘农地区，和更始帝的各位将领作战并获得胜利，于是樊崇的部队又得以壮大了。樊崇便将一万人分为一营，总共有三十个营，每个营中都安置了三老、从事各一人。后又进军到达华阴地区。

【原文】

军中常有齐巫鼓舞祠城阳景王，以求福助。巫狂言景王大怒，曰："当为县官①，何故为贼？"有笑巫者辄病，军中惊动。时方望弟阳怨更始杀其兄，乃逆说崇等曰："更始荒乱，政令不行，故使将军得至于此。今将军拥百万之众，西向帝城，而无称号，名为群贼，不可以久。不如立宗室，挟义诛伐。以此号令，谁敢不服？"崇等以为然，而巫言益甚，前及郑，乃相与议曰："今迫近长安，而鬼神如此，当求刘氏共尊立之。"六月，遂立盆子为帝，自号建世元年。

【注释】

①县官：古时对天子的别称。

【译文】

军中经常有齐国的巫师敲鼓跳舞以祭祀城阳景王，以此寻求福祉护佑。巫师很放肆地称景王已经大怒，说："应该为天子，为何成了盗贼？"有人因讥笑巫师而得了重病，军中上下大为震惊。当时方望的弟弟方阳怨恨更始帝杀掉了他的哥哥，于是便反向说服樊崇等人说：“更始帝荒淫无道，不行政令，所以才让将军得到了这样的发展机会。而今将军率军百万，向西行进到帝都，却又没有任何称号，又被他人称作群贼，这样长久下去不是办法。不如拥立刘氏后裔，依仗着道义的名义讨伐敌军。以这个为号令，谁敢不从？”樊崇等人都认为是这样，而巫师的言论也越来越兴盛了，行军到郑县，于是便相互商议说：“而今已经逼近长安，鬼神也是这样指示我们，应该寻求刘氏后裔而拥立他为天子。”同年六月，于是立刘盆子为皇帝，自号为建世元年。

【原文】

初，赤眉过式，掠盆子及二兄恭、茂，皆在军中。恭少习《尚书》，略通大义。及随崇等降更始，即封为式侯。以明经数言事，拜侍中，从更始在长安。盆子与茂留军中，属右校卒史刘侠卿，主刍牧牛①，号曰牛吏。及崇等欲立帝，求军中景王后者，得七十余人，唯盆子与茂及前西安侯刘孝最为近属。崇等议曰：“闻古天子将兵称上将军。”乃书札为符曰“上将军”，又以两空札置笥中②，遂于郑北设坛场，祠城阳景王。诸三老、从事皆大会陛下，列盆子等三人居中立，以年次探札。盆子最幼，后探得符，诸将乃皆称臣拜。盆子时年十五，被发徒跣，敝衣赭汗，见众拜，恐畏欲啼。茂谓曰：“善藏符。”盆子即啮折弃之，复还依侠卿。侠卿为制绛单衣、半头赤帻、直綦履③，乘轩车大马，赤屏泥，绛襜络，而犹从牧儿遨。

【注释】

①刍：割草。

②笥（sì）：盛饭或者是衣服的竹器。

③单衣：仅次于朝服的盛服；半头赤帻：红色的空顶帻；直綦（qí）履：带有直线花纹的鞋子。

【译文】

当初，赤眉经过式县的时候，掠夺了刘盆子以及他的两个兄长刘恭、刘茂，将他们都安置在军中。刘恭年少时就熟习《尚书》，对书中大义也都知晓。等到他跟着樊崇等人归降更始帝时，就被立即封为式侯。因为刘恭明经又多次进言，所以又被封为侍中，在长安跟在更始帝身边。刘盆子和刘茂则继续留在军中，归右校卒史刘侠卿帐下，主要负责割草放牧，号称牛吏。等到樊崇等人想要拥立天子时，便寻求军中景王的后人，总共有七十多个人，只有刘盆子和刘茂以及前西安侯刘孝是最接近的亲属。樊崇等人商议说："听说古时候天子率军时都称为上将军。"于是便在书札上写上"上将军"，又将两个空的竹简放入竹器中，于是在郑地的北面设立坛场，祭祀城阳景王。各位三老、从事都在台阶下，并且让刘盆子等三人站在中间，根据年幼次序抽取书札。刘盆子最小，最后得到了符书，各位将领都叩拜称臣。当时刘盆子十五岁，披着头发光着脚，穿着破衣服流着汗，看到众人跪拜，吓得

想要哭出来。刘茂对他说："好好收藏符书。"刘盆子即刻用牙将符书咬破，折了几下便扔掉了，又回去依仗刘侠卿。刘侠卿为他制作了绛色的单衣、半头赤帻、直綦履，让刘盆子乘坐轩车大马，有红色的屏泥，有红色络丝的帘子，不过刘盆子依然和牧童们一起嬉笑。

【原文】

崇虽起勇力而为众所宗，然不知书数①。徐宣故县狱吏，能通《易经》。遂共推宣为丞相，崇御史大夫，逄安左大司马，谢禄右大司马，自杨音以下皆为列卿。

【注释】

①书数：识字，算数。

【译文】

虽然樊崇因勇猛力大而被众人所尊崇，但他却不识字、不会算数。徐宣之前是县里的狱官，能够知晓《易经》。于是大家一起推举徐宣为丞相，樊崇为御史大夫，逄安为左大司马，谢禄为右大司马，自杨音之下都位列九卿。

【原文】

军及高陵，与更始叛将张卬等连和，遂攻东都门，入长安城，更始来降。

盆子居长乐宫，诸将日会论功，争言讙呼①，拔剑击柱，不能相一。三辅郡县营长遣使贡献，兵士辄剽夺之。又数虏暴吏民，百姓保壁，由是皆复固守。至腊日，崇等乃设乐大会，盆子坐正殿，中黄门持兵在后，公卿皆列坐殿上。酒未行，其中一人出刀笔书谒欲贺，其余不知书者请起之，各各屯聚，更相背向。大司农杨音按剑骂曰："诸卿皆老佣也！今日设君臣之礼，反更殽乱②，儿戏尚不如此，皆可格杀！"更相辩斗，而兵众遂各逾宫斩关，入掠酒肉，互相杀伤。卫尉诸葛穉闻之，勒兵入，格杀百余人，乃定。盆子惶恐，日夜啼泣，独与中黄门共卧起，唯得上观阁而不闻外事。

【注释】

①讙（huān）呼：喧哗。

②殽（xiáo）乱：混乱。

【译文】

赤眉军到达高陵，和更始帝的叛军张卬等人联合，于是又攻打东都门，进入长安城，更始帝来降。

刘盆子居住在长乐宫，各位将领每日聚集在一起讨论战功，言辞激烈、喧哗呼叫，用剑砍柱子，无法有一个统一的建议。三辅地区的郡县长官派人送来的贡品，兵士们便立刻抢夺。还多次残暴地掠夺官民，百姓们都关闭门户，自此都牢固、坚守各自的壁垒。到了腊日那天，樊崇等人便设置礼乐宴会百官，刘盆子坐在正殿，中黄门带着兵器站在后面，公卿们都按照次序坐在殿上。酒宴还没有开始，有一个人拿出刀笔想要写个庆贺的帖子，其他不会写字的人也站起来请别人代写，几个人围聚在一起，相互背对着。大司农杨音按着佩剑骂道："各位公卿都是老佣人！今天最为重视君臣之礼，反而显得更加混乱，儿戏尚且还不能这样，都可以格杀勿论了！"于是又相互争辩打斗，而各个兵士们也都翻越宫墙、斩断门锁，进入宴会以抢夺酒肉，相互杀伤。卫尉诸葛稺听说了这件事，带兵进入宴席，杀掉了上百个人，才平定了混乱。刘盆子惶恐不安，日夜哭泣，只单独和中黄门同吃同住，将自己藏在楼阁中而不再过问外界的事情。

【原文】

时掖庭中宫女犹有数百千人，自更始败后，幽闭殿内，掘庭中芦菔根[①]，捕池鱼而食之，死者因相埋于宫中。有故祠甘泉乐人，尚共击鼓歌舞，衣服鲜明，见盆子叩头言饥。盆子使中黄门禀之米，人数斗。后盆子去，皆饿死不出。

【注释】

①芦菔根：萝卜根。

【译文】

当时掖庭中的宫女还有几百上千人，自从更始帝败亡后，都被幽禁在殿内，挖掘庭中的萝卜根，逮捕池塘的鱼充饥，死去的人便就近埋在宫中。有之前甘泉宫祭祀的乐人，每日还一起击鼓唱歌跳舞，穿着鲜艳的衣服，看到刘盆子就磕头叩拜并称自己很饿。刘盆子让人给他们送来了米，每人几斗。后来刘盆子离开后，所有人都饿死在了殿内。

【原文】

刘恭见赤眉众乱，知其必败，自恐兄弟俱祸，密教盆子归玺绶，习为辞让之言。建武二年正朔，崇等大会，刘恭先曰：“诸君共立恭弟为帝，德诚深厚。立且一年，肴乱日甚，诚不足以相成。恐死而无所益，愿得退为庶人，更求贤知，唯诸君省察。”崇等谢曰：“此皆崇等罪也。”恭复固请。或曰：“此宁式侯事邪！”恭惶恐起去。盆子乃下床解玺绶，叩头曰：“今设置县官而为贼如故。吏人贡献，辄见剽劫，流闻四方，莫不怨恨，不复信向。此皆立非其人所致，愿乞骸骨[①]，避贤圣。必欲杀盆子以塞责者，无所离死。诚冀诸君肯哀怜之耳！”因涕泣嘘唏。崇等及会者数百人，莫不哀怜之，乃皆避席顿首曰：“臣无状，负陛下。请自今已后，不敢复放纵。”因共抱持盆子，带以玺绶。盆子号呼不得已。既罢出，各闭营自守，三辅翕然，称天子聪明。百姓争还长安，市里且满。

【注释】

①乞骸骨：官吏请求离职，希望自己的骸骨能够回乡安葬。

【译文】

刘恭见赤眉军很是混乱，知道他们一定会失败，又担心兄弟会惹上祸端，于是便私下里教刘盆子上交玺绶，说一些辞让的话语。建武二年正朔，樊崇等人大会百官，刘恭率先说：“各位一起拥立了我的弟弟为皇帝，德诚深厚。立皇帝已经一年了，混乱却日益严重，他确实是不足以帮助各位成就大事。恐怕到死也不会做出什么有益的事情，乞求让他退位做一个普通百姓，然后再重新寻找贤能之人，只愿各位能够好好考虑这件事。”樊崇等人谢罪说：“这都是我们的罪过啊。”刘恭再次请求此事。有人说：“这是你式侯的事情吗！”刘恭这才惶恐着退去。于是刘盆子从坐塌上起身并解下玺绶，叩头说：“而今设置了天子可却还如往常一样做着盗匪的事情。官员进贡的财物，每次都被抢夺劫持，事情传到四方，没有不怨恨的，也不愿意再信任依附我们了。这都是因为没有拥立合适的君主造成的，愿意辞去帝位，将皇位让给贤德之人。如若一定要将我杀掉以追究我的责任，我也不会逃避。诚恳地希望各位能够哀怜我！”因而涕泪唏嘘。樊崇等以及到会的有几百人，没有不哀怜他的，于是都离席叩首说：“臣不守秩序，辜负了陛下。从今往后，不敢再放纵了。”于是又一起抱住刘盆子，给他佩戴玺绶。刘盆子不得已之下只好号哭着接受了。众人退下后，各自坚守自己的营地，三辅地区安然无事，都称赞天子聪慧。百姓争相要返回长安，市里又开始热闹起来。

【原文】

后二十余日，赤眉贪财物，复出大掠。城中粮食尽，遂收载珍宝，因大纵火烧宫室，引兵而西。过祠南郊，车甲兵马最为猛盛，众号百万。盆子乘王车[①]，驾三马，从数百骑。乃自南山转掠城邑，与更始将军严春战于郿，破春，杀之，遂入安定、北地。至阳城、番须中，逢大雪，坑谷皆满，士多冻死，乃复还，发掘诸陵，取其宝货，遂污辱吕后尸，凡贼所发，有玉匣殓者率皆如生，故赤眉得多行淫秽。大司徒邓禹时在长安，遣兵击之于郁夷，反为所败，禹乃出之云阳。九月，赤眉复入长安，止桂宫。

【注释】

①王车：诸侯王坐的车。

【译文】

过了二十多天，赤眉军因为贪恋财物，再次出来大行掠夺之事。城中粮食吃尽，于是又收罗珍宝，又纵火烧毁了宫室，带兵向西进军。路过南郊时又祭祀天地，车甲兵马最为勇猛强盛，号称百万。刘盆子乘坐王车，用三匹马拉着，跟随的有几百位骑士。赤眉军从南山开始掠夺城邑，和更始帝的大将严春在郿县交战，大破严春的军队，杀掉了严春，于是又进入安定、北地。到达阳城、番须地区的时候，恰逢大雪，坑谷都被填满了，很多兵士都被冻死，于是又带兵返回，挖掘王陵，盗取其中的宝物，玷污吕后的尸体，这些被贼人挖出来的尸首，用玉匣入殓的都如活人一样，所以赤眉军又做了很多淫秽的举动。大司徒邓禹当时在长安，派兵在郁夷攻打赤眉军，最后反被赤眉军打败，邓禹便离开长安而前往云阳。九月，赤眉军再次进入长安，入住桂宫。

【原文】

时汉中贼延岑出散关，屯杜陵，逢安将十余万人击之。邓禹以逢安精兵在外，唯盆子与羸弱居城中，乃自往攻之。会谢禄救至，夜战槀街中，禹兵败走。延岑及更始将军李宝合兵数万人，与逢安战于杜陵。岑等大败，死者万余人，宝遂降安，而延岑收散卒走。宝乃密使人谓岑曰："子努力还战，吾当于内反之，表里合势，可大破也。"岑即还挑战，安等空营击之，宝从后悉拔赤眉旌帜，更立己幡旗。安等战疲还营，见旗帜皆白，大惊乱走，自投川谷[①]，死者十余万，逢安与数千人脱归长安。时三辅大饥，人相食，城郭皆空，白骨蔽野，遗人往往聚为营保，各坚守不下。赤眉虏掠无所得，十二月，乃引而东归，众尚二十余万，随道复散。

【注释】

①川谷：河谷。

【译文】

当时，汉中的贼人延岑从散关出发，在杜陵驻扎，逢安带领十几万人攻打他。邓禹因为逢安带着精兵在外，只有刘盆子和一些孱弱的兵士驻守长安城，所以便亲自带兵前去攻打他。正好谢禄的援军赶到，两军连夜在稾街交战，邓禹兵败而逃。延岑和更始帝大将李宝的兵力联合起来有几万人，和逢安在杜陵交战。延岑等人大败，战死上万余人，李宝于是归降逢安，而延岑则收拢其混散的士兵逃走。李宝又秘密派人对延岑说："你继续努力作战，我从内部策应你，里应外合，可以大破。"延岑立即带兵还击，逢安等人全部出动攻打，李宝从后面将赤眉军的旌旗全部拔掉，更改为自己的幡旗。逢安等人作战疲惫而又返回营中，看到旗帜都是白色的，便都大惊乱走，自己投入河谷中，死者有十几万人，逢安和几千人得以逃脱回到长安。当时三辅地区闹起了大饥荒，到了人吃人的地步，城郭都空了，白骨遍野，剩下的人聚集为堡垒，各自坚守不下。赤眉军掠夺不到东西，十二月，又带兵东归，剩下的还有二十多万人，沿途也慢慢地解散了。

【原文】

光武乃遣破奸将军侯进等屯新安，建威大将军耿弇等屯宜阳，分为二道，以要其还路。敕诸将曰："贼若东走，可引宜阳兵会新安；贼若南走，可引新安兵会宜阳。”明年正月，邓禹自河北度，击赤眉于湖，禹复败走，赤眉遂出关南向。征西大将军冯异破之于崤底。帝闻，乃自将幸宜阳，盛兵以邀其走路①。

【注释】

①走路：逃亡之路。

【译文】

于是光武帝便派遣破奸将军侯进等人在新安驻军，建威大将军耿弇等人在宜阳驻军，兵分两道，以阻截赤眉军回去的道路。并下令各位将士说：“如若贼兵向东退走，可以带领宜阳的兵力在新安会合；如若贼兵向南退走，可以带着新安的兵力在宜阳会合。”第二年正月，邓禹从黄河北渡，在湖县和赤眉军交战，邓禹又败走，于是赤眉军出关南行。征西大将军冯异在崤底攻破赤眉军。光武帝听说后，便亲自带兵到达宜阳，带着强盛的兵力拦截赤眉军的逃亡之路。

【原文】

赤眉忽遇大军，惊震不知所为，乃遣刘恭乞降，曰：“盆子将百万众降，陛下何以待之？”帝曰：“待汝以不死耳。”樊崇乃将盆子及丞相徐宣以下三十余人肉袒降。上所得传国玺绶，更始七尺宝剑及玉璧各一。积兵甲宜阳城西，与熊耳山齐。帝令县厨赐食，众积困馁，十余万人皆得饱饫①。明旦，大陈兵马临洛水，令盆子君臣列而观之。谓盆子曰：“自知当死不？”对曰：“罪当应死，犹幸上怜赦之耳。”帝笑曰：“儿大黠，宗室无蚩者。”又谓崇等曰：“得无悔降乎？朕今遣卿归营勒兵，鸣鼓相攻，决其胜负，不欲强相服也。”徐宣等叩头曰：“臣等出长安东都门，君臣计议，归命圣德。百姓可与乐成，难与图始，故不告众耳。今日得降，犹去虎口归慈母，诚欢诚喜，无所恨也。”帝曰：“卿所谓铁中铮铮，佣中佼佼者也。”又曰：“诸卿大为无道，所过皆夷灭老弱，溺社稷，污井灶。然犹有三善：攻破城邑，周遍天下，本故妻妇无所改易，是一善也；立君能用宗室，是二善也；余贼立君，迫急皆持其首降，自以为功，诸卿独完全以付朕，是三善也。”乃令各与妻子居洛阳，赐宅人一区，田二顷。

【注释】

①饱饫（yù）：吃饱。

【译文】

赤眉军突然遭遇光武帝的大军，都惊慌失措，于是便派遣刘恭前去乞求归降，说：“刘盆子带着百万大军归降，陛下该如何对待他们呢？”光武帝说：“可以免除你们的死罪。”于是樊崇等人便带着刘盆子以及丞相徐宣以下三十多个人赤着胳膊前去归降。上缴自己所得到的传国玺绶，更始帝的七尺宝剑及玉璧各一个。将铠甲堆积在宜阳城西，和熊耳山齐高。皇帝命令县厨赏赐给他们食物，众人饥饿困顿已久，十几万人都饱餐一顿。第二天早上，光武帝又在洛水边巡视兵马军阵，命令刘盆子君臣在一边列队观看。光武帝对刘盆子说：“自己觉得应该被处死吗？”刘盆子回答说：“罪该当死，幸得皇上怜悯而赦免了我。”光武帝笑着说：“你真是狡猾啊，刘氏宗室没有痴呆的人啊。”又对樊崇等人说：“你投降不会后悔吗？我今天可以让你们返回营地带兵，击鼓进攻，一决胜

负，不想要强制让你们顺服。”徐宣等人叩头说：“我们从长安的东都门出来，君臣就一直商议，想要归附圣德贤明的君主。百姓可以共享胜利的结果，却很难和他们一起图谋事业的开始，所以我们都没有对众人公布。而今得以归降，就好比离开了虎口而回到了慈母的怀抱，确实很欢喜，没有什么悔恨的。”光武帝说：“你们都是铁中的上品，凡人中的佼佼者啊。”又说：“各位做了很多无道之事，所过之处杀戮老幼，在祭祀的神坛上撒尿，玷污井水和灶台。然而依然有三个好的地方：攻破了城邑，周遍天下，却没有更换原来的妻子，这是第一善；能够拥立刘氏宗族的君主，这是第二善；其他贼兵拥立了君主，在紧迫关头都拿着君主的首级来投降，自认为是一件功劳，而各位却把你们的君主完整地交到我的手上，这是第三善。”于是便命令众人带着各自的妻儿在洛阳居住，并每人赏赐了一座宅院，两顷田地。

【原文】

其夏，樊崇、逢安谋反，诛死。杨音在长安时，遇赵王良有恩，赐爵关内侯，与徐宣俱归乡里，卒于家。刘恭为更始报杀谢禄，自系狱，赦不诛。

帝怜盆子，赏赐甚厚，以为赵王郎中。后病失明，赐荥阳均输官地，以为列肆①，使食其税终身。

【注释】

①列肆：成列的商铺。

【译文】

同年夏天，樊崇、逄安带兵反叛，最后被诛杀。杨音在长安的时候，对赵王刘良有恩，光武帝赐予他关内侯的爵位，和徐宣一起回归故里，最后在家中去世。刘恭为了给更始帝报仇而杀掉了谢禄，自己也因此被关入大牢，后来得到赦免没有被杀。

光武帝可怜刘盆子，赏赐颇为优厚，让他任职赵王的郎中。后来刘盆子因病失明，又赏赐给他荥阳的均输官地，作为商铺地界，让刘盆子终身享受此处的官税。

隗嚣列传

【题解】

隗嚣，称得上是一位很有魅力的军事领袖。他以辅佐汉室的名义起兵，四处征伐王莽大军，后来投奔到更始帝帐下。但更始帝不理朝政，昏庸无道，隗嚣对其失望，并重返天水郡，在汉、蜀两个政权之间游移，雄霸一方。后来光武帝兴起，隗嚣和光武帝对抗，最后因失利忿恨而死，真是可悲可叹。

【原文】

隗嚣字季孟，天水成纪人也。少仕州郡。王莽国师刘歆引嚣为士①。歆死，嚣归乡里。季父崔，素豪侠，能得众。闻更始立而莽兵连败，于是乃与兄义及上邽人杨广、冀人周宗谋起兵应汉。嚣止之曰："夫兵，凶事也。宗族何辜！"崔不听，遂聚众数千人，攻平襄，杀莽镇戎大尹②，崔、广等以为举事宜立主以一众心，咸谓嚣素有名，好经书，遂共推为上将军。嚣辞让不得已，曰："诸父众贤不量小子。必能用嚣言者，乃敢从命。"众皆曰"诺"。

【注释】

①国师刘歆引嚣为士：王莽时期，设有国师，国师的属官就是士。

②镇戎大尹：天水郡太守。

【译文】

隗嚣字季孟，是天水成纪人。隗嚣年轻的时候在州郡做官。王莽的国师刘歆引荐他为士。刘歆死后，隗嚣返回故里。他的叔父隗崔，生性豪爽侠义，深得众人的拥戴。隗崔听说更始帝登基而王莽军队连连战败，于是便和兄长隗义以及上邽人杨广、冀人周宗合谋起兵响应汉军。隗嚣制止说："兵事，是很凶险的事情。我们的宗族是何等无辜！"隗崔不听，便聚集几千人马，攻打平襄，杀掉了王莽的镇戎大尹，隗崔、杨广等人认为举兵起事应该确立一个主帅以统率民心，都说隗嚣素来有声望，又喜好经书，便推举他为上将军。隗嚣推辞不掉，便说："诸位长辈贤人不轻看我。但一定要听从我的话，我才敢从命。"众人都说"可以"。

【原文】

嚣既立，遣使聘请平陵人方望，以为军师。望至，说嚣曰："足下欲承天顺民，辅汉而起，今立者乃在南阳，王莽尚据长安，虽欲以汉为名，其实无所受命，将何以见信于众乎？宜急立高庙，称臣奉祠，所谓'神道设教'，求助人神者也。且礼有损益，质文无常。削地开兆，茅茨土阶①，以致其肃敬。虽未备物，神明其舍诸。"嚣从其言，遂立庙邑东，祀高祖、太宗、世宗②。嚣等皆称臣执事，史奉璧而告。祝毕，有司穿坎于庭③，牵马操刀，奉盘错鍉，遂割牲而盟。曰："凡我同盟三十一将，十有六姓，允承天道，兴辅刘宗。如怀奸虑，明神殛之④。高祖、文皇、武皇，俾坠厥命⑤，厥宗受兵，族类灭亡。"有司奉血鍉进，护军举手揖诸将军曰："鍉不濡血，歃不入口⑥，是欺神明也，厥罚如盟。"既而歃血加书，一如古礼。

事毕，移檄告郡国曰⑦：

【注释】

①茅茨：用茅草盖的房顶。

②高祖：汉高祖刘邦；太宗：汉文帝刘恒；世宗：汉武帝刘彻。

③穿坎：挖掘祭祀所用的坑穴。

④殛（jí）：惩罚。

⑤俾（bǐ）：使。

⑥歃（shà）：口中含血。古时盟誓的一种方式。

⑦移檄：发布文告。

【译文】

隗嚣被立为主帅，派人聘请平陵人方望，让其作为军师。方望到达，说服隗嚣说："您想要顺承天意顺应民心，辅佐汉朝而起兵举事，而今汉朝天子仍然在南阳，王莽尚且还占据着长安，虽然您想要以汉朝的名义起兵，其实却并没有得到汉室的授命，又该凭借什么得到众人的信任呢？现在最为紧要的就是要建立宗庙，向汉室称臣并诚心祭祀，所谓'神道设教'，只是借助圣人的力量为己用罢了。何况礼仪也有增有减，实质与形式也并非一成不变。扫出一块土地建造寺庙，茅草顶土堆阶，就足以表达我们的心意了。虽然准备的器物还不完备，神明难道会因此而拒绝我们的祭祀吗。"隗嚣听从了他的建议，于是便在城邑东面建立宗庙，祭祀汉高祖、汉太宗、汉世宗。隗嚣等人都自称为臣子，祝史手捧玉璧祝告。祝告完毕，有关的人员开始

挖掘祭祀用的坑穴，有人牵着马拿着刀，呈递的盘子里面装满了歃血的器具，于是便杀掉牲畜而立下盟誓。说："和我同盟的人有三十一位将士，一共有十六个姓氏，都允诺顺承天意，共同辅佐刘氏宗族。如若怀有奸恶的目的，就请神明惩罚他。恳请高祖、文皇、武皇，让他丢掉性命，让他的家族受到战火的折磨，让他的族类走向灭亡。"相关的人员捧着装满鲜血的器皿走进来，护军对各位将军举手作揖道："锓不会沾血，血不入口，就是对神明的欺骗，便会遭到如盟约中的惩罚。"随即便把沾满血的牲畜和盟书埋在一起，一切都如古时的礼制。

仪式完毕后，便发布文书通告各个州郡曰：

【原文】

"汉复元年七月己酉朔。己巳，上将军隗嚣、白虎将军隗崔、左将军隗义、右将军杨广、明威将军王遵、云旗将军周宗等，告州牧、部监、郡卒正、连率、大尹、尹、尉队大夫、属正、属令：故新都侯王莽，慢侮天地，悖道逆理。鸩杀孝平皇帝，篡夺其位。矫托天命，伪作符书①，欺惑众庶，震怒上帝。反戾饰文②，以为祥瑞。戏弄神祇，歌颂祸殃。楚、越之竹，不足以书其恶。天下昭然，所共闻见。今略举大端，以喻吏民。"

【注释】

①伪作符书：王莽派遣五威将军王奇等颁布四十二篇符书，以表明他夺取汉室基业是正当的。

②反戾饰文：大风毁掉了王莽的王路堂，拔掉了昭宁堂池边的榆树。

【译文】

"汉复元年七月初一为己酉日。己巳日，上将军隗嚣、左将军隗义、右将军杨广、明威将军王遵、云旗将军周宗等人，通告州牧、部监、郡卒正、连率、大尹、尹、尉队大夫、属正、属令：原新都侯王莽，轻慢骄横、侮辱天地，违背道义、违逆天理。毒杀了孝平皇帝，篡夺皇位。假托天命，伪造符书，欺瞒大众，惹怒了上天。不理会上天的警示，并将其认为是祥瑞之兆。戏弄神祇，歌颂那些祸国殃民的事情。将楚国、越国的竹子全部收齐，也不足以书写完他的罪恶。天下昭然，有目共睹。而今只是简单地列举了他的罪过，以此来晓谕官员和百姓。”

【原文】

“盖天为父，地为母，祸福之应，各以事降①。莽明知之，而冥昧触冒②，不顾大忌，诡乱天术，援引史传。昔秦始皇毁坏谥法③，以一二数欲至万世，而莽下三万六千岁之历，言身当尽此度。循亡秦之轨，推无穷之数。是其逆天之大罪也。”

【注释】

①降：赐予。

②冥昧：愚昧。

③谥法：评定谥号的法则。在秦始皇看来，谥法是儿子议论父亲，臣子议论君主，所以废止不用。

【译文】

“天为父，地为母，对于祸福的响应，上天都会予以相应的事件。王莽明知道这般，却还是愚昧冒犯，不顾大忌，扰乱天道，并引用史诗来掩盖自己的罪过。昔日秦始皇毁掉了谥法，以一世、二世来计算想要一直到万世，而王莽下发三万六千年的历法，并称王氏政权应该会在这些年内世代相传。遵循亡秦的轨迹，推究无尽的历法。这是违逆天道的大罪。”

【原文】

“分裂郡国①，断截地络。田为王田，卖买不得。规锢山泽②，夺民本业。造起九庙③，穷极土作④。发冢河东，功劫丘垄。此其逆地之大罪也。”

【注释】

①分裂郡国：指王莽改变行政区划的事情。

②规锢：划定区域，进行封禁。

③九庙：古时帝王立七庙以祭祀祖先，而到了王莽时期，改为九庙。

④土作：土木工程。

【译文】

“改变行政区划，断截地脉。将天下间的农田都收为王田，不得私自买卖。封禁山泽，夺取百姓的本业。建造九庙，大兴土木工程。挖掘河东的坟墓，抢夺财物。这是违逆地道的大罪。”

【原文】

“尊任残贼，信用奸佞，诛戮忠正，覆按口语①，赤车奔驰②，法冠晨夜，冤系无辜，妄族众庶。行砲格之刑③，除顺时之法④，灌以醇醯，裂以五毒⑤。政令日变，官名月易，货币岁改，吏民昏乱，不知所从，商旅穷窘，号泣市道。设为六管⑥，增重赋敛，刻剥百姓，厚自奉养，苞苴流行⑦，财入公辅，上下贪贿，莫相检考，民坐挟铜炭，没入钟官⑧，徒隶殷积，数十万人，工匠饥死，长安皆臭。既乱诸夏，狂心益悖⑨，北攻强胡，南扰劲越，西侵羌戎，东摘濊貊⑩。使四境之外，并入为害，缘边之郡，江海之濒，涤地无类。故攻战之所败，苛法之所陷，饥馑之所夭，疾疫之所及，以万万计。其死者则露尸不掩，生者则奔亡流散，幼孤妇女，流离系虏。此其逆人之大罪也。”

【注释】

①覆按：审查。

②赤车：古时逮捕犯人的官员所乘坐的马车。

③砲（páo）格之刑：殷纣王时期的酷刑。用炭火将铜柱烧热，然后让人爬在铜柱上，直到被炭火烧死为止。

④除顺时之法：依据汉朝律法，春夏乃为万物生长的季节，故不会在此季节中斩杀罪犯，只等到秋冬执行。而王莽却违背了这一律法，在春夏时节也斩杀罪人。

⑤灌以醇醯（chún xī），裂以五毒：王莽认为董忠有反意，便将董忠的族人全部收押在牢房内，并将他们和醇醯、毒药、白刃、丛棘一起埋掉。醇醯，纯醋。

⑥六管：王莽时期的税收制度。

⑦苞苴（bāo jū）：原意是馈赠礼物，此处指贿赂。

⑧钟官：主管铸钱的官员。

⑨狂心：念头狂妄。

⑩擿（tì）：擿，扰乱；濊貊（wèi mò）：古时东北地区少数民族的名称。

【译文】

“任命残暴的贼人为官，信用奸佞之人，诛杀忠诚之人，听到片面的传闻，便派人前去抓捕，负责追捕的官员昼夜审问，冤枉了很多无辜之人，滥杀民众。行砲格之刑，违背春夏不杀人的律法，将董忠的族人收押起来，并将他们和醇醯、毒药、白刃、丛棘一起埋掉。政令一日一变，官名月月更换，货币年年更改，官员百姓昏乱不堪，不知道该如何是好，商人面临穷困窘迫之地，在市集街道边号啕痛哭。将税法设为六管，增重赋税，苛刻剥夺百姓，以奢侈的俸禄来给养自己，贿赂之风盛行，财物都进入三公四辅的府库，上下官员贪污受贿，却无人前来检举审查，如若百姓私自藏有铜、炭等物品，便会被主管铸钱的官员抓起来，这样一来便抓捕了大量民众，数量达到几十万人，工匠饿死，整个长安城都臭味熏天。华夏大地被搅得混乱不堪，王莽狂妄的念头也越来越悖逆，向北攻打强大的胡人，向南骚扰强劲的越人，向西侵犯羌戎，向东侵扰濊貊。使得四境外的国家，都一并入侵、侵扰我们国家的百姓，在边缘地区的郡县，濒临江海的区域，都被扫荡得荒无人烟。所以受战争失败影响的人，被苛法陷害的人，因饥馑而死的人，受疾病波及的人，已经达到万万人之多。死去人的尸首裸露在外，生者则四处逃窜流亡，幼儿、孤儿、妇女，流离在外成为他人的奴隶。这是违逆人道的大罪。”

【原文】

“是故上帝哀矜①，降罚于莽，妻子颠殒，还自诛刈②。大臣反据，亡形已成。大司马董忠、国师刘歆、卫将军王涉，皆结谋内溃，司命孔仁、纳言严尤、秩宗陈茂，举众外降。今山东之兵二百余万，已平齐、楚，下蜀、汉，定宛、洛，据敖仓，守函谷，威命四布，宣风中岳③。兴灭继绝，封定万国，遵高祖之旧制，修孝文之遗德。有不从命，武军平之。驰使四夷，复其爵号。然后还师振旅④，橐弓卧鼓⑤。申命百姓，各安其所，庶无负子之责⑥。”

【注释】

①哀矜：哀怜，怜悯。

②妻子颠殒，还自诛刈：王莽杀掉了自己的儿子王宇、王临等人，王莽的妻子也因此哭泣失明，不久后也去世了。

③中岳：中土。

④振旅：整顿军队。

⑤橐（tuó）弓：收藏弓箭，战事停止。

⑥负子之责：百姓背着襁褓中的孩子四处逃亡，这是君主的罪责。

【译文】

“所以上天哀怜百姓，降下责罚于王莽，让他的妻子死去，父子相残。群臣反叛，灭亡的形势已经不可更改。大司马董忠、国师刘歆、卫将军王涉，纷纷结谋内乱，司命孔仁、纳言严尤、秩宗陈茂，带领部下归降。而今崤山以东地区的二百多万兵力，已经平定了齐、楚两地，攻下蜀、汉两地，平定宛、洛，占据敖仓，驻守函谷，威严的命令遍布于四方，在中州地区宣扬风德教化。更始帝复兴颠覆的汉室，分封诸侯国，遵循汉高祖制定的制度，修缮孝文帝时期的遗德。如若有不服从命令的，就会用武力平定他。派人飞驰到四方的夷人之地，恢复他们的爵位名号。然后还师整顿军队，收藏弓箭停息战鼓。告示百姓，各安其所，就不会有让百姓背着婴儿四处流离的罪过了。”

【原文】

嚣乃勒兵十万，击杀雍州牧陈庆。将攻安定。安定大尹王向，莽从弟平阿侯谭之子也，威风独能行其邦内，属县皆无叛者。嚣乃移书于向①，喻以天命，反复诲示，终不从。于是进兵虏之，以徇百姓，然后行戮，安定悉降。而长安中亦起兵诛王莽。嚣遂分遣诸将徇陇西、武都、金城、武威、张掖、酒泉、敦煌，皆下之。

【注释】

①移书：寄文书。

【译文】

隗嚣便带着十万兵力，击杀雍州牧陈庆。他们准备攻打安定。安定大尹王向，是王莽从弟平阿侯王谭的儿子，他的威名依然在郡内风行，属县中也没有背叛他的人。隗嚣便给王向寄了一封文书，晓谕天命，反复教诲劝说，但王向却始终不听从。于是隗嚣便将他俘虏，当街游行后，将他杀掉，安定地区的民众也都归降了。而长安城中有人也起兵诛杀了王莽。于是隗嚣便分别派遣各位将领去攻打陇西、武都、金城、武威、张掖、酒泉、敦煌，都全部攻克了。

【原文】

更始二年，遣使征嚣及崔、义等。嚣将行，方望以为更始未可知，固止之，嚣不听。望以书辞谢而去……嚣等遂至长安，更始以为右将军，崔、义皆即旧号①。其冬，崔、义谋欲叛归，嚣惧并祸，即以事告之，崔、义诛死。更始感嚣忠，以为御史大夫。

【注释】

①旧号：原来的名号。

【译文】

更始二年，更始帝派人前去征召隗嚣以及隗崔、隗义等人。隗嚣将要前行，方望认为更始帝的前途还没有定数，便制止隗嚣的行动，隗嚣不听。方望便写书信辞谢而去……隗嚣于是来到长安，更始帝任命其为右将军，隗崔、隗义使用的还是之前的名号。这年冬天，隗崔、隗义想要谋反归去，隗嚣惧怕会连累自己，便将这件事情告诉给更始帝。隗崔、隗义被诛杀。更始帝感激隗嚣的忠诚，便任命他为御史大夫。

【原文】

明年夏，赤眉入关，三辅扰乱。流闻光武即位河北，嚣即说更始归政于光武叔父国三老良，更始不听。诸将欲劫更始东归，嚣亦与通谋。事发觉，更始使使者召嚣，嚣称疾不入，因会客王遵、周宗等勒兵自守。更始使执金吾邓晔将兵围嚣，嚣闭门拒守；至昏时，遂溃围，与数十骑夜斩平城门关，亡归天水。复招聚其众，据故地[①]，自称西州上将军。

及更始败，三辅耆老士大夫皆奔归嚣。

【注释】

①故地：之前的地盘。

【译文】

第二年夏天，赤眉军入关，三辅地区乱作一团。有传言说光武帝刘秀在河北即位，隗嚣便劝说更始帝把政权托付给光武帝刘秀的叔父国三老刘良掌管，更始帝不听。各位将领想要劫持更始帝东归，隗嚣也与他们合谋。计划暴露后，更始帝让使者召隗嚣觐见，隗嚣称病不去，并会合宾客王遵、周宗等人拥兵自守。更始帝派遣执金吾邓晔带兵包围隗嚣的府邸，隗嚣闭门坚守；到了黄昏的时候，隗嚣突出重围，和几十骑兵连夜斩平城门关，逃回天水郡。隗嚣又聚集众多兵马，占领自己之前的地盘，自称西州上将军。

等到更始帝战败，三辅地区的元老和士大夫都投奔到隗嚣的帐下。

【原文】

嚣素谦恭爱士，倾身引接为布衣交①。以前王莽平河大尹长安谷恭为掌野大夫②，平陵范逡为师友，赵秉、苏衡、郑兴为祭酒，申屠刚、杜林为持书，杨广、王遵、周宗及平襄人行巡、阿阳人王捷、长陵人王元为大将军，杜陵、金丹之属为宾客。由此名震西州，闻于山东。

【注释】

①倾身：身体向前倾。

②平河：王莽改清河郡为平河。

【译文】

隗嚣素来谦恭有礼、礼遇士人，他谦逊地接待他们并如普通百姓一般和他们相交。任命王莽之前的平河大尹长安人谷恭为掌野大夫，平陵人范逡为师友，赵秉、苏衡、郑兴为祭酒，申屠刚、杜林为持书，杨广、王遵、周宗及平襄人行巡、阿阳人王捷、长陵人王元为大将军，杜陵、金丹等人为宾客。此番做法之后（隗嚣）名震四州，名声传扬于崤山以东地区。

【原文】

建武二年，大司徒邓禹西击赤眉，屯云阳，禹裨将冯愔引兵叛禹，西向天水，嚣逆击，破之于高平，尽获辎重。于是禹承制遣使持节命嚣为西州大将军①，得专制凉州、朔方事②。及赤眉去长安，欲西上陇，嚣遣将军杨广迎击，破之，又追败之于乌氏、泾阳间。

【注释】

①承制：秉承皇帝旨意行事。

②专制：掌管。

【译文】

建武二年，大司徒邓禹攻击西面的赤眉军，并在云阳屯兵，邓禹副将冯愔率军背叛邓禹，并攻打西面的天水郡，隗嚣迎头反击，在高平攻破了冯愔的进攻，缴获全部军需辎重。于是邓禹便奉光武帝刘秀的旨意派遣使者拿着符节任命隗嚣为西州大将军，让其掌管凉州、朔方地区的事宜。等到赤眉军离开长安，准备向西进入上陇时，隗嚣派遣将军杨广迎击，将其攻破，又乘胜追击到乌氏、泾阳之间。

【原文】

嚣既有功于汉，又受邓禹爵，署其腹心①，议者多劝通使京师。三年，嚣乃上书诣阙。光武素闻其风声②，报以殊礼，言称字③，用敌国之仪④，所以慰藉之良厚。时陈仓人吕鲔拥众数万，与公孙述通，寇三辅。嚣复遣兵佐征西大将军冯异击之，走鲔，遣使上状。帝报以手书……自是恩礼愈笃。

【注释】

①署：委任。

②风声：声誉。

③言称字：交谈时称呼对方的字。

④敌国：地位或者是势力相等的国家。

【译文】

隗嚣既然对汉朝立下了功劳，又接受了邓禹所授的爵位，成为他的亲信，很多人便劝说他和京师互通使节。建武三年，隗嚣上书想要面见皇上。光武帝早就听说了他的声誉，便以特殊的礼仪接见了他，言谈之间都称呼他的字，并且使用同等国家的礼仪来对待他，以此等优厚的待遇来慰藉他。当时，陈仓人吕鲔有几万兵马，和公孙述联合，攻打三辅地区。隗嚣又派遣兵力辅佐征西大将军冯异迎击他们，赶走了吕鲔，隗嚣派遣来歙将这一情况上报给光武帝刘秀。光武帝也以手书回复……自此之后隗嚣得到的礼遇越来越深厚。

【原文】

其后公孙述数出兵汉中，遣使以大司空扶安王印绶授嚣。嚣自以与述敌国，耻为所臣①，乃斩其使，出兵击之，连破述军，以故蜀兵不复北出。

【注释】

①臣：称臣。

【译文】

之后公孙述几次出兵汉中，派人将大司空扶安王的印绶授予隗嚣。隗嚣自认为自己的力量和公孙述不相上下，耻于向他称臣，于是便斩杀了公孙述派来的使者，出兵迎击公孙述，连胜公孙述的大军，此后蜀军再也不敢北上进犯了。

【原文】

时关中将帅数上书，言蜀可击之状，帝以示嚣，因使讨蜀，以效其信①。嚣乃遣长史上书，盛言三辅单弱②，刘文伯在边③，未宜谋蜀。帝知嚣欲持两端，不愿天下统一，于是稍黜其礼，正君臣之仪。

【注释】

①效，信：效，验证；信，诚实不欺。

②盛言：极力申说。

③刘文伯：卢芳，字君期，谎称自己是汉武帝的曾孙，自称为刘文伯，在三水地区起兵，依附当地少数民族羌匈奴，占据一方。

【译文】

当时，关中将帅几次上书，诉说能够攻打蜀军的理由，光武帝便将这些上书拿给隗嚣看，并想让他带兵征讨蜀地，以考验他的忠诚。于是隗嚣派遣长史上书，极力申说三辅地区兵力薄弱，刘文伯又在周边虎视眈眈，不适合攻打蜀地。光武帝知道隗嚣想要游移汉蜀两端，不希望看到天下一统的局面，于是便降低了对隗嚣的礼遇，以正常的君臣礼节对待他。

【原文】

初，嚣与来歙、马援相善，故帝数使歙、援奉使往来，劝令入朝，许以重爵。嚣不欲东，连遣使深持谦辞，言无功德，须四方平定，退伏闾里。五年，复遣来歙说嚣遣子入侍，嚣闻刘永、彭宠皆已破灭，乃遣长子恂随歙诣阙。以为胡骑校尉①，封镌羌侯。而嚣将王元、王捷常以为天下成败未可知，不愿专心内事。……嚣心然元计，虽遣子入质，犹负其险厄，欲专方面②，于是游士长者，稍稍去之。

【注释】

①胡骑校尉：官名，汉武帝时期设置。

②欲专方面：想要称霸一方。

【译文】

起初，隗嚣和来歙、马援交好，所以光武帝几次派遣来歙、马援与他相互交往，并且劝说隗嚣入朝为官，并许下高官厚禄。隗嚣不想要东去，便几次派遣使者向光武帝陈述谦辞，称自己没有什么功德，等到四方平定之后，就退隐乡里。光武帝五年，光武帝又派遣来歙前去说服隗嚣送儿子入朝侍奉，隗嚣听说刘永、彭宠都已经被攻破，于是便派遣长子隗恂随同来歙入朝。隗恂被任命为胡骑校尉，封镌羌侯。而隗嚣帐下大将王元、王捷认为天下成败还未可知，不愿意一心一意地服侍汉朝。……隗嚣心里很赞同王元的想法，虽然派遣长子入朝为质，但他依然想要凭借自己所处的险要地势称霸一方，于是四方聚集而来的游士和德高望重的长辈，都渐渐地离他而去了。

【原文】

六年，关东悉平。帝积苦兵间，以嚣子内侍，公孙述远据边陲，乃谓诸将曰："且当置此两子于度外耳。"因数腾书陇、蜀[①]，告示祸福。嚣宾客、掾史多文学生，每所上事，当世士大夫皆讽诵之，故帝有所辞答，尤加意焉，嚣复遣使周游诣阙，先到冯异营，游为仇家所杀。帝遣卫尉铫期持珍宝缯帛赐嚣，期至郑被盗，亡失财物。帝常称嚣长者，务欲招之，闻而叹曰："吾与隗嚣事欲不谐，使来见杀，得赐道亡。"

【注释】

①腾：传。

【译文】

建武六年，关东地区相继平定。光武帝苦于长期征战，又因为隗嚣的长子已经入朝侍奉，公孙述又远在边境，于是便对各位将领说："暂且不要去理会这两个人吧。"因此几次传书到陇、蜀两个地方，晓谕他们祸福含义。隗嚣的宾客、掾史大多都是文人学士，每每上书议事，都会遭到朝中士大夫的讥讽，所以光武帝每次回复的时候，都会特别注意言辞，隗嚣又派周游前往京都，先是前往冯异的军营，不料周游却被仇家所杀。光武帝又派遣卫尉铫期带着珍宝锦帛赏赐给隗嚣，铫期到达郑地时被盗，丢失了所有财物。光武帝将隗嚣看作是长者，一直想要让他归降，听说这件事情后感叹说："我和隗嚣之间的事情是很难办妥了，前来的使者被杀，送去的财物被盗。"

【原文】

会公孙述遣兵寇南郡，乃诏嚣当从天水伐蜀，因此欲以溃其心腹①。嚣复上言："白水险阻，栈阁绝败②。"又多设支阂③。帝知其终不为用，叵欲讨之④。遂西幸长安，遣建威大将军耿弇等七将军从陇道伐蜀，先使来歙奉玺书喻旨。嚣疑惧，即勒兵，使王元据陇坻，伐木塞道，谋欲杀歙。歙得亡归。

【注释】

①溃其心腹：从要害之处将其攻溃。

②栈阁：栈道。

③支阂：障碍。

④叵（pǒ）：就。

【译文】

当时公孙述派兵攻打南郡，于是光武帝下诏让隗嚣从天水郡带兵攻打蜀地，想要让他从要害之处攻溃公孙述。隗嚣又上奏说："白水地区地势艰险，栈道已经被破坏殆尽。"此外隗嚣还特地多设置了一些障碍。光武帝知道隗嚣终归还是无法为己所用，就想要出兵征讨他。于是便亲自前往长安，派遣建威大将军耿弇等七位将军带兵从陇道讨伐蜀地，先是派遣来歙带着玺书前去传达圣意。隗嚣很是惊惧，即刻部署兵力，派遣王元带兵坚守陇坻，砍伐树木堵塞道路，计划要杀掉来歙。来歙逃回汉军阵营。

【原文】

诸将与嚣战，大败，各引退。嚣因使王元、行巡侵三辅，征西大将军冯异、征虏将军祭遵等击破之。嚣乃上疏谢曰："吏人闻大兵卒至，惊恐自救，臣嚣不能禁止。兵有大利，不敢废臣子之节，亲自追还。昔虞舜事父，大杖则走，小杖则受。臣虽不敏，敢忘斯义。今臣之事，在于本朝，赐死则死，加刑则刑。如遂蒙恩，更得洗心，死骨不朽。"有司以嚣言慢，请诛其子恂，帝不忍，复使来歙至汧，赐嚣书曰："昔柴将军与韩信书云：'陛下宽仁，诸侯虽有亡叛而后归，辄复位号，不诛也。'以嚣文吏，晓义理，故复赐书。深言则似不逊，略言则事不决。今若束手①，复遣恂弟归阙庭者，则爵禄获全，有浩大之福矣。吾年垂四十，在兵中十岁，厌浮语虚辞。即不欲，勿报。"嚣知帝审其诈，遂遣使称臣于公孙述。

【注释】

①束手：停止抵抗。

【译文】

各位将领与隗嚣作战，最后惨败，各自引兵退回。因此隗嚣派遣王元、行巡入侵三辅地区，征西大将军冯异、征虏将军祭遵等将他们攻破。于是隗嚣上书谢罪说："我的手下听说大军逼近，惊恐之下采取自救策略，我却无法制止。虽然我的下属打了胜仗，但也不敢废弃臣子的礼节，亲自将大军追了回来。昔日虞舜侍奉父亲，看到大的棍杖就逃走，看到小的棍杖就接受处罚。我虽然不敏慧，但也不敢忘记这种道义。而今我犯下的错误，惩罚就在于朝廷，让我死就死，让我受刑就受刑。如若蒙受皇上恩泽而不受任何惩罚，就更要洗心革面，至死不朽。"有人认为隗嚣言语轻慢，请求光武帝诛杀隗嚣的长子隗恂，光武帝心有不忍，又派遣来歙前往汧地，赐给隗嚣一封诏书说："昔日柴将军给韩信写信说：'陛下宽容仁慈，各诸侯中即便反叛但最后也都归降了，陛下便恢复了他们原有的爵位，没有诛杀他们。'而嚣你是文官，又知晓义理，所以我又赐诏书给你。话说得太多就显得不恭训，话太简单又不能解决问题。而今如若你束手就擒，再让隗恂的弟弟入朝侍奉，那么就可以保全你的爵位俸禄，享受浩大的福分。我已经年近四十，四处征战十年，厌恶那些虚伪的言辞。如若你不想这样，也不要再上报了。"隗嚣知道光武帝已经察觉到了他的欺骗，于是便派遣使者前往公孙述那里表明自己愿意称臣的意思。

【原文】

明年，述以嚣为朔宁王，遣兵往来，为之援执[①]。秋，嚣将步骑三万侵安定，至阴槃，冯异率诸将拒之。嚣又令别将下陇，攻祭遵于汧，兵并无利，乃引还。帝因令来歙以书招王遵，遵乃与家属东诣京师，拜为太中大夫，封向义侯。

【注释】

①援执（shì）：援助力量。

【译文】

第二年，公孙述任命隗嚣为朔宁王，派兵相互往来，并为他提供援助。秋天，隗嚣带领三万步兵、骑兵攻打安定，到达阴槃地区，冯异率领各位将领在此对抗。隗嚣又下令其他将领离开陇地，攻打汧县的祭遵，可并没有取得什么利处，于是便带兵而还。因此，光武帝命令来歙拿着诏书招降王遵，王遵便带着家属向东来到京都，被任命为太中大夫，封为向义侯。

【原文】

遵字子春，霸陵人也。父为上郡太守。遵少豪侠，有才辩，虽与嚣举兵，而常有归汉意。曾于天水私于来歙曰："吾所以戮力不避矢石者[①]，岂要爵位哉！徒以人思旧主，先君蒙汉厚恩，思效万分耳。"又数劝嚣遣子入侍，前后辞谏切甚，嚣不从，故去焉。

【注释】

①戮力：勉力。

【译文】

王遵字子春，是霸陵人。他的父亲是上郡太守。王遵年少的时候就好行侠义之举，有才辩，虽然和隗嚣一同举兵起事，但也经常有归附汉室的意向。他曾经私下在天水郡和来歙见面说："我之所以不避刀剑地奋力作战，难道是想要个爵位！只是因为思慕过去的君主，先祖承蒙汉室恩典，我只是想要报答汉朝万分之一的恩德罢了。”他曾经几次劝说隗嚣送儿子入朝服侍，前后言辞甚是恳切，隗嚣不听，所以他只能离去了。

【原文】

八年春，来歙从山道袭得略阳城。嚣出不意，惧更有大兵，乃使王元拒陇坻，行巡守番须口，王孟塞鸡头道，牛邯军瓦亭①，嚣自悉其大众围来歙。公孙述亦遣其将李育、田弇助嚣攻略阳，连月不下。亲乃率诸将西征之，数道上陇，使王遵持节监大司马吴汉留屯于长安。

【注释】

①军：驻军。

【译文】

建武八年春，来歙带兵从山道袭击并攻破略阳城。隗嚣对此没有任何准备，担心后面会有大军，便派遣王元在陇坻抵御汉军，行巡驻守番须口，王孟堵住鸡头道，牛邯在瓦亭驻军，隗嚣亲自带领众军围攻来歙。公孙述也派遣他的大将李育、田弇带军援助隗嚣攻打略阳，几个月都没有攻下。光武帝亲自带军西征，分几路兵马攻打陇地，让王遵拿着符节以监督大司马吴汉在长安驻守。

【原文】

遵知嚣必败灭，而与牛邯旧故，知其有归义意，以书喻之……邯得书，沉吟十余日，乃谢士众①，归命洛阳，拜为太中大夫。于是嚣大将十三人，属县十六，众十余万，皆降。

【注释】

①谢：辞别。

【译文】

王遵知道隗嚣一定会战败，而他又和牛邯是旧友，知道他也有归顺之意，便写信劝说他……牛邯得到王遵寄来的书信，沉吟了十几日，便辞谢众人，归附洛阳，光武帝命其为太中大夫。于是隗嚣的十三员大将，十六个属县，十多万兵士，全都归降了。

【原文】

王元入蜀求救，嚣将妻子奔西域，从杨广，而田弇、李育保上邽。诏告嚣曰："若束手自诣，父子相见，保无佗也。高皇帝云：'横来，大者王，小者侯①。'若遂欲为黥布者，亦自任也。"嚣终不降。于是诛其子恂，使吴汉与征南大将军岑彭围西城，耿弇与虎牙大将军盖延围上邽。车驾东归。月余，杨广死，嚣穷困。其大将王捷别在戎丘，登城呼汉军曰："为隗王城守者，皆必死无二心！愿诸军亟罢，请自杀以明之。"遂自刎颈死。数月，王元、行巡、周宗将蜀救兵五千余人，乘高卒至，鼓噪大呼曰："百万之众方至！"汉军大惊，未及成陈，元等决围，殊死战，遂得入城，迎嚣归冀。会吴汉等食尽退去，于是安定、北地、天水、陇西复反为嚣。

【注释】

①高皇帝云："横来，大者王，小者侯"：汉高祖刘邦在招降齐王田横的时候说：如若田横归降，高则可以封王，最低也会封为侯爵。

【译文】

王元前往蜀地求救，隗嚣带着妻儿逃到西域，跟随杨广，而田弇、李育则驻守上邽。光武帝诏告隗嚣说："如若束手就擒，就可以让你们父子相见，保证你不会有其他灾难。高祖皇帝在招降田横的时候说：'田横归降，高则封王，低则封侯爵。'如若还想要像黥布那般自立为王，那也就随意吧。"隗嚣最终还是不肯归降。光武帝杀掉了他的长子隗恂，派遣吴汉和征南大将军岑彭围攻西城，耿弇与虎牙大将军盖延围攻上邽。光武帝则驾车回到洛阳。一个多月的时间，杨广战死，隗嚣陷入穷困境地。他的大将王捷依然在戎丘，他登上城墙对着汉军大喊道："为隗王驻守城池的人，至死都不会有二心！希望各位将士回去吧，我愿意以死来表明自己的决心。"于是便拔剑自刎而死。几个月之后，王元、行巡、周宗率领蜀地救兵五千多人，从高处突出重围，敲着战鼓大声呼喊说："百万大军马上就来了！"汉军大为惊恐，还没来得及摆好阵势，王元等人便突破重围，决一死战，并冲入城中，迎接隗嚣返回冀县。这个时候吴汉军队的粮食已经耗尽，他便带兵撤退了，于是安定、北地、天水、陇西地区又再次被隗嚣掌控。

【原文】

九年春，嚣病且饿，出城餐糗糒[①]，恚愤而死[②]。王元、周宗立嚣少子纯为王。明年，来歙、耿弇、盖延等攻破落门，周宗、行巡、苟宇、赵恢等将纯降。宗、恢及诸隗分徙京师以东，纯与巡、宇徙弘农。唯王元留为蜀将。及辅威将军臧宫破延岑，元举众诣宫降。

【注释】

①糗糒（qiǔ bèi）：干粮。

②恚（huì）：恨、怒。

【译文】

建武九年春，隗嚣重病而又饥饿难耐，出城寻找粮食，最后悲愤而死。王元、周宗拥立隗嚣的小儿子隗纯为王。第二年，来歙、耿弇、盖延等人带军攻破落门，周宗、行巡、苟宇、赵恢等将士带着隗纯前来归降。周宗、赵恢以及隗嚣族人都被迁徙到京都东面，隗纯和行巡、苟宇被迁徙到弘农地区。只有王元留下来成为蜀地的将领。之后辅威将军臧宫攻破延岑，王元率领众人归降臧宫。

【原文】

论曰：隗嚣援旗纠族，假制明神，迹夫创图首事，有以识其风矣。终于孤立一隅，介于大国，陇坻虽隘，非有百二之势，区区两郡，以御堂堂之锋，至使穷庙策[①]，竭征傜，身殁众解，然后定之。则知其道有足怀者，所以栖有四方之桀，士至投死绝亢而不悔者矣。夫功全则誉显，业谢则衅生，回成丧而为其议者[②]，或未闻焉。若嚣命会符运[③]，敌非天力，虽坐论西伯[④]，岂多嗤乎？

【注释】

①庙策：朝廷的计策。

②回成丧而为其议：不以成败论英雄而成为自己的观点。

③符运：上天预示帝王的符兆。

④西伯：周文王或者是周武王。

【译文】

论说：隗嚣举着旗帜纠集人马，假借神明的威名，考究他图谋霸业的事宜，便可以看出他的非凡风范。最后他独占一方，介于蜀汉之间，虽然陇坻地势狭隘，但也没有以二当百的势力，隗嚣只凭借区区两个郡的力量，便去抵抗大汉军队，使得汉室穷尽谋略，竭尽赋税，直至隗嚣因病而死、众军瓦解，汉军才将他们平定。那么也可以知晓隗嚣的道义足够众人感怀的，所以才能够让四方的豪杰之士依附于他，士人以死相报都没有后悔的。成就功业就可以彰显声誉，功业失败就会产生怨恨。不会以成败论英雄作为自己观点的人，还没有听说过。如若隗嚣能够得到上天的福祉，又不面对像光武帝这般得于天力的对手，即便他坐论周文王或者是周武王的功绩，谁又岂敢嘲笑他呢？

邓禹列传

【题解】

在“中兴二十八将”中，邓禹称得上是第一位，是东汉开国功臣。邓禹是一个有战略远见的人，少时和光武帝同窗，就识出光武帝不是平庸之辈，于是便和光武帝很是亲近；更始帝的人多次举荐他，邓禹都不答应，却宁愿千里迢迢地去投奔光武帝。于乱世，他可以运筹帷幄，知人善用；于庙堂，他能够居安思危，明哲保身，可谓是“皆可以为后世法”。

【原文】

邓禹字仲华，南阳新野人也。年十三，能诵《诗》，受业长安。时光武亦游学京师，禹年虽幼，而见光武知非常人，遂相亲附。数年归家。及汉兵起，更始立，豪杰多荐举禹，禹不肯从。及闻光武安集河北，即杖策北渡[①]，追及于邺。光武见之甚欢，谓曰：“我得专封拜，生远来，宁欲仕乎？”禹曰：“不愿也。”光武曰：“即如是，何欲为？”禹曰：“但愿明公威德加于四海，禹得效其尺寸，垂功名于竹帛耳。”光武笑，因留宿间语[②]。禹进说曰：“更始虽都关西，今山东未安，赤眉、青犊之属，动以万数，三辅假号，往往群聚。更始既未有所挫，而不自听断，诸将皆庸人屈起，志在财币，争用威力，朝夕自快而已，非有忠良明智，深虑远图，欲尊主安民者也。四方分崩离析，形势可见。明公虽建藩辅之功，犹恐无所成立。于今之计，莫如延揽英雄，务悦民心，立高祖之业，救万民之命。以公而虑天下，不足定也。”光武大悦，因令左右号禹曰邓将军。常宿止于中，与定计议。

【注释】

①杖策：驱马前行。

②间语：私语。

【译文】

邓禹字仲华，是南阳新野人。十三岁的时候，就能够诵读《诗》，并在长安拜师学习。当时光武帝刘秀也游学于京师，虽然邓禹当时年幼，但也识出光武帝并非一般人，于是便亲近攀附于光武帝。几年之后邓禹返回家乡。等到汉军起兵，更始帝即位，大多豪杰之士都推荐邓禹，邓禹不肯听从。等到他听说光武帝刘秀安定河北，便立即驱马北渡，在邺城追上了光武帝的车队。光武帝看到他很是高兴，对他说："我可以自主任命官职，你从远处而来，是想要做官吗？"邓禹说："不愿意。"光武帝刘秀说："既然这样，您想要做什么呢？"邓禹说："我只愿您的威德能够名扬四海，我可以尽自己全部的力量，流传于史册而已。"光武帝笑了，便留下邓禹同住私谈。邓禹进言说："虽然更始帝定都于关西，而今山东地区并没有平定，赤眉军、青犊

军之类的，动辄几万人马，三辅地区的官吏假借名号，经常群聚。更始帝刘玄既没有挫败他们，而又不肯亲自治理朝政，各位将领中都是一些平庸之人崛起，他们的目的都在钱财上，争相运用自己的权势，早晚只知道自娱自乐而已，没有忠良明智、深谋远虑、想要侍奉君主安定民心的人。四方分崩离析，这种形势是能够预见的。您虽然有辅佐更始的功劳，但（仅是这些）恐怕还不能有所成就。而今之计，不如大肆招揽各地英雄，取悦民心，立下汉高祖般的功业，拯救天下万民的生命。以您的才德来为天下人谋虑，是可以平定的。”光武帝刘秀很是高兴，因而命令左右的人称邓禹为邓将军。光武帝也经常将他留宿于自己的帐中，和他商定计策。

【原文】

及王郎起兵，光武自蓟至信都，使禹发奔命，得数千人，令自将之，别攻拔乐阳①。从至广阿②，光武舍城楼上，披舆地图，指示禹曰：“天下郡国如是，今始乃得其一。子前言以吾虑天下不足定，何也？”禹曰：“方今海内殽乱，人思明君，犹赤子之慕慈母。古之兴者，在德薄厚，不以大小。”光武悦。时任使诸将，多访于禹，禹每有所举者，皆当其才，光武以为知人③。使别将骑，与盖延等击铜马于清阳④。延等先至，战不利，还保城，为贼所围。禹遂进与战，破之，生获其大将。从光武追贼至蒲阳⑤，连大克获，北州略定。

【注释】

①乐阳：县名，今河北石家庄西北方向。

②广阿：县名，今河北隆尧东面。

③光武以为知人：邓禹举荐吴汉为大将军，寇恂为河内太守，所以光武帝便认为邓禹有识人之明。

④清阳：县名，今河北清河县东南方向。

⑤蒲阳：山名，今河北满城西北方向。

【译文】

等到王郎起兵，光武帝从蓟城到达信都，派遣邓禹征召各地的奔命兵，得到几千人，并让邓禹自己率领，又另外派遣军队攻打乐阳。邓禹跟随光武帝来到了广阿县，光武帝在城楼上居住，他将地图翻开，并指给邓禹看说："天下的郡国是这般多，如今我们只得到了其中一处。你之前说以我的才德足够谋定天下，是什么原因呢？"邓禹说："如今四海混乱，人人都期待明君的出现，就好比赤子期盼慈母一般。古时候得天下的人，在于德行的厚薄，而不在于领地的大小。"光武帝很高兴。当时任命各位将领，大多也是征询邓禹的建议，邓禹每每举荐的人，都能够尽用其才，光武帝便认为他是一个善于识人的人。光武帝让邓禹另外带领骑兵，和盖延等人在清阳地区迎击铜马军。盖延等人先到，战况不利，于是只能退守城池，被贼人所围困。于是邓禹便和敌军交战，大获全胜，生擒敌军大将。后来邓禹又跟从光武帝追击敌兵到蒲阳，连连获胜，北州地区便基本上平定了。

【原文】

及赤眉西入关，更始使定国上公王匡、襄邑王成丹、抗威将军刘均及诸将，分据河东、弘农以拒之。赤眉众大集，王匡等莫能当。光武筹赤眉必破长安，欲乘衅并关中①，而方自事山东，未知所寄，以禹沉深有大度，故授以西讨之略。乃拜为前将军，持节，中分麾下精兵二万人，遣西入关，令自选偏裨以下可与俱者。于是以韩歆为军师，李文、李春、程虑为祭酒，冯愔为积弩将军，樊崇为骁骑将军，宗歆为车骑将军，邓寻为建威将军，耿訢为赤眉将军，左于为军师将军，引而西。

【注释】

①乘衅（xìn）：趁其争端。

【译文】

等到赤眉军西进函谷关，更始帝派遣定国上公王匡、襄邑王成丹、抗威将军刘均以及诸位将领，分别在河东、弘农地区驻军抵抗。赤眉军规模很大，王匡等人无法抵挡。光武帝想着赤眉军一定可以攻破长安，便想要趁着双方争端之际吞并关中地区，只是当时光武帝正在料理山东地区的事宜，不知道应该将此托付给谁，又因为邓禹是个深沉大度之人，所以便将向西征讨的谋略交与邓禹处理。于是任命邓禹为前将军，手持符节，又平分给他两万精兵，让他带兵西进入关，并让邓禹自己挑选将佐以下能够和他一起出征的士兵。于是便以韩歆为军师，李文、李春、程虑为祭酒，冯愔为积弩将军，樊崇为骁骑将军，宗歆为车骑将军，邓寻为建威将军，耿訢为赤眉将军，左于为军师将军，带兵西征。

【原文】

建武元年正月，禹自箕关将入河东[①]，河东都尉守关不开，禹攻十日，破之，获辎重千余乘。进围安邑[②]，数月未能下。更始大将军樊参将数万人，度大阳欲攻禹[③]，禹遣诸将逆击于解南，大破之，斩参首。于是王匡、成丹、刘均等合军十余万，复共击禹，禹军不利，樊崇战死。会日暮，战罢，军师韩歆及诸将见兵势已摧，皆劝禹夜去，禹不听。明日癸亥，匡等以六甲穷日不出，禹因得更理兵勒众。明旦，匡悉军出攻禹，禹令军中无得妄动；既至营下，因传发诸将鼓而并进，大破之。匡等皆弃军亡走，禹率轻骑急追，获刘均及河东太守杨宝、持节中郎将弭彊，皆斩之，收得节六，印绶五百，兵器不可胜数，遂定河东。承制拜李文为河东太守，悉更置属县令长以镇抚之。是月，光武即位于鄗[④]，使使者持节拜禹为大司徒。……禹时年二十四。

【注释】

①箕关：关名，今山西王屋山南。

②安邑：县名，今山西夏县西北。

③大阳：县名，今山西平陆西面。

④鄗（hào）：县名，今河北高邑。

【译文】

建武元年正月，邓禹率军准备从箕关进入河东地区，河东都尉把守关门不开，邓禹攻打了十天，将河东攻破，缴获辎重一千多辆。进而又围攻安邑，几个月的时间都没有攻下。更始帝的大将军樊参率领兵士几万人，从大阳县经过想要攻打邓禹，邓禹派遣各位将领在解南地区迎击，大破樊参大军，斩杀樊参。于是王匡、成丹、刘均等合并兵力共十多万人，再次攻打邓禹，邓禹军队失利，樊崇战死。日暮的时候，作战结束，军师韩歆以及诸位将领见士气受挫，都劝说邓禹趁夜撤兵，邓禹不听。第二天癸亥，王匡等人因为癸亥为六甲凶日而不愿出兵，邓禹因此得以重新整顿军队。第二天早上，王匡带领全部兵力攻打邓禹，邓禹命令军中上下不可轻举妄动；等到王匡大军到达营下时，才传令各位将士敲鼓进军，大破敌军。王匡等人都弃军逃走，邓禹率领轻骑急忙追赶，俘虏了刘均以及河东太守杨宝、持节中郎将弭强，将他们都斩杀了，收缴了六个符节，五百印绶，兵器无数，于是邓禹平定了河东地区。秉承圣意任命李文为河东太守，将所属县令全部更换以镇抚他们。当月，光武帝在鄗地即位，派使者拿着符节任命邓禹为大司徒。……当时邓禹年仅二十四岁。

【原文】

遂渡汾阴河，入夏阳[①]。更始中郎将左辅都尉公乘歙，引其众十万，与左冯翊兵共拒禹于衙，禹复破走之，而赤眉遂入长安。是时三辅连覆败，赤眉所过残贼，百姓不知所归。闻禹乘胜独克而师行有纪，皆望风相携负以迎军，降者日以千数，众号百万。禹所止辄停车住节，以劳来之[②]，父老童稚，垂发戴白[③]，满其车下，莫不感悦，于是名震关西。帝嘉之，数赐书褒美。

【注释】

①夏阳：县名，今陕西韩城南。

②劳来：劝勉。

③垂发：幼童。

【译文】

于是邓禹带军渡过汾阴河，进入夏阳。更始帝中郎将左辅都尉公乘歙，率领十万兵马，和左冯翊联手在衙县抵抗邓禹，邓禹攻破并赶走了他们，此时赤眉军已经进入长安。当时三辅地区连连战败，赤眉军所经之处残害无数，百姓不知道该归附谁。听说邓禹乘胜攻克并且其军队纪律严明，百姓们都相互搀扶着前来迎接邓禹大军，归降之人一日有上千之多，人数号称有百万。邓禹在其休息的地方也经常停车驻足，下来安慰、劝勉他们，父老幼童，垂发未冠或者是银发飘飘，挤满了他的车前，没有不感激喜悦的，于是邓禹的威名震动关西。光武帝嘉奖他，经常赐书褒奖他。

【原文】

诸将豪杰皆劝禹径攻长安。禹曰："不然。今吾众虽多，能战者少，前无可仰之积，后无转馈之资。赤眉新拔长安，财富充实，锋锐未可当也。夫盗贼群居，无终日之计，财谷虽多，变故万端，宁能坚守者也？上郡、北地、安定三郡，土广人稀，饶谷多畜，吾且休兵北道，就粮养士，以观其弊，乃可图也。"于是引军北至栒邑①。禹所到，击破赤眉别将诸营保，郡邑皆开门归附。西河太守宗育遣子奉檄降，禹遣诣京师②。

【注释】

①栒（xún）邑：县名，今陕西旬邑东北。

②京师：指的是洛阳。

【译文】

诸位将领豪杰都劝说邓禹直接攻打长安。邓禹说："不可以。如今我们的人数虽然多，但是擅长作战的却很少，前面没有可以仰仗的积蓄，后面也没有能够运输粮草的援助。赤眉军刚刚占领长安，军需富足，锋锐不可挡。不过一群盗贼居住在一起，而又没有长远的打算，虽然财物粮食比较多，但变故却也非常多，他们又哪能够坚守呢？上郡、北地、安定三个郡县，地广人稀，谷物富饶牲畜很多，我们暂时在北道整顿军队，依靠粮食生产的地方休养兵士，以此来观察他们的短处，然后才可以图谋下一步。”于是邓禹带兵北上栒邑。邓禹大军所到之处，都击破了赤眉军其他将领所驻守的地方，郡邑都开门归附。西河太守宗育让自己的儿子带着邓禹晓谕各地的文书归降，邓禹又将他派往京都。

【原文】

帝以关中未定，而禹久不进兵，下敕曰：“司徒，尧也；亡贼，桀也。长安吏人，遑遑无所依归。宜以时进讨，镇慰西京，系百姓之心。”禹犹执前意，乃分遣将军别攻上郡诸县，更征兵引谷，归至大要①。遣冯愔、宗歆守栒邑。二人争权相攻，愔遂杀歆，因反击禹，禹遣使以闻。帝问使人：“愔所亲爱为谁？”对曰：“护军黄防。”帝度愔、防不能久和，势必相忤，因报禹曰：“缚冯愔者，必黄防也。”乃遣尚书宗广持节降之。后月余，防果执愔，将其众归罪。更始诸将王匡、胡殷等皆诣广降，与共东归。至安邑，道欲亡，广悉斩之。愔至洛阳，赦不诛。

【注释】

①大要：县名，今甘肃宁县。

【译文】

光武帝因为关中地区没有平定，而邓禹又迟迟不进兵，便下诏说：“司徒的德行，犹如尧帝；亡贼的德行，犹如暴桀。长安地区的官吏和百姓，都惶恐无所归附。你应该趁机发兵征讨，镇抚、慰问长安，这也是百姓的心声。”邓禹执意坚持之前的策略，便分派将领分别攻打上郡各县，并征召士兵运送粮食，都集于大要地区。邓禹派遣冯愔、宗歆驻守栒邑。二人因为权力而相互攻击，于是冯愔杀掉了宗歆，又反头攻打邓禹，邓禹让人将这个情况禀报给光武帝。光武帝问使者说：“冯愔最为亲爱的人是谁?”使者回答说：“为护军黄防。”光武帝考虑到冯愔、黄防二人并不会永久交好，势必会有兵戈相向的那一天，因此让人回复邓禹说：“捆绑冯愔的人，必定是黄防。”于是便让尚书宗广手拿符节去招降黄防。一个月之后，黄防果然捉拿了冯愔，带着下属前来请罪。更始帝的其他将领王匡、胡殷等人都纷纷前往宗广处归降，并和他一起东归。到达安邑地区，王匡等人想要半途逃跑，宗广将他们全部斩杀。冯愔到达洛阳，光武帝赦免了他。

【原文】

二年春，遣使者更封禹为梁侯，食四县。时赤眉西走扶风，禹乃南至长安，军昆明池，大飨士卒。率诸将斋戒，择吉日，修礼谒祠高庙，收十一帝神主，遣使奉诣洛阳，因循行园陵，为置吏士奉守焉。禹引兵与延岑战于蓝田①，不克，复就谷云阳②。汉中王刘嘉诣禹降。嘉相李宝倨慢无礼，禹斩之。宝弟收宝部曲击禹，杀将军耿訢。自冯愔反后，禹威稍损，又乏食，归附者离散。而赤眉复还入长安，禹与战，败走，至高陵③，军士饥饿，皆食枣菜。帝乃征禹还，敕曰：“赤眉无谷，自当来东，吾折捶笞之，非诸将忧也。无得复妄进兵。”禹惭于受任而功不遂，数以饥卒徼战，辄不利。三年春，与车骑将军邓弘击赤眉，遂为所败，众皆死散。事在《冯异传》。独与二十四骑还诣宜阳④，谢上大司徒、梁侯印绶。有诏归侯印绶。数月，拜右将军。

【注释】

①蓝田：县名，今陕西蓝田西。

②云阳：县名，今陕西淳化西北方向。

③高陵：县名，今陕西高陵。

④宜阳：县名，今河南宜阳西侧。

【译文】

建武二年春天，光武帝派遣使者将邓禹改封为梁侯，食邑四县。当时，赤眉军向西进入扶风地区，邓禹则向南进入长安，在昆明池那里驻军，犒赏兵士。邓禹带领各位将士斋戒，并挑选吉日，学习礼仪并拜谒高祖庙，收集十一位皇帝的神主，并让使者将此送往洛阳，也因此察看皇帝园陵，并为此设立官吏奉旨祭祀守卫。邓禹带兵和延岑在蓝田作战，没有攻克，又前往云阳地区寻找粮食。汉中王刘嘉归降邓禹。刘嘉的国相李宝是个傲慢无礼之人，邓禹将他斩杀了。李宝的弟弟召集李宝的手下攻打邓禹，杀掉了将军耿䜣。自从冯愔反叛后，邓禹的威名稍微减损，再加上军粮稀缺，归附的人渐渐离散。而赤眉军又重新占据长安，邓禹和他们作战，战败后撤退，到达高陵地区，将士们饥饿难耐，都吃野枣野菜充饥。于是光武帝召邓禹回京都，并且下诏说："赤眉军没有粮食，一定会向东进军，我会折断杖子鞭打他们，各位将士不要再为此事忧愁了。也不要再次发动进攻了。"邓禹因为自己没有完成任务而万分惭愧，又几次让饥饿的将士们参加战斗，一直失利。建武三年春，邓禹和车骑将军邓弘合力攻打赤眉军，但却被敌军打败，兵士们死的死、逃的逃。这件事情记载在《冯异

传》中。邓禹只和二十四个人骑马返回宜阳，向光武帝请罪并上交大司马、梁侯的印绶。诏令要归还梁侯印绶。几个月之后，邓禹又被任命为右将军。

【原文】

十三年，天下平定，诸功臣皆增户邑，定封禹为高密侯，食高密、昌安、夷安、淳于四县[①]。帝以禹功高，封弟宽为明亲侯。其后左右将军官罢，以特进奉朝请。禹内文明，笃行淳备，事母至孝。天下既定，常欲远名势。有子十三人，各使守一艺[②]。修整闺门，教养子孙，皆可以为后世法。资用国邑，不修产利。帝益重之。中元元年，复行司徒事。从东巡狩，封岱宗。显宗即位，以禹先帝元功，拜为太傅，进见东向，甚见尊宠。居岁余，寝疾。帝数自临问，以子男二人为郎。永平元年，年五十七薨，谥曰元侯。

【注释】

①高密：今山东高密西；昌安：今山东安丘东南；夷安：今山东高密；淳于：今山东安丘东北。

②一艺：一经。

【译文】

建武十三年，天下平定，各个功臣都增封户邑，要封邓禹为高密侯，食邑高密、昌安、夷安、淳于四个县。光武帝认为邓禹劳苦功高，所以又封邓禹的弟弟邓宽为明亲侯。之后邓禹的左右将军被罢免官职，邓禹又以特定的名号拜见光武帝。邓禹内修文明，笃行仁厚淳朴之道，对母亲也是极为孝顺。天下平定以后，邓禹时常想着要远离功名利禄。邓禹有十三个儿子，各自研习一门经学。整顿家风，教养子孙，都可以为后世人所效法。家中用度都是从封地中得来的，并不另外经营其他产业。光武帝对他也是日益器重。中元元年，邓禹又行使大司徒一职。跟着光武帝向东巡视，并于泰山设坛祭祀。显宗即位，因邓禹是先帝时期的功臣，便拜他为太傅，觐见的时候可以东向站立，很是尊宠。一年之后，邓禹重病在床。

显帝几次前往家中探望，并任命他的两个儿子为郎官。永平元年，邓禹五十七岁去世，谥号元侯。

寇恂列传

【题解】

寇恂，“中兴二十八将”之一，算是一个智勇双全的人物。寇恂胆识过人，曾夺回太守耿况的印绶，并劝说他归附光武帝；曾为光武帝镇守河内，为前线提供军需，击溃进犯之敌；以国家利益为重，对人处处忍让，委屈求全，有蔺相如之风。此外，寇恂重视教育，治政清廉，深受百姓爱戴，留下了“借寇”之美谈。

【原文】

寇恂字子翼，上谷昌平人也，世为著姓①。恂初为郡功曹②，太守耿况甚重之。

【注释】

①著姓：有声望的族姓。

②功曹：汉代郡守有功曹史，除了掌管人事以外，还可以参与一些郡内事务。

【译文】

寇恂字子翼，是上谷昌平人，世代都是有声望的族姓。寇恂起初是郡里的功曹，太守耿况非常器重他。

【原文】

王莽败，更始立。使使者徇郡国，曰“先降者复爵位”。恂从耿况迎使者于界上，况上印绶，使者纳之，一宿无还意。恂勒兵入见使者，就请之。使者不与，曰：“天王使者，功曹欲胁之邪?”恂曰：“非敢胁使君，窃伤计之不详也。今天下初定，国信未宣，使君建节衔命①，以临四方，郡国莫不延颈倾耳，望风归命。今始至上谷而先堕大信，沮向化之心②，生离畔之隙③，将复何以号令它郡乎？且耿府君在上谷，久为吏人所亲，今易之，得贤则造次未安④，不紧则只更生乱。为使君计，莫若复之以安百姓。”使者不应，恂叱左右以使者命召况。况至，恂进取印绶带况。使者不得已，乃承制诏之，况受而归。

【注释】

①建节：执持符节。

②沮：毁坏。

③离畔：离心。

④造次：匆忙。

【译文】

王莽败亡，更始帝即位。派遣使者去收复郡国，说“先投降的可以保留他的爵位”。寇恂跟随耿况在上谷郡的边界上迎接使者，耿况献上印绶，使者接受了，过了一夜还没有归还的意思。寇恂带兵拜见使者，并请求归还耿况的印绶。使者不给，说：“我是天王的使者，功曹您难道要威胁我吗?”寇恂说：“我并不敢威胁您，只是私下里担心您的计策不周详罢了。如今天下刚刚平定，国家的信用还没有被宣扬，您奉君命拿着符节，俯察四方，郡国中没有不伸着脖子侧耳倾听的，都是望风而动。如今刚到达上谷郡便想要丢掉大的信用，毁坏了向化之心，引起离心的裂痕，又准备依靠什么来号令其他郡国呢？更何况耿府君在上谷郡，一直深受人们的拥戴，而今您要更换人员，即便得到了贤能的人才也无法在仓促的时间里安定局面，如若任用了不贤能的人就只能更加混乱。为您考虑，不如恢复耿况的官位以此来安抚百姓。”使者没有回应，寇恂命令左右的人以使者的名义召见耿况，耿况到达后，寇恂进去取了印绶给耿况。使者不得已，只好以皇帝的名义任命耿况，耿况授命之后便回去了。

【原文】

及王郎起，遣将徇上谷，急况发兵[①]。恂与门下掾闵业共说况曰：“邯郸拔起，难可信向。昔王莽时，所难独有刘伯升耳。今闻大司马刘公，伯升母弟，尊贤下士，士多归之，可攀附也。”况曰：“邯郸方盛，力不能独拒，如何？”恂对曰：“今上谷完实，控弦万骑[②]，举大郡之资，可以详择去就[③]。恂请东约渔阳，齐心合众，邯郸不足图也。”况然之，乃遣恂到渔阳，结谋彭宠。恂还，至昌平，袭击邯郸使者，杀之，夺其军，遂与况子弇等俱南及光武于广阿。拜恂为偏将军，号承义侯，从破群贼。数与邓禹谋议，禹奇之，因奉牛、酒共交欢。

【注释】

①急：逼迫。

②控弦：代指士兵。

③去就：取舍。

【译文】

等到王郎起兵，派兵攻打上谷郡，逼迫耿况发兵。寇恂和门下掾闵业一起说服耿况说："邯郸兴起，很难说是一个很值得信任的归向。当初王莽起兵的时候，所难以对付的只有刘伯升一个。而今听说大司马刘公，是刘伯升的同母弟弟，尊贤下士，士人也大多归附于他，我们也可以前去攀附。"耿况说："邯郸如今势力强盛，凭我们的力量无法单独抵抗，该怎么办呢？"寇恂回答说："如今上谷郡完实，骑兵也有上万人，凭借上谷郡的势力，是可以自由取舍的。我请求前去东面的渔阳郡，如若和渔阳郡齐心协力共同抗敌，邯郸就不难图谋了。"耿况很是赞同，便派遣寇恂前往渔阳，和彭宠结谋。寇恂从渔阳返回，路过昌平，袭击了邯郸的使者，并将其杀掉，夺了他的军队，随后便和耿况的儿子耿弇等人前往南面的广阿投奔光武帝刘秀。光武帝任命寇恂为偏将军，号称承义侯，跟随光武帝攻打贼兵。寇恂几次和邓禹谋议，邓禹认为他是一个奇人，便封赏牛肉、美酒与他一起痛饮。

【原文】

光武南定河内，而更始大司马朱鲔等盛兵据洛阳，及并州未安，光武难其守，问于邓禹曰："诸将谁可使守河内者？"禹曰："昔高祖任萧何于关中，无复西顾之忧，所以得专精山东，终成大业。今河内带河为固①，户口殷实，北通上党，南迫洛阳。寇恂文武备足，有牧人御众之才，非此子莫可使也。"乃拜恂河内太守，行大将军事。光武谓恂曰："河内完富，吾将因是而起。昔高祖留萧何镇关中，吾今委公以河内，坚守转运，给足军粮，率厉士马，防遏它兵，勿令北度而已。"光武于是复北征燕、代。恂移书属县，讲兵肄射②，伐淇园之竹，为矢百余万，养马二千匹，收租四百万斛，转以给军。

【注释】

①带河：黄河围绕。

②讲兵：练兵；肄射：演习射箭。

【译文】

光武帝向南平定了河内地区，而更始帝的大司马朱鲔等人率领重兵驻守洛阳，此时并州还没有平定，光武帝对于驻守河内的人选也犹豫不决，就此询问邓禹说："诸位将领中谁可以驻守河内呢？"邓禹说："昔日汉高祖任命萧何驻守关中，便不用再担忧西面的局势，所以得以专心治理山东地区，最终成就大业。而今河内地区被黄河围绕，牢不可破，人口殷实，北通上党，南近洛阳。寇恂是个文武双全之人，有治理百姓、整顿军队的谋略，除了他就没有其他人可以派遣了。"光武帝便任命寇恂为河内太守，行大将军事宜。光武帝对寇恂说："河内资源完备，我准备凭借它发展。昔日汉高祖让萧何留在关中镇守，如今我委任您在河内镇守，坚守阵地，补给军需，磨砺士卒、战马，防止其他兵力的进攻，万不可让他们北渡黄河。"于是光武帝带兵北征燕地、代地。寇恂向各个属县下发了文书，讲兵肄射，砍伐淇园的竹子，制作了一百多万箭矢，养了两千匹战马，收租四百万斛，转交给前线的军队。

【原文】

朱鲔闻光武北而河内孤，使讨难将军苏茂、副将贾彊将兵三万余人，度巩河攻温。檄书至，恂即勒军驰出，并移告属县发兵，会于温下。军吏皆谏曰："今洛阳兵度河，前后不绝，宜待众军毕集，乃可出也。"恂曰："温，郡之籓蔽，失温则郡不可守。"遂驰赴之。旦日合战，而偏将军冯异遣救，及诸县兵适至，士马四集，幡旗蔽野。恂乃令士卒乘城鼓噪，大呼言曰："刘公兵到！"苏茂军闻之，陈动，恂因奔击，大破之，追至洛阳，遂斩贾彊。茂兵自投河死者数千，生获万余人。恂与冯异过河而还。自是，洛阳震恐，城门昼闭。时光武传闻朱鲔破河内①，有顷，恂檄至，大喜曰："吾知寇子翼可任也！"诸将军贺，因上尊号，于是即位。

【注释】

①传闻：听说。

【译文】

朱鲔听说光武帝北征而使得河内地区独守，便派遣讨难将军苏茂、副将贾彊带领三万多兵力，渡过巩河攻打温县。檄书一到，寇恂便即刻带兵驰出，并下达文书让各个属县一同出兵，在温县郊外会合。军中官员都劝谏说："而今洛阳的军队渡过黄河，前后不绝，应该等到各路大军全部集合，然后才出击。"寇恂说："温县，是河内郡的屏障，失掉了温县那么河内郡也就无法守住了。"于是急忙带兵赶往温县。第二天两军开战，此时偏将军冯异派遣的援军，以及各个属县的兵力也正好赶到，四方兵马到齐，幡旗遍野。于是寇恂命令士卒登城，鼓声大噪，士兵高呼说："刘公的军队到了！"苏茂的军队听说后，阵列中一阵骚动，寇恂因此趁机攻打，大破苏茂的军队，并乘胜追击到洛阳，斩杀了贾彊。苏茂的军队中跳入黄河淹死的有几千人，被俘虏的有上万人。寇恂和冯异过河返回河内郡。从此之后，洛阳震动惊恐，白天的时候也会紧闭城门。当时，光武帝听说朱鲔攻破了河内郡（而很是忧虑），（只是）不一会儿，寇恂的檄文便到了，（看过捷报后）光武帝很是高兴地说："我知道寇子翼是可以任用的！"诸位将士都上前恭贺，并趁机劝说刘秀登基，于是光武帝刘秀即位。

【原文】

时军食急乏，恂以辇车骊驾转输[①]，前后不绝，尚书升斗以禀百官[②]。帝数策书劳问恂，同门生茂陵董崇说恂曰："上新即位，四方未定，而君侯以此时据大郡，内得人心，外破苏茂，威震邻敌，功名发闻，此谗人侧目怨祸之时也。昔萧何守关中，悟鲍生之言而高祖悦[③]。今君所将，皆宗族昆弟也，无乃当以前人为镜戒。”恂然其言，称疾不视事。帝将攻洛阳，先至河内，恂求从军。帝曰：“河内未可离也。”数固请，不听，乃遣兄子寇张、姊子谷崇将突骑，愿为军锋。帝善之，皆以为偏将军。

【注释】

①辇车：靠人力拉的辎重车。

②禀：赏赐谷物。

③昔萧何守关中，悟鲍生之言而高祖悦：当时，汉高祖刘邦和项羽交战，让萧何留守关中。在作战过程中，刘邦不时派遣使者慰问萧何。鲍生曾对萧何说：“汉王在外打仗，风餐露宿，却不时地派遣使者来慰问您。这并非是重视您，而是对您产生了怀疑。所以您不妨把子孙兄弟中，能够拿动武器的人全部送上战场，这样就可以打消汉王的怀疑，进而更加信任您了。”萧何采纳了鲍生的建议，刘邦果然更加信任他。

【译文】

当时，军中粮食匮乏，寇恂便用人力拉的辎重车和两匹马拉的车转运粮食，车队前后络绎不绝，尚书按照升斗将粮食赐给百官。光武帝几次下书慰问，寇恂的同窗茂陵人董崇劝说寇恂：“皇上刚刚即位，四方尚且没有平定，而您在这个时候却占领着大郡，对内很得人心，对外又大破苏茂的军队，威震周围的敌军，功名显赫，这也是小人怨恨嫉妒而带来祸端的时机。昔日萧何镇守关中，他采纳了鲍生的建议而使得汉高祖刘邦喜悦。而今您所率领的，都是同宗的兄弟，难道不应该以前人为鉴吗?”寇恂很赞同他的言论，便以生病为由不再治理政事。光武帝准备攻打洛阳，先行到达河内，寇恂请求跟随光武帝出征。光武帝说：“河内不可以离开您。”寇恂几次请求，光武帝都不听，于是寇恂便派遣兄长的儿子寇张、姐姐的儿子谷崇率领骑兵精锐，担任光武帝的前锋。光武帝很是赞赏，将他们都封为偏将军。

【原文】

建武二年，恂坐系考上书者免[①]。是时，颍川人严终、赵敦聚众万余，与密人贾期连兵为寇。恂免数月，复拜颍川太守，与破奸将军侯进俱击之。数月，斩期首，郡中悉平定。封恂雍奴侯，邑万户。

【注释】

①坐：犯罪；系：拘禁；考：刑讯。

【译文】

建武二年，寇恂因为拘禁了刑讯上书之人而被罢免。这个时候，颍川人严终、赵敦聚集上万人，和密县人贾期合并兵力作乱。寇恂免官几个月后，又被任命为颍川太守，和破奸将军侯进一起攻打贼人。几个月之后，斩杀了贾期，郡中便全部被平定了。光武帝封寇恂为雍奴侯，食邑万户。

【原文】

执金吾贾复在汝南，部将杀人于颍川，恂捕得系狱。时尚草创[①]，军营犯法，率多相容，恂乃戮之于市。复以为耻，叹。还过颍川，谓左右曰："吾与寇恂并列将帅，而今为其所陷，大丈夫岂有怀侵怨而不决之者乎[②]？今见恂，必手剑之！"恂知其谋，不欲与相见。谷崇曰："崇，将也，得带剑侍侧。卒有变，足以相当。"恂曰："不然。昔蔺相如不畏秦王而屈于廉颇者，为国也。区区之赵，尚有此义，吾安可以忘之乎？"乃敕属县盛供具[③]，储酒醪[④]，执金吾军入界，一人皆兼二人之馔。恂乃出迎于道，称疾而还。贾复勒兵欲追之，而吏士皆醉，遂过去[⑤]。恂遣谷崇以状闻，帝乃征恂。恂至引见，时复先在坐，欲起相避。帝曰："天下未定，两虎安得私斗？今日朕分之。"于是并坐极欢，遂共车同出，结友而去。

【注释】

①草创：开始创建。

②侵怨：因为他人的侵害而产生的怨恨。

③供具：陈设酒食的器皿，也代指酒食。

④酒醪（láo）：泛指酒。

⑤过去：路过离去。

【译文】

执金吾贾复在汝南郡，他的部将在颍川杀了人，被寇恂逮捕下狱。当时政权刚刚创立，军营中的人触犯了法律，大多都相互包容，寇恂却在集市中将这个部将杀掉。贾复便将此看作是自己的耻辱，很是叹息。贾复回去时路过颍川，对左右的人说："我和寇恂都是将帅，而今却被他所陷害，大丈夫又岂能心怀被侵害的怨恨而又不决断的呢？如今再见到寇恂，一定要亲自杀了他！"寇恂知道他的阴谋，不想和他相见。谷崇说："我，是一个武将，可以带着佩剑侍奉在左右。如若局势有变，我足以和他对抗。"寇恂说："不可以。昔日蔺相如不畏惧秦始皇而却屈于廉颇之下，这是为了国家。区区的一个赵国，尚且还有这番道义，我又岂能把它忘记呢？"于是下令各个属县准备酒食，储备美酒，等执金吾贾复的部队进入境地后，给他的将士一人分发两个人的食物。寇恂也亲自出城迎接，后又称病离开。贾复带兵想要追赶，但手下的将士却都喝醉了，于是只能带着部队离开颍川。寇恂派遣谷崇将情况上奏给光武帝，光武帝便征召寇恂。寇恂被引见的时候，当时贾复已经在座，寇恂便想要起身回避。光武帝说："天下还没有平定，两虎又怎能私斗？今天就让我来给你们分解忧愁。"于是二人相谈甚欢，最后同车而出，结友而去。

【原文】

恂归颍川。三年，遣使者即拜为汝南太守，又使骠骑将军杜茂将兵助恂讨盗贼。盗贼清静，郡中无事。恂素好学，乃修乡校，教生徒，聘能为《左氏春秋》者，亲受学焉。七年，代朱浮为执金吾。明年，从车驾击隗嚣，而颍川盗贼群起，帝乃引军还，谓恂曰："颍川迫近京师，当以时定。惟念独卿能平之耳，从九卿复出[①]，以忧国可也。"恂对曰："颍川剽轻[②]，闻陛下远逾阻险，有事陇、蜀，故狂狡乘间相诖误耳[③]。如闻乘舆南向，贼必惶怖归死。臣愿执锐前驱。"即日车驾南征，恂从至颍川，盗贼悉降，而竟不拜郡。百姓遮道曰："愿从陛下复借寇君一年。"乃留恂长社，镇抚吏人，受纳余降。

【注释】

①从九卿：寇恂为执金吾，虽然不属于九卿行列，但却和九卿的待遇相同，所以称"从九卿"。

②剽轻：强悍轻捷。

③狂狡：狂妄狡诈之辈。诖误：连累。

【译文】

寇恂回到颍川。建武三年，光武帝派遣使者任命寇恂为汝南太守，又派遣骠骑将军杜茂带兵援助寇恂征讨盗贼。盗贼清除干净后，郡中便没有什么事端了。寇恂素来好学，便修缮乡校，教授学生，聘请知晓《左氏春秋》的人，亲自向他学习。建武七年，寇恂代替朱浮为执金吾。第二年，寇恂跟随光武帝的车驾攻打隗嚣，而颍川地区的盗贼又趁机作乱，光武帝只能带军返回，并对寇恂说："颍川和京师较近，应该尽快平定。只是想到只有您才能够平定颍川，所以让您出征，以此为国家考虑。"寇恂回答说："颍川人强悍轻捷，听说陛下不顾艰难险阻，征讨陇地、蜀地，所以那些狂妄狡诈之辈趁机连累了他们。如若他们听说您又乘车南归，盗贼一定会惶恐畏惧而纷纷归降请死。我愿意拿着锐利的武器担任前锋。”当天便驾车南征，寇恂跟随光武帝到达颍川，盗贼纷纷归降，而光武帝最后并没有任命寇恂为颍川太守。百姓们拦住了光武帝的去路说：“希望从陛下那里借用寇君一年。”于是光武帝便将寇恂留在长社，安抚官员百姓，接纳剩余的前来归降的盗贼。

【原文】

初，隗嚣将安定高峻，拥兵万人，据高平第一[1]，帝使待诏马援招降峻，由是河西道开。中郎将来歙承制拜峻通路将军，封关内侯，后属大司马吴汉，共围嚣于冀。及汉军退，峻亡归故营，复助嚣拒陇阺。及嚣死，峻据高平，畏诛坚守。建威大将军耿弇率太中大夫窦士、武威太守梁统等围之，一岁不拔。十年，帝入关，将自征之，恂时从驾，谏曰：“长安道里居中，应接近便，安定、陇西必怀震惧，此从容一处可以制四方也。今士马疲倦，方履险阻，非万乘之固，前年颍川，可为至戒。”帝不从。进军及汧，峻犹不下，帝议遣使降之，乃谓恂曰：“卿前止吾此举，今为吾行也。若峻不即降，引耿弇等五营击之。”恂奉玺书至第一，峻遣军师皇甫文出谒，辞礼不屈[2]。恂怒，将诛文。诸将谏曰：“高峻精兵万人，率多强弩[3]，西遮陇道，连年不下。今欲降之而反戮其使，无乃不可乎？”恂不应，遂斩之。遣其副归告峻曰：“军师无礼，已戮之矣。欲降，急降；不欲，固守。”峻惶恐，即日开城门降。诸将皆贺，因曰：“敢问杀其使而降其城，何也？”恂曰：“皇甫文，峻之腹心，其所取计者也。今来，辞意不屈，必无降心。全之则文得其计，杀之则峻亡其胆，是以降耳。”诸将皆曰：“非所及也。”遂传峻还洛阳。

【注释】

①高平第一：高平县的第一城；第一，为城名。

②辞礼不屈：言辞礼节都不顺从。

③强弩：代指能够开强弓的弓箭手。

【译文】

起初，隗嚣的大将安定人高峻，率领上万人的军队，占领了高平县的第一城，光武帝派遣待诏马援前去招降他，由此开通河西通道。中郎将来歙遵照光武帝的旨意任命高峻为通路将军，封关内侯，后来成了大司马吴汉的下属，共同在冀地围剿隗嚣。等到汉军撤退后，高峻逃归原来的军营，又协助隗嚣坚守陇阺。隗嚣死后，高峻占领了高平，因为害怕被杀而坚守城池。建威大将军耿弇率领太中大夫窦士、武威太守梁统等人围攻他，一年的时间都没有攻破。建武十年，光武帝进入关中，准备亲自征讨他，当时寇恂跟从光武帝的车驾，劝谏光武帝说："长安在高平和洛阳之间，方便接应，安定、陇西一定会震惊恐惧，这样驻守在一个地方便可以牵制四方。而今军士兵马都已经疲倦不堪，还要在涉入险阻之地，并非是坚固的阵列，前年颍川的事情，可以当作借鉴。"光武帝不肯听从。光武帝带军行至汧县，依然无法拿下高峻，光武帝商议派遣使者去招降他，于是便对寇恂说："你先前阻止过我的这番举动，而今你还要为我走一趟。如若高峻不立即投降，就率领耿弇等五个营部去击杀他。"寇恂带着玺书前往第一城，高峻派遣军师皇甫文出城接见他们，言辞之间没有顺从之意。寇恂很是恼怒，准备将皇甫文诛杀。各位将领劝谏说："高峻拥有上万精兵，而且大部分都是能够拉强弓的射手，占领了陇西大道，几年的时间都没有攻破他。而今想要招降他却反而要杀掉他的使者，这恐怕不可以吧?"寇恂不答应，于是便斩杀了高峻的使者皇甫文。之后又派遣他的副手回去告诉高峻说："军师很无礼，已经被杀了。想要归降，就立刻归降；不想归降，就坚守城池。"高峻很惶恐，当下便打开城门归降了。各位大将都前来向寇恂祝贺，并说："请问您杀掉了他的使者却让他开城投降，这是为什么呢?"寇恂说："皇甫文，是高峻的心腹，也是他谋取计策的人。而今皇甫文前来，言辞之间并没有屈服的意思，一定是没有归降之心的。保全他那么皇甫文的计谋就得逞了，杀掉他那么也就磨灭了高峻的胆量，这就是他前来归降的原因。"诸位将士都说："这不是我们所能及的。"于是将高峻带回洛阳。

【原文】

恂经明行修，名重朝廷，所得秩奉①，厚施朋友、故人及从吏士。常曰："吾因士大夫以致此，其可独享之乎！"时人归其长者，以为有宰相器。十二年卒，谥曰威侯。子损嗣。恂同产弟及兄子、姊子以军功封列侯者凡八人，终其身，不传于后。

【注释】

①秩奉：俸禄。

【译文】

寇恂知晓经书、注重修养，在朝廷中有很高的名望，所得的俸禄，也都赠给了他的朋友、故人以及跟随他的官吏士兵。寇恂经常说："我依仗着这些士大夫才到达今天这个地步，怎么可以独自享受这些呢！"当时人们将他看作是德高望重的长者，认为他有宰相的器量。建武十二年去世，谥号威侯。他的儿子寇损继承了他的爵位。寇恂的同母弟弟以及兄长的儿子、姐姐的儿子等因为军功而被封为列侯的一共有八人，但只限于他们自身，并没有传给后人。

【原文】

论曰：传称"喜怒以类者鲜矣"①。夫喜而不比，怒而思难者，其唯君子乎！子曰："伯夷、叔齐，不念旧恶，怨是用希。"于寇公而见之矣。

【注释】

①传：《左传》。

【译文】

论说：《左传》中说"喜怒能够合乎礼法的人很少"。喜悦而又不结党，发怒而又能够思虑到严重的后果，大概也独有君子能做到吧！孔子说："伯夷、叔齐，不怨念旧时的仇恨，他人对他们的怨恨也是比较少的。"这些在寇公身上就能够看到。

冯异列传

【题解】

冯异，“中兴二十八将”之一。冯异先前效力于王莽帐下，后来被光武帝的大军所擒，又归附于光武帝。自冯异追随刘秀起，便一直忠心耿耿，戎马一生，为东汉王朝的建立立下了赫赫战功，为人谦退，享有“大树将军”的美誉。

【原文】

冯异字公孙，颍川父城人也①。好读书，通《左氏春秋》《孙子兵法》。

【注释】

①父城：今河南平顶山西北。

【译文】

冯异字公孙，是颍川父城人。喜好读书，知晓《左氏春秋》、《孙子兵法》。

【原文】

汉兵起，异以郡掾监五县，与父城长苗萌共城守，为王莽拒汉。光武略地颍川，攻父城不下，屯兵巾车乡。异间出行属县，为汉兵所执。时异从兄孝及同郡丁綝、吕晏，并从光武，因共荐异，得召见。异曰："异一夫之用，不足为强弱。有老母在城中，愿归据五城，以效功报德[①]。"光武曰："善。"异归，谓苗萌曰："今诸将皆壮士屈起[②]，多暴横，独有刘将军所到不虏掠。观其言语举止，非庸人也，可以归身。"苗萌曰："死生同命，敬从子计。"光武南还宛，更始诸将攻父城者前后十余辈，异坚守不下；及光武为司隶校尉，道经父城，异等即开门奉牛、酒迎。光武署异为主簿，苗萌为从事。异因荐邑子铫期、叔寿、段建、左隆等，光武皆以为掾史，以至洛阳。

【注释】

①效功：效劳，立功。报德：报答恩德。

②屈起：屈，通"崛"，崛起。

【译文】

汉兵刚刚兴起的时候，冯异以郡掾的身份监管五个县城，和父城县长苗萌共同坚守城池，为王莽抵御汉军。光武帝攻占颍川的时候，一直无法攻破父城，于是就在巾车乡驻扎。冯异乘着这个间隙前往所属县城巡视，被汉军俘虏。当时冯异的从兄冯孝以及同郡的人丁綝、吕晏，都跟随光武帝，因而他们一起举荐冯异，冯异这才得到了光武帝的召见。冯异说："以我一个人的力量，并不足以影响到您的强弱。我的老母尚且还在城中，恳请您让我回去继续坚守五个城池，以此来立功报答您的恩德。"光武帝说："好。"冯异回去，对苗萌说："而今各位将士大多都是从武士崛起，为人大多暴虐，唯独刘将军所到之处不会掠夺。观察他的言行举止，绝非平凡之人啊，可以将自己托付于他。"苗萌说："生死同命，我听从您的安排。"光武帝南还宛城，更始帝的将领中攻打父城的前后有十几个人，冯异都坚守城池而无法攻下；等到光武帝为司隶校尉，途经父城，冯异等人便立即打开城门献上牛肉、美酒迎接他们。光武帝任命冯异为主簿，苗萌为从事。冯异又举荐邑子铫期、叔寿、段建、左隆等人，光武帝都将他们任命为掾史，将他们带回洛阳。

【原文】

更始数欲遣光武徇河北，诸将皆以为不可。是时，左丞相曹竟子诩为尚书，父子用事，异劝光武厚结纳之。及度河北[①]，诩有力焉。

【注释】

①度：通“渡”，渡过。

【译文】

更始帝几次想要派遣光武帝攻占河北，各位将士都认为不可以。当时，左丞相曹竟的儿子曹诩为尚书，父子二人治理朝中大事，冯异劝说光武帝结交、厚待他们二人。等到渡过黄河，曹诩在其中的作用不可估量。

【原文】

自伯升之败，光武不敢显其悲戚，每独居，辄不御酒肉，枕席有涕泣处。异独叩头宽譬哀情。光武止之曰：“卿勿妄言。”异复因间进说曰：“天下同苦王氏，思汉久矣。今更始诸将从横暴虐，所至虏掠，百姓失望，无所依戴[①]。今公专命方面[②]，施行恩德。夫有桀、纣之乱，乃见汤、武之功；人久饥渴，易为充饱。宜急分遣官属，徇行郡县，理冤结[③]，布惠泽。”光武纳之。至邯郸，遣异与铫期乘传抚循属县[④]，录囚徒，存鳏寡，亡命自诣者除其罪，阴条二千石长吏同心及不附者上之。

【注释】

①依戴：依附拥戴。

②专命：不受上级的指示，专断行事。

③理冤结：审理冤屈。

④传：驿站的马车。

【译文】

自从刘伯升败亡之后，光武帝不敢显现出自己的悲戚之情，每每独居的时候，便不沾酒肉，枕席上也有泪滴的痕迹。冯异独自叩头宽慰光武帝的哀思。光武帝制止他说：“您不要乱说。”冯异又寻找机会劝说光武帝：“天下的百姓都因王莽而陷入苦难之中，怀念汉室已经很长时间了。而今更始帝的各位将领蛮横暴虐，所到之处掠夺无数，百姓对其失望透顶，没有可依附拥戴之人。而今您专权地方，对百姓施加恩惠。因为有了夏桀、商纣的暴乱，才显现出商汤、周武的功略；人们经过长时间的饥渴，就很容易让他们饱足。应该迅速分派属官，巡视各个属县，审理冤假错案，广施恩泽。”光武帝采纳了他的建议。到达邯郸，派遣冯异和铫期乘坐驿站的马车安抚巡视各个属县，记录囚徒的名字，安置鳏夫寡妇，畏罪潜逃而又回来自首的免去他们的罪过，并私下记录好郡守以及所属官吏和光武帝同心的、不同心的人，并上交给光武帝。

【原文】

及王郎起，光武自蓟东南驰，晨夜草舍①，至饶阳无蒌亭。时天寒烈，众皆饥疲，异上豆粥。明旦，光武谓诸将曰：“昨得公孙豆粥，饥寒俱解。”及至南宫，遇大风雨，光武引车入道傍空舍，异抱薪，邓禹热火，光武对灶燎衣。异复进麦饭菟肩。因复度缚沱河至信都，使异别收河间兵。还，拜偏将军。从破王郎，封应侯。

【注释】

①舍：休息。

【译文】

等到王郎起兵，光武帝从蓟城东面向南奔驰，日夜兼程、草率休息，到达饶阳的无蒌亭。当时天寒地冻，众位将士都饥饿疲乏，冯异献上了豆粥。第二天早上，光武帝对诸位将士说：“昨天得到了冯异献上的豆粥，饥饿和寒冷便都解除了。”等到了南宫，又遭遇大风雨，光武帝将车停在了道路边的空房子里，冯异抱来柴薪，邓禹负责点火，光武帝对着火灶烘烤衣服。冯异又献上了麦饭、野菜。于是光武帝又渡过缚沱河来到了信都，派遣冯异前去聚集河间的其他兵马。冯异回来后，光武帝任命他为偏将军。后冯异跟随光武帝攻破王郎大军，封为应侯。

【原文】

异为人谦退不伐[①]，行与诸将相逢，辄引车避道。进止皆有表识[②]，军中号为整齐。每所止舍，诸将并坐论功，异常独屏树下，军中号曰“大树将军”。及破邯郸，乃更部分诸将[③]，各有配隶。军士皆言愿属大树将军，光武以此多之。别击破铁胫于北平，又降匈奴于林闟顿王，因从平河北。

【注释】

①不伐：不自我夸耀。

②表识：标记，标识。

③部分：部署，安置。

【译文】

冯异为人谦退不自我夸耀，出行时和各位将领相逢，总会将自己的车驾引入一旁避让。进退都有一定的标识，军中号称最为整齐。每次军队停下休整时，各位将士都围坐在一起讨论战功，而冯异却经常独自坐在树下，军中人又将其称为“大树将军”。等到攻破邯郸时，开始安置军中各位将领，并且分配各自的属官。军士都说愿意做大树将军的属官，光武帝也因此更对他另眼相待。后冯异独自带军在北平攻破了铁胫大军，又降服了匈奴的林闟顿王，后来又随同光武帝平定河北。

【原文】

时更始遣舞阴王李轶、廪丘王田立、大司马朱鲔、白虎公陈侨将兵号三十万，与河南太守武勃共守洛阳。光武将北徇燕、赵，以魏郡、河内独不逢兵，而城邑完，仓廪实，乃拜寇恂为河内太守，异为孟津将军，统二郡军河上，与恂合执[①]，以拒朱鲔等。

【注释】

①合执：合势。

【译文】

当时，更始帝派遣舞阴王李轶、廪丘王田立、大司马朱鲔、白虎公陈侨率领三十万大军，和河南太守武勃一起驻守洛阳。光武帝准备攻打燕地、赵地，又思虑到唯独魏郡、河内没有遭遇战事的摧残，而使得城邑完整，仓廪充实，于是便任命寇恂为河内太守，冯异为孟津将军，统领两郡将士在黄河边上驻守，和寇恂合势，以此来抵挡朱鲔等人。

【原文】

异乃遗李轶书曰："愚闻明镜所以照形，往事所以知今。昔微子去殷而入周，项伯畔楚而归汉[①]。周勃迎代王而黜少帝，霍光尊孝宣而废昌邑。彼皆畏天知命，睹存亡之符，见废兴之事，故能成功于一时，垂业于万世也。苟令长安尚可扶助，延期岁月，疏不间亲，远不逾近，季文岂能居一隅哉[②]？今长安坏乱，赤眉临郊，王侯构难[③]。大臣乖离，纲纪已绝，四方分崩，异姓并起，是故萧王跋涉霜雪，经营河北。方今英俊云集，百姓风靡，虽邠岐慕周[④]，不足以喻。季文诚能觉悟成败，亟定大计，论功古人，转祸为福，在此时矣。如猛将长驱，严兵围城[⑤]，虽有悔恨，亦无及已。"

【注释】

①畔：背叛。

②季文：李轶，字季文。

③构难：结仇交战。

④邠（bīn）岐慕周：周族古公亶父，积善行德，深受国人爱戴。戎狄人进攻邠地，亶父不忍心与之交战，便带着自己的家属远离邠地。邠地的百姓也都拖家带口，跟随他在岐山脚下定居。

⑤严兵：部署军队。

【译文】

于是冯异便写信给李轶说："我听说明镜能够显照原形，往事可以洞察今事。昔日微子离开殷商而投奔周朝，项伯背叛楚军而归附于汉军。周勃迎立代王而废黜少帝，霍光尊崇孝宣而废黜昌邑王。这些人都是畏惧天意而知晓天命的，目睹了存亡的征兆，见惯了废兴的规律，所以能够把握住成功的机会，功业万世垂青。假如长安的更始帝尚且可以扶持，还能够延长一些岁月，疏远之人不离间亲近的人，您又岂会被放逐在边缘角落呢？而今长安城内败坏破乱，赤眉军又兵临城下，王侯之间相互结仇交战。大臣背离，纲纪无存，四方分崩离析，异姓并起，所以萧王跋涉山水、冒着风霜雨雪，经营河北。而今英豪云集，百姓同心，即便是邠地百姓思慕亶父，也是无法和此相比的。您如若能够觉悟成败的趋势，立刻做出判断，和古时候的人比较功绩，将灾祸转为福分，就是这个时候了。如若猛将长驱直入，部署阵列包围城池，到时您即便是悔恨，恐怕也于事无补了。"

【原文】

初，轶与光武首结谋约，加相亲爱，及更始立，反共陷伯升。虽知长安已危，欲降又不自安。乃报异书曰："轶本与萧王首谋造汉，结死生之约，同荣枯之计。今轶守洛阳，将军镇孟津，俱据机轴[①]，千载一会，思成断金。惟深达萧王，愿进愚策，以佐国安人。"轶自通书之后，不复与异争锋，故异因此得北攻天井关，拔上党两城，又南下河南成皋以东十三县，及诸屯集，皆平之，降者十余万。武勃将万余人攻诸畔者，异引军度河，与勃战于士乡下，大破斩勃，获首五千余级，轶又闭门不救。异见其信效，具以奏闻。光武故宣露轶书[2]，令朱鲔知之。鲔怒，遂使人刺杀轶。由是城中乖离，多有降者。鲔乃遣讨难将军苏茂将数万人攻温，鲔自将数万人攻平阴以缀异[3]。异遣校尉护军将兵，与寇恂合击茂，破之。异因度河击鲔，鲔走；异追至洛阳，环城一匝而归。

【注释】

①机轴：关键重要的处所。

②宣露：泄露。

③缀：牵制。

【译文】

起初，李轶和光武帝很早结下盟约，相互亲爱有加，等到更始帝即位，李轶却反过来陷害光武帝的兄长刘伯升。虽然现在李轶知道长安已经陷入危险境地，想要归降可心中又有所担忧。于是便给冯异写信说："李轶原本和萧王最早谋划兴复汉室的事情，结下了生死之约，计划着要同甘共苦。而今我驻守洛阳，将军您镇守孟津，这些都是要紧的处所，这可是千载难逢的机会，想要能够和您其利断金。只愿您可以向萧王转达我的意愿，愿意进献我的策略，以辅佐萧王安定国人。"自从李轶和冯异通信之后，便不再和冯异针锋相对了，所以冯异也因此得以攻破北面的天井关，攻占上党两座城池，又平定了南面的河南成皋以东的十三个县城，以及各地军队的驻扎之地，都被平定，归降者有十多万人。武勃率领上万兵马攻打各个叛离的队伍，冯异带军渡过黄河，和武勃在士乡下交战，大破武勃并将其斩首，又杀敌五千多人，李轶则闭门不救。冯异见李轶将信用付诸行动，便将此上奏给光武帝。光武帝故意泄露了李轶的书信，让朱鲔知道。朱鲔很是恼怒，于是派人刺杀李轶。由此城中人心背离，很多人都归降了。朱鲔又派遣讨难将军苏茂率领几万人马攻打温地，朱鲔则亲自带领几万人攻打平阴以牵制冯异。冯异派遣校尉护军率军和寇恂合击苏茂，大破苏茂的军队。冯异又因此渡河攻打朱鲔，朱鲔逃走；冯异追赶至洛阳，围城一周后撤军。

【原文】

移檄上状，诸将皆入贺，并劝光武即帝位。光武乃召异诣鄗，问四方动静。异曰：“三王反畔①，更始败亡，天下无主，宗庙之忧，在于大王。宜从众议，上为社稷，下为百姓。”光武曰：“我昨夜梦乘赤龙上天，觉悟②，心中动悸。”异因下席再拜贺曰：“此天命发于精神。心中动悸，大王重慎之性也。”异遂与诸将定议上尊号。

【注释】

①三王反畔：指的是淮南王张卬，穰王廖湛，随王胡殷。更始帝想要除掉这三个人，三王便带兵抢了东西市场，并冲入宫中，打败了更始帝。②觉悟：睡醒。

【译文】

冯异向各个属县下发文书，诸位将士也都前来祝贺，并劝说光武帝即皇帝位。于是光武帝便将冯异征召到鄗县，询问四方的动静。冯异说：“三王叛乱，更始帝败亡，天下无主，忧虑宗庙的事情，就落在大王身上了。应该听从众人的建议，上为社稷，下为百姓。”光武帝说：“我昨天夜里梦到自己乘着红色的龙飞上了天，睡醒之后，心中还依然悸动不已。”冯异因此走下席位再次拜贺光武帝说：“这是天命托梦于您。心中悸动，是因为大王您谨慎的性情造成的。”于是冯异便和诸位将军商议皇帝即位的事宜。

【原文】

建武二年春，定封异阳夏侯[①]。引击阳翟贼严终、赵根，破之。诏异归家上冢，使太中大夫赍牛、酒，令二百里内太守、都尉已下及宗族会焉。

【注释】

①定：正式。

【译文】

建武二年春天，正式任命冯异为阳夏侯。冯异率军攻打阳翟地区的贼寇严终、赵根等人，将他们一一攻破。光武帝又下令冯异回到家乡祭祖上坟，并派遣太中大夫送上牛肉、美酒，命令二百里内的太守、都尉以下的官吏以及同宗族的人一同祭祀。

【原文】

时赤眉、延岑暴乱三辅，郡县大姓各拥兵众，大司徒邓禹不能定，乃遣异代禹讨之。车驾送至河南，赐以乘舆七尺具剑。敕异曰："三辅遭王莽、更始之乱，重以赤眉、延岑之酷，元元涂炭[①]，无所依诉。今之征伐，非必略地屠城，要在平定安集之耳[②]。诸将非不健斗[③]，然好虏掠。卿本能御吏士，念自修敕，无为郡县所苦。"异顿首受命，引而西，所至皆布威信。弘农群盗称将军者十余辈，皆率众降异。

【注释】

①涂炭：摧残蹂躏。

②安集：安定和睦。

③健斗：善于战斗。

【译文】

当时，赤眉军、延岑军在三辅地区发动暴乱，郡县内的大姓也都各自拥兵自重，大司徒邓禹无法平定，于是光武帝便派遣冯异替代邓禹讨伐他们。光武帝亲自将冯异送到河南地区，并赐给他自己的车驾和七尺具剑。命令冯异说："三辅地区遭遇王莽、更始之乱，又深受赤眉军、延岑军的残酷暴虐，百姓惨遭蹂躏摧残，无所依附、倾诉。而今我们出兵征伐，并不是要侵夺土地、抢占城池，而是要平定暴乱、安定百姓。那些将士并非不善于战斗，只是喜好掠夺。您原本就擅长驾驭官吏，希望在此基础上再多加约束，不要为郡县再增添无谓的痛苦。”冯异顿首受命，率兵西进，所到之处广施威信。弘农地区的盗贼自称将军的有十几个人，都率领部属归降冯异。

【原文】

异与赤眉遇于华阴，相拒六十余日，战数十合，降其将刘始、王宣等五千余人。三年春，遣使者即拜异为征西大将军。会邓禹率车骑将军邓弘等引归，与异相遇，禹、弘要异共攻赤眉。异曰：“异与贼相拒且数十日，虽屡获雄将，余众尚多，可稍以恩信倾诱，难卒用兵破也。上今使诸将屯黾池要其东，而异击其西，一举取之，此万成计也。”禹、弘不从。弘遂大战移日，赤眉阳败[①]，弃辎重走。车皆载土，以豆覆其上，兵士饥，争取之。赤眉引还击弘，弘军溃乱。异与禹合兵救之，赤眉小却。异以士卒饥倦，可且休，禹不听，复战，大为所败，死伤者三千余人。禹得脱归宜阳。异弃马步走上回谿阪，与麾下数人归营。复坚壁，收其散卒，招集诸营保数万人，与贼约期会战。使壮士变服与赤眉同，伏于道侧。旦日，赤眉使万人攻异前部，异裁出兵以救之[②]。贼见执弱[③]，遂悉众攻异，异乃纵兵大战。日昃，贼气衰，伏兵卒起，衣服相乱，赤眉不复识别，众遂惊溃。追击，大破于崤底，降男女八万人。余众尚十余万，东走宜阳降。玺书劳异曰：“赤眉破平，士吏劳苦，始虽垂翅回谿[④]，终能奋翼黾池[⑤]，可谓失之东隅，收之桑榆[⑥]。方论功赏，以答大勋。”

【注释】

①阳败：佯装失败。

②裁：略微。

③执：通“势”。

④垂翅：代指失利。

⑤奋翼：振奋而起。

⑥失之东隅，收之桑榆：原意为在一处有所失去，在另一处又会有所获得。东隅：日出的地方，早晨，比如开始。桑榆：日落的地方，代指日暮，比如最终。

【译文】

冯异与赤眉军在华阴相遇，相互僵持了六十多天，交战了几十回合，俘虏了赤眉军包括刘始、王宣等将领在内的五千多人。建武三年春，光武帝派遣使者任命冯异为征西大将军。正好邓禹率领车骑将军邓弘等人东归，和冯异相遇，邓禹、邓弘要和冯异联合攻打赤眉军。冯异说："我和贼兵僵持了几十天，虽然俘虏了他们的诸多将领，但他们的余众还有很多，可以稍微以恩信的方式引诱他们归降，很难用兵力去攻破他们。而今皇上派遣诸位将领在黾池屯兵以阻塞他们东去的道路，而我则是从西面进攻，一举将他们拿下，这才是万全之计啊。"邓禹、邓弘不肯听从。于是邓弘和赤眉军大战了一天，赤眉军佯装失败，丢弃辎重逃走。辎重车上都是土，赤眉军将豆子覆盖在土上，邓弘的兵士饥饿难耐，争相夺取。赤眉军又带军还击邓弘，邓弘军队溃乱。冯异和邓禹合力营救邓弘，赤眉军稍稍撤退。冯异以士兵饥饿倦怠为由，想要暂且休整，邓禹不听，又战，被赤眉军打败，死伤三千多人。邓禹得以逃脱而回到宜阳。冯异弃马徒步返回谿阪，和帐下几人一起回到营部。又加固壁垒，收集失散的士兵，召集各个营部几万人马，和贼人约定时间再战。冯异让壮士更改服装和赤眉军的相同，在道路两侧埋伏。第二天早上，赤眉军派遣上万人攻打冯异前锋部队，冯异稍微派出一些兵力营救。贼人见冯异的势力很弱，便倾巢出动攻打冯异，冯异这才全力作战。太阳将要落山的时候，贼兵士气衰弱，道路两旁的伏兵才突然冲出，服装和赤眉军的混合在一起，赤眉军无法识别，很快便崩溃了。冯异带兵追击，在崤底大破赤眉军，降服男女八万人。赤眉军的余众尚且还有十多万人，东走到宜阳后也归降了。光武帝发放玺书慰劳冯异说："赤眉军被攻破平定，将士们都异常劳苦，刚开始虽然失利回谿，但最终还是能够在黾池振奋而起，可以说是失之东隅，收之桑榆。应该论功行赏，以此来报答大家的功劳。"

【原文】

时赤眉虽降，众寇犹盛：延岑据蓝田，王歆据下邽，芳丹据新丰，蒋震据霸陵，张邯据长安，公孙守据长陵，杨周据谷口，吕鲔据陈仓，角闳据汧，骆延据盩厔，任良据鄠，汝章据槐里，各称将军，拥兵多者万余，少者数千人，转相攻击。异且战且行，屯军上林苑中。延岑既破赤眉，自称武安王，拜置牧守，欲据关中，引张邯、任良共攻异。异击破之，斩首千余级，诸营保守附岑者皆来降归异。岑走攻析，异遣复汉将军邓晔、辅汉将军于匡要击岑①，大破之，降其将苏臣等八千余人。岑遂自武关走南阳。

【注释】

①要击：拦截。

【译文】

当时赤眉军虽然归降，但其他寇匪还是异常兴盛：延岑占据蓝田，王歆占据下邽，芳丹占据新丰，蒋震占据霸陵，张邯占据长安，公孙守占据长陵，杨周占据谷口，吕鲔占据陈仓，角宏占据汧地，骆延占据盩厔，任良占据鄠地，汝章占据槐里，都各称将军，最多的拥兵上万，最少的拥兵也有几千人，轮流向汉军发动攻击。冯异且战且行，在上林苑中屯兵。自从延岑打败了赤眉军后，便自称武安王，设置牧守，想要占据关中，便带领张邯、任良共同攻打冯异。冯异将他们击破，斩杀敌军上千余人，各个营部的依附于延岑的将士纷纷前来归降冯异。延岑又带兵攻打析县，冯异派遣复汉将军邓晔、辅汉将军于匡带兵拦截延岑，并将其打败，降服了他的将领苏臣等八千多人。于是延岑从武关逃到南阳。

【原文】

时百姓饥饿，人相食，黄金一斤易豆五升。道路断隔，委输不至[①]，军士悉以果实为粮。诏拜南阳赵匡为右扶风，将兵助异，并送缣谷，军中皆称万岁。异兵食渐盛，乃稍诛击豪杰不从令者，褒赏降附有功劳者，悉遣其渠帅诣京师，散其众归本业。威行关中，惟吕鲔、张邯、蒋震遣使降蜀，其余悉平。

【注释】

①委输不至：粮食无法运转到达。

【译文】

当时，百姓饥饿难耐，已经到了人吃人的地步，一斤黄金交换五升豆子。道路被切断阻隔，粮食也运输不到，军士们只能以果实为粮。光武帝诏令南阳赵匡为右扶风，带兵援助冯异，并且送上缣帛谷粮，军中将士都高呼万岁。冯异军中的粮食日渐充足，于是便逐渐诛杀豪杰中不听号令的，褒奖归降有功的人，并将他们的首领全部送到京城，遣散他们的下属以让他们回归本业。冯异的威名遍布关中，只有吕鲔、张邯、蒋震派遣使者归降蜀地的公孙述，其他的都被平定了。

【原文】

明年，公孙述遣将程焉，将数万人就吕鲔出屯陈仓。异与赵匡迎击，大破之，焉退走汉川。异追战于箕谷，复破之，还击破吕鲔，营保降者甚众。其后蜀复数遣将间出，异辄摧挫之。怀来百姓[①]，申理枉结，出入三岁[②]，上林成都。

【注释】

①怀来：招来。

②出入：大概，接近。

【译文】

第二年，公孙述派遣大将程焉，率领几万人马跟随吕鲔在陈仓驻兵。冯异和赵匡带兵迎击，大破程焉的军队，程焉败走汉川。冯异在箕谷追上他们，又再次打败他们，还击破了吕鲔的大军，各营部投降的人有很多。其后公孙述又几次派兵出击，都被冯异挫败了。冯异招来百姓，审理冤屈，大概三年的时间，上林便成为一座颇具规模的城市。

【原文】

异自以久在外，不自安，上书思慕阙廷[①]，愿亲帷幄[②]，帝不许。后人有章言异专制关中，斩长安令，威权至重，百姓归心，号为“咸阳王”。帝使以章示异。异惶惧，上书谢……诏报曰：“将军之于国家，义为君臣，恩犹父子。何嫌何疑，而有惧意？”

【注释】

①思慕：追慕。

②亲帷幄：服侍皇上。

【译文】

冯异自觉长久在外征战，心中很是不安，于是便上书朝廷，希望能够回去亲自服侍皇帝，光武帝不允许。后有人上书说冯异在关中专权，斩杀长安令，威权很高，百姓都归附于他，号称“咸阳王”。光武帝让人将这份奏折拿给冯异看。冯异看后很是惶恐不安，便上书谢罪……之后光武帝下诏回复说：“将军之于国家，谨遵君臣之义，恩情犹如父子。有什么嫌疑和疑问，让你如此心怀畏惧呢？”

【原文】

六年春，异朝京师。引见，帝谓公卿曰：“是我起兵时主簿也。为吾披荆棘，定关中。”既罢，使中黄门赐以珍宝、衣服、钱、帛。诏曰：“仓卒无蒌亭豆粥，滹沱河麦饭，厚意久不报。”异稽首谢曰：“臣闻管仲谓桓公曰：‘愿君无忘射钩，臣无忘槛车[①]。’齐国赖之。臣今亦愿国家无忘河北之难，小臣不敢忘巾车之恩。”后数引宴见，定议图蜀，留十余日，令异妻子随异还西。

【注释】

①愿君无忘射钩，臣无忘槛车：春秋时期，管仲曾经箭射流亡在外的齐桓公，后来齐桓公即位后，便假意让人将管仲用囚车押回齐国，但最后不仅没有杀他，而且还听从鲍叔牙的话，任命管仲为相，最后成为一代霸主。

【译文】

建武六年春，冯异进京朝见光武帝。光武帝召见他，并对各位公卿说：“他是我起兵时候的主簿。他为了我披荆斩棘，平定了关中。”结束后，便派中黄门赏赐给冯异珍宝、衣服、钱、帛。并下诏说：“窘迫仓促时无蒌亭的豆粥、滹沱河的麦饭，您厚重的情义我很久都没能报答。”冯异稽首叩谢说：“我听说管仲对齐桓公说：‘愿君无忘射钩，臣无忘槛车。’齐国便是依仗这些强大起来的。我今天也期望皇上不可忘记河北的灾难，而我也不敢忘记巾车乡时所受到的恩惠。”后来光武帝又几次宴饮款待他，并正式商议图谋蜀地的计划，停留十几天后，光武帝便命令冯异带着妻儿返回了关中。

【原文】

夏，遣诸将上陇，为隗嚣所败，乃诏异军栒邑[①]。未及至，隗嚣乘胜使其将王元、行巡将二万余人下陇，因分遣巡取栒邑。异即驰兵，欲先据之。诸将皆曰：“虏兵盛而新乘胜，不可与争，宜止军便地，徐思方略。”异曰：“虏兵临境，忸忕小利[②]，遂欲深入。若得栒邑，三辅动摇，是吾忧也。夫‘攻者不足，守者有余’。今先据城，以逸待劳，非所以争也。”潜往闭城，偃旗鼓。行巡不足，驰赴之。异乘其不意，卒击鼓建旗而出。巡军惊乱奔走，追击数十里，大破之。祭遵亦破王元于汧。于是北地诸豪长耿定等，悉畔隗嚣降。异上书言状，不敢自伐。诸将或欲分其功，帝患之。乃下玺书曰："……征西功若丘山，犹自以为不足。孟之反奔而殿，亦何异哉？今遣太中大夫赐征西吏士死伤者医药、棺敛，大司马已下亲吊死问疾，以崇谦让。"于是使异进军义渠，并领北地太守事。

【注释】

①栒邑：县名，今陕西旬邑东北。

②忸忕（niǔ tài）：习惯。

【译文】

夏季，光武帝派遣各位将士攻打上陇，最后被隗嚣打败，于是便诏令冯异带兵攻打栒邑。还没有到达，隗嚣便乘胜派遣他的大将王元、行巡率领两万兵士下陇山，并且分派行巡进攻栒邑。冯异即刻急速行军，想要先行占领栒邑。诸位将士都说："敌军强大而且又是乘胜追击，不可以和他们抗争，应该将部队驻扎在便利的地方，慢慢思虑对策。"冯异说："敌军临境，习惯于小利，于是便想要深入。如若占据栒邑，那么三辅地区就会有所动摇，这是我所忧虑的。所谓进攻不足，而坚守有余。而今先行占领城池，以逸待劳，并不是和他们抗争呀。"于是便带军偷偷潜入城中并关闭城门，偃旗息鼓。行巡不知道内情，急忙带兵前往。冯异出其不意，带兵击鼓建旗出击。行巡的军队受到惊吓而四处奔走，冯异带兵追击几十里，大破行巡的军队。祭遵也在汧地大破王元的军队。于是北地的豪强首领耿定等人，悉数背叛隗嚣而归降冯异。冯异上书说明情况，不敢自我夸耀。将士中有人想要分摊冯异的功劳，光武帝对此很是忧虑。于是便下玺书说："……征西大将军的功劳犹如山岳一般，犹且还自认为有不足的地方。这和孟之反败退时殿后而又不夸耀自己的功劳，有什么不同呢？而今派遣太中大夫赏赐那些死伤的征西将士们医药、棺材，大司马以下的官吏都要亲自前往吊念死者，以此来宣扬谦让的风气。"于是便让冯异带兵攻打义渠，并监管北地太守的事宜。

【原文】

青山胡率万余人降异。异又击卢芳将贾览、匈奴薁鞬日逐王，破之。上郡、安定皆降，异复领安定太守事。九年春，祭遵卒，诏异守征虏将军，并将其营。及隗嚣死，其将王元、周宗等复立嚣子纯，犹总兵据冀，公孙述遣将赵匡等救之，帝复令异行天水太守事。攻匡等且一年，皆斩之。诸将共攻冀，不能拔，欲且还休兵，异固持不动，常为众军锋。

明年夏，与诸将攻落门[①]，未拔，病发，薨于军，谥曰节侯。

【注释】

①落门：聚名，今甘肃武山东面。

【译文】

青山胡率领上万人归降冯异。冯异又带兵攻打卢芳的大将贾览、匈奴薁鞬日逐王，并将他们攻破。上郡、安定都降服了，冯异又掌管安定太守的事宜。建武九年春，祭遵去世，光武帝下令冯异代理征虏将军一职，并且统率祭遵的营部。等到隗嚣去世，他的大将王元、周宗等人又立隗嚣的儿子隗纯为王，依然带领军队坚守冀地，公孙述派遣大将赵匡等人前去救援，光武帝又命令冯异代理天水太守一职。冯异带军攻打赵匡等人近一年的时间，最后都将他们斩杀了。诸位将领一起攻打冀地，无法攻破，想要暂且回去整顿兵马，冯异则坚持不动，经常作为众军的先锋。

第二年夏天，冯异和诸位将士攻打落门，还没有攻破，冯异病发，死于军中，谥号节侯。

耿弇列传

【题解】

耿弇，是光武帝时期的主要将领之一。王莽政权被推翻后，耿弇前往光武帝帐下效力，利用其父耿况和渔阳太守彭宠的势力打败了王郎部队，由此备受光武帝的器重。后来，耿弇为光武帝南征北战，立下了赫赫战功，被人誉为“常胜将军”。

【原文】

耿弇字伯昭，扶风茂陵人也。其先武帝时以吏二千石自钜鹿徙焉。父况，字侠游，以明经为郎，与王莽从弟伋共学《老子》于安丘先生，后为朔调连率。弇少好学，习父业。常见郡尉试骑士[1]，建旗鼓，肄驰射，由是好将帅之事。

【注释】

①郡尉：武官名。

【译文】

耿弇字伯昭，扶风茂陵人。他的先祖在汉武帝时期是二千石的官员，并从钜鹿迁到了这里。耿弇的父亲耿况，字侠游，因为明晓经书而为郎官，和王莽的从弟王伋一起从安丘先生那里学习《老子》，后被升任朔调连率。耿弇年少好学，继承父业。经常观看郡尉检阅兵士，树立旗鼓，演练骑射，由此耿弇也喜欢上了统军之事。

【原文】

及王莽败，更始立，诸将略地者，前后多擅威权，辄改易守、令。况自以莽之所置，怀不自安。时弇年二十一，乃辞况奉奏诣更始，因赍贡献，以求自固之宜。及至宋子，会王郎诈称成帝子子舆，起兵邯郸，弇从吏孙仓、卫包于道共谋曰："刘子舆成帝正统，舍此不归，远行安之？"弇按剑曰："子舆弊贼，卒为降虏耳。我至长安，与国家陈渔阳、上谷兵马之用，还出太原、代郡，反覆数十日，归发突骑以辚乌合之众[①]，如摧枯折腐耳。观公等不识去就，族灭不久也！"仓、包不从，遂亡降王郎。

【注释】

①辚（lín）：碾压，践踏。

【译文】

等到王莽失败，更始帝即位，各位将领开始侵占土地，每个人都专断行事，任意更改郡守、县令。耿况自认自己是王莽时期的官员，所以心中很不踏实。当时，耿弇年仅二十一岁，于是便辞别耿况前去拜见更始帝，并送上财物，以求巩固自己的势力。等到宋子县，恰好遇到王郎诈称自己是成帝的儿子刘子舆，并在邯郸起兵，耿弇的下属孙仓、卫包在路上谋划说："刘子舆为成帝的正统后嗣，放弃他而不归附，远行又将去哪安身呢？"耿弇按住佩剑说："刘子舆是卑鄙的盗贼，最终会成为俘虏的。我要前往长安，和皇帝陈述渔阳、上谷兵马的作用，然后才从太原、代郡一带返回，如此来往需要几十天，回来的时候一定会带领精兵强将践踏这些乌合之众，犹如摧毁枯枝败叶一般。我看你们根本不明白取舍，你们的族人不久就要灭亡了。"孙仓、卫包不听从，于是便逃走归降了王郎。

【原文】

弇道闻光武在卢奴，乃驰北上谒，光武留署门下吏。弇因说护军朱祐，求归发兵，以定邯郸。光武笑曰："小儿曹乃有大意哉！"因数召见加恩慰[①]。弇因从光武北至蓟。闻邯郸兵方到，光武将欲南归，召官属计议。弇曰："今兵从南来，不可南行。渔阳太守彭宠，公之邑人；上谷太守，即弇父也。发此两郡，控弦万骑，邯郸不足虑也。"光武官属腹心皆不肯，曰："死尚南首，奈何北行入囊中？"光武指弇曰："是我北道主人也。"会蓟中乱，光武遂南驰，官属各分散。弇走昌平就况，因说况使寇恂东约彭宠，各发突骑二千匹，步兵千人。弇与景丹、寇恂及渔阳兵合军而南，所过击斩王郎大将、九卿、校尉以下四百余级，得印绶百二十五，节二，斩首三万级，定涿郡、中山、钜鹿、清河、河间凡二十二县，遂及光武于广阿。是时，光武方攻王郎，传言二郡兵为邯郸来，众皆恐。既而悉诣营上谒。光武见弇等，说，曰："当与渔阳、上谷士大夫共此大功。"乃皆以为偏将军，使还领其兵。加况大将军、兴义侯，得自置偏裨。弇等遂从拔邯郸。

【注释】

①恩慰：皇帝的慰问。

【译文】

耿弇道中听说光武帝在卢奴，便疾驰向北拜见，光武帝让他做了门下的一个小官。耿弇因而劝说护军朱祐，请求返回发兵，以平定邯郸。光武帝笑着说："小孩子还有如此大的抱负！"因而多次召见并慰问他。耿弇因而跟随光武帝北上蓟城。听说邯郸的军队刚到，光武帝又想要南归，于是召集百官商议。耿弇说："如今士兵从南方而来，不可以再南归。渔阳太守彭宠，是您的同乡；上谷太守，是我的父亲。发动这两个郡的兵力，善骑射的有上万人，邯郸不足以忧虑。"光武帝的属官心腹都不肯，说："即便死也要头朝南面，为何还要北进自投罗网呢？"光武帝指着耿弇说："他是我北进的主人。"恰逢蓟城混乱，光武帝向南疾驰，百官也各自分散。耿弇前去昌平找到耿况，并说服耿况派遣寇恂向东联合彭宠，各自发动两千骑兵，上千步兵。耿弇和景丹、寇恂以及渔阳兵力合并南下，沿途击杀王郎大将、九卿、校尉以下四百余人，缴获印绶一百二十五枚，符节两个，斩杀三万人，平定了涿郡、中山、钜鹿、清河、河间共二十二县，随后在广阿地追上了光武帝。当时，光武帝正在和王郎作战，听说有两个郡的兵力前来救援邯郸，众兵士都极为恐慌。不久这些兵士又前来拜见光武帝。光武帝看到了耿弇等人，很高兴，说："应该和渔阳、上谷两地的士大夫们一起成就这个大功业。"于是将他们都任命为偏将军，让他们回去率领自己的兵力。加封耿况为大将军、兴义侯，允许他可以自行设置副官。耿弇等人跟随光武帝攻下邯郸。

【原文】

时更始征代郡太守赵永，而况劝永不应召，令诣于光武。光武遣永复郡。永北还，而代令张晔据城反畔，乃招迎匈奴、乌桓以为援助。光武以弇弟舒为复胡将军，使击晔，破之。永乃得复郡。时五校贼二十余万北寇上谷①，况与舒连击破之，贼皆退走。

【注释】

①五校贼：由高扈带领的农民军。

【译文】

当时，更始帝征召代郡太守赵永，而耿况劝说赵永不要应召，并让他去拜见光武帝。光武帝派遣赵永又回到代郡。赵永北还，而代郡的县令张晔却守城反叛，于是便招引匈奴、乌桓的兵力前来支援，光武帝任命耿弇的弟弟耿舒为复胡将军，率军攻打张晔，将张晔大军攻破。赵永于是又得以返回代郡。当时，二十多万五校贼北侵上谷，耿况和耿舒联合将他们击破，盗贼败走撤退。

【原文】

更始见光武威声日盛，君臣疑虑，乃遣使立光武为萧王，令罢兵与诸将有功者还长安；遣苗曾为幽州牧，韦顺为上谷太守，蔡充为渔阳太守，并北之部。时光武居邯郸宫，昼卧温明殿。弇入造床下请间，因说曰："今更始失政，君臣淫乱，诸将擅命于畿内，贵戚纵横于都内。天子之命，不出城门，所在牧守，辄自迁易，百姓不知所从，士人莫敢自安。虏掠财物，劫掠妇女，怀金玉者，至不生归。元元叩心①，更思莽朝。又铜马、赤眉之属数十辈，辈数十百万，圣公不能办也。其败不久，公首事南阳，破百万之军；今定河北，据天府之地。以义征伐，发号响应，天下可传檄而定。天下至重，不可令它姓得之。闻使者从西方来，欲罢兵，不可从也。今吏士死亡者多，弇愿归幽州，益发精兵，以集大计。"光武大说，乃拜弇为大将军，与吴汉北发幽州十郡兵。弇到上谷，收韦顺、蔡充斩之；汉亦诛苗曾。于是悉发幽州兵，引而南，从光武击破铜马、高湖、赤眉、青犊，又追尤来、大枪、五幡于元氏，弇常将精骑为军锋，辄破走之。光武乘胜战顺水上，虏危急，殊死战。时军士疲弊，遂大败奔还，壁范阳，数日乃振，贼亦退去，从追至容城、小广阳、安次，连战破之。光武还蓟，复遣弇与吴汉、景丹、盖延、朱祐、邳彤、耿纯、刘植、岑彭、祭遵、坚镡、王霸、陈俊、马武十三将军，追贼至潞东，及平谷，再战，斩首万三千余级，遂穷追于右北平无终、土垠之间，至俊靡而还。贼散入辽西、辽东，或为乌桓、貊人所抄击，略尽。

【注释】

①叩心：悲痛、悔恨的样子。

【译文】

更始帝见光武帝威名日盛，君臣对此非常疑虑，于是让人任命光武帝为萧王，命令他罢兵并和各位有功的将领一起返回长安；派遣苗曾为幽州牧，韦顺为上谷太守，蔡充为渔阳太守，一起北上任职。当时，光武帝住在邯郸宫，白天就躺在温明殿里休息。耿弇走到榻前并请求单独拜见，并劝说光武帝："而今更始帝已经丧失了政权，君臣淫乱，各位将士都在自己的封地内专权政令，贵戚在京城内横行霸道。天子的命令，没办法传出京城，各地的牧守，也都随意更改，百姓不知道该听从于谁，士人也没有安稳的。虏掠财物，劫掠妇女，怀中有金玉的人，都没办法活着回来。百姓悲痛，更加思念王莽政权。又有铜马军、赤眉军等几十种势力，每种势力都有百万人马，更始帝无法将他们拿下。不久他将要失败了，您在南阳起兵，攻破百万大军；而今又平定河北，占据天府之地。用道义征伐，发号响应，天下瞬间就能够平定。天下是很重要的，不可以让他姓占领。听说有从西边来的使者，想要让你罢兵，不可以听从啊。而今官民死亡众多，我愿意回到幽州，增发精兵，以图谋大事。”光武帝很高兴，于是任命耿弇为大将军，和吴汉一起发动北部的幽州等十个郡县的兵力。耿弇到达上谷，逮捕韦顺、蔡充并斩杀了他们；吴汉也将苗曾诛杀。于是发动幽州的全部兵力，带军南下，跟随光武帝击破铜马、高湖、赤眉、青犊等兵力，又追击尤来、大枪、五幡军队而到达元氏县，耿弇经常带领精锐为先锋，多次击破赶走敌军。光武帝乘胜在顺水和敌军交战，敌军形势危急，只能拼死作战。当时，光武帝的军士已经疲惫不堪，最后大败而归，驻守在范阳，几日之后才振作起来，敌军才撤退，光武帝又追击到容城、小广阳、安次，连战连胜。光武帝返回蓟城，又派遣耿弇和吴汉、景丹、盖延、朱祐、邳彤、耿纯、刘植、岑彭、祭遵、坚镡、王霸、陈俊、马武等十三位将军，带兵追击敌军到潞东，到了平谷，两军再次交战，斩杀敌军一万三千余人，又将敌军赶到右北平无终、土垠之间，到达俊靡而还。分散的敌军进入辽西、辽东地区，有的被乌桓、貊人包抄所杀，几乎全军覆没了。

【原文】

光武即位，拜弇为建威大将军。与骠骑大将军景丹、强弩将军陈俊攻厌新贼于敖仓，皆破降之。建武二年，更封好畤侯，食好畤、美阳二县。三年，延岑自武关出攻南阳，下数城。穰人杜弘率其众以从岑。弇与岑等战于穰，大破之，斩首三千余级，生获其将士五千余人[①]，得印绶三百。杜弘降，岑与数骑遁走东阳。

【注释】

①生获：生擒。

【译文】

光武即位，任命耿弇为建威大将军。和骠骑大将军景丹、强弩将军陈俊在敖仓攻打厌新军，都攻破降服了。建武二年，改封耿弇为好畤侯，食邑好畤、美阳二县。建武三年，延岑从武关出发攻打南阳，一连攻下几座城池。穰人杜弘率领他的部下跟随延岑。耿弇和延岑等人在穰县作战，大破延岑，斩杀敌军三千多人，生擒将士五千多人，缴获印绶三百个。杜弘归降，延岑带着一些骑兵逃到东阳。

【原文】

弇从幸舂陵，因见自请北收上谷兵未发者，定彭宠于渔阳，取张丰于涿郡，还收富平、获索，东攻张步，以平齐地。帝壮其意，乃许之。四年，诏弇进攻渔阳。弇以父据上谷，本与彭宠同功，又兄弟无在京师者，自疑，不敢独进，上书求诣洛阳。诏报曰："将军出身举宗为国，所向陷敌，功效尤著①，何嫌何疑，而欲求征？且与王常共屯涿郡，勉思方略。”况闻弇求征，亦不自安，遣舒弟国入侍。帝善之，进封况为隃糜侯。乃命弇与建义大将军朱祐、汉忠将军王常等击望都、故安西山贼十余营，皆破之。时征虏将军祭遵屯良乡，骁骑将军刘喜屯阳乡，以拒彭宠。宠遣弟纯将匈奴二千余骑，宠自引兵数万，分为两道以击遵、喜。胡骑经军都，舒袭破其众，斩匈奴两王，宠乃退走。况复与舒攻宠，取军都。五年，宠死，天子嘉况功，使光禄大夫持节迎况，赐甲第，奉朝请。封舒为牟平侯。遣弇与吴汉击富平、获索贼于平原，大破之，降者四万余人。

【注释】

①功效：功劳。

【译文】

耿弇跟随光武帝到达春陵，又因而自荐北上上谷去征召未发的兵力，并前往渔阳平定彭宠，然后再去攻打涿郡的张丰，返回时可以收复富平、获索，向东攻打张步，以平定齐地。光武帝知道他志向豪壮，便同意了。建武四年，下诏耿弇进攻渔阳。耿弇因为自己的父亲占据着上谷，原本和彭宠同等功劳，又没有兄弟在京城当职，担心被猜疑，不敢独自进攻，便上书请求拜见光武帝。光武帝下诏说：“你和整个家族都为国效力，所向披靡，功劳显著，会有何嫌疑，而想请求征召呢？你暂且和王常一起在涿郡屯兵，勤力思考谋划方略。”耿况听说耿弇求征的事情，心中也有所不安，于是让耿舒的弟弟耿国入宫服侍。光武帝很赞赏这个举动，封耿况为隃麋侯。于是命令耿弇和建义大将军朱祐、汉忠将军王常等人攻打望都、故安西山地区的十几支贼寇，都攻破了。当时，征虏将军祭遵在良乡屯兵，骁骑将军刘喜在阳乡屯兵，以此抵御彭宠。彭宠派遣弟弟彭纯带领两千多匈奴骑兵，彭宠则亲自带领几万兵士，兵分两路攻打祭遵、刘喜。匈奴的骑兵路过军都县的时候，耿舒带军突袭并攻破了他们，斩杀匈奴骑兵的两个首领，彭宠撤退。耿况又和耿舒联合攻打彭宠，拿下军都。建武五年，彭宠死了，皇帝嘉奖耿况的战功，派遣光禄大夫拿着符节去迎接耿况，赏赐甲第，并有了朝请资格。任命耿舒为牟平侯。派遣耿弇和吴汉一起攻打平原地区的富平、获索等贼人，大破贼军，归降的有四万多人。

【原文】

因诏弇进讨张步。弇悉收集降卒，结部曲，置将吏，率骑都尉刘歆、太山太守陈俊引兵而东，从朝阳桥济河以度。张步闻之，乃使其大将军费邑军历下，又分兵屯祝阿，别于太山钟城列营数十以待弇。弇度河先击祝阿，自旦攻城，日未中而拔之，故开围一角，令其众得奔归钟城。钟城人闻祝阿已溃，大恐惧，遂空壁亡去。费邑分遣弟敢守巨里。弇进兵先胁巨里，使多伐树木，扬言以填塞坑堑。数日，有降者言邑闻弇欲攻巨里，谋来救之。弇乃严令军中趣修攻具，宣敕诸部①，后三日当悉力攻巨里城。阴缓生口，令得亡归。归者以弇期告邑，邑至日果自将精兵三万余人来救之。弇喜，谓诸将曰："吾所以修攻具者，欲诱致邑耳。今来，适其所求也。"即分三千人守巨里，自引精兵上冈阪，乘高合战，大破之，临陈斩邑。既而收首级以示巨里城中，城中凶惧，费敢悉众亡归张步。弇复收其积聚，纵兵击诸未下者，平四十余营，遂定济南。

【注释】

①宣敕：发布命令。

【译文】

光武帝又因此诏令耿弇进一步征讨张步。耿弇集合归降的士兵，集结部队，设置将吏，率领骑都尉刘歆、太山太守陈俊引兵东进，从朝阳搭桥渡济河。张步听说后，便让他的大将军费邑在历下驻军，又分派兵力驻扎在祝阿，此外还在太山钟城排列了几十个营部以等待耿弇。耿弇渡河先攻祝阿，从早上攻城，还没到正午就攻破了，他故意打开包围的一角，让敌军可以逃回钟城。钟城人听说祝阿已经攻破，都惊恐不已，于是都逃走了。费邑分别派遣弟弟费敢驻守巨里。耿弇带兵先逼迫巨里，让士兵砍伐了很多树木，并扬言要填满坑洼之地。几天后，有归降的人说费邑听说耿弇想要攻打巨里，计划着要来救援。于是耿弇便命令军士加快制造攻城武器，并向各个部分下达命令，三日之后全力攻打巨里。私下又放缓对俘虏的看管，让他们得以逃回去。逃回去的人将耿弇攻城的日期告诉费邑，费邑果然如期带着三万多精兵前来救援巨里。耿弇大喜，对各位将领说："我之所以制造攻城的用具，是想要引诱费邑到来。而今他来了，正是我想要看到的。"于是立即分出三千人马驻守巨里，自己则带着精兵登上了山坡，依仗着高地势而发起进攻，将敌军打败，并在阵列前将费邑斩杀。不久又把他的首级在巨里城中展示，城中人都异常恐惧，费敢带着全部兵力逃到了张步那里。耿弇又收缴他们的财物，联合兵力攻打还没有归降的部队，平定四十多个营部，于是便平定了济南。

【原文】

时张步都剧，使其弟蓝将精兵二万守西安，诸郡太守合万余人守临淄，相去四十里。弇进军画中，居二城之间。弇视西安城小而坚，且蓝兵又精，临淄名虽大而实易攻，乃敕诸校会，后五日攻西安。蓝闻之，晨夜儆守①。至期夜半，弇敕诸将皆蓐食，会明至临淄城。护军荀梁等争之，以为宜速攻西安。弇曰："不然。西安闻吾欲攻之，日夜为备；临淄出不意而至，必惊扰，吾攻之一日必拔。拔临淄即西安孤，张蓝与步隔绝，必复亡去，所谓击一而得二者也。若先攻西安，不卒下，顿兵坚城，死伤必多。纵能拔之，蓝引军还奔临淄，并兵合势，观人虚实，吾深入敌地，后无转输，旬日之间，不战而困。诸君之言，未见其宜。"遂攻临淄，半日拔之，入据其城。张蓝闻之大惧，遂将其众亡归剧。

【注释】

①儆守：防守戒备。

【译文】

当时，张步在剧县定都，派遣他的弟弟张蓝率领两万精兵驻守西安，各郡太守合力三万余人驻守临淄，两地相距四十里。耿弇所攻打的画中，位于两地之间。耿弇见西安城小而且坚固，再加上张蓝的兵士都是精锐，临淄表面上比较强大而实际上却很容易攻破，于是便下令召集校尉，五天后攻打西安。张蓝听说后，日夜派兵防守戒备。到了第五日的半夜，耿弇下令各位将领都填饱了肚子，天亮就赶往临淄城。护军荀梁等人有争议，认为应该速速攻打西安。耿弇说：“不是这样。西安听说我想要攻打它，日夜防备；而在临淄出其不意的时候攻打它，一定会惊扰他们，我们用一天的时间就可以攻下临淄。攻破了临淄那么就使西安孤立无援，张蓝和张步隔绝，一定会弃城逃跑，这就是所谓的攻打一处而得到两处。如若先攻打西安，无法立即攻破，在坚固的城池前面停顿，一定会多有死伤。纵使能够攻下，张蓝带兵又奔赴临淄，和临淄的军队合并，探听虚实，我们深入敌军阵营，后面又没有粮草补给，不到一个月的时间，我们就会不战而困。各位的言论，并不合适啊。”于是便攻打临淄，半天就攻破了，入驻临淄城。张蓝听说后很畏惧，便带着他的兵力返回剧县。

【原文】

弇乃令军中无得妄掠剧下，须张步至乃取之，以激怒步。步闻大笑曰：“以尤来、大彤十余万众，吾皆即其营而破之。今大耿兵少于彼，又皆疲劳，何足惧乎！”乃与三弟蓝、弘、寿及故大彤渠帅重异等兵号二十万，至临淄大城东，将攻弇。弇先出兵淄水上，与重异遇，突骑欲纵，弇恐挫其锋，令步不敢进，故示弱以盛其气，乃引归小城，陈兵于内。步气盛，直攻弇营，与刘歆等合战，弇升王宫坏台望之，视歆等锋交，乃自引精兵以横突步陈于东城下，大破之。飞矢中弇股，以佩刀截之，左右无知者。至暮罢。弇明旦复勒兵出。是时，帝在鲁，闻弇为步所攻，自往救之，未至。陈俊谓弇曰："剧虏兵盛，可且闭营休士，以须上来。"弇曰："乘舆且到，臣子当击牛酾酒以待百官[①]，反欲以贼虏遗君父邪？"乃出兵大战，自旦及昏，复大破之，杀伤无数，城中沟堑皆满。弇知步困将退，豫置左右翼为伏以待之。人定时，步果引去，伏兵起纵击，追至钜昧水上，八九十里僵尸相属，收得辎重二千余两。步还剧，兄弟各分兵散去。

【注释】

①酾（shī）酒：斟酒。

【译文】

于是耿弇命令军士不可妄加掠夺剧县，一定要等到张步出城再攻打它，以此来激怒张步。张步听说后大笑说："尤来、大彤拥兵十多万，我都是立即冲到他们的营中将其攻破。而今耿弇的兵力少于他们，又都疲劳不堪，有何畏惧！"于是便和三个弟弟张蓝、张弘、张寿以及前大彤渠帅重异等人带兵二十万，到临淄外城的东面，准备攻打耿弇。耿弇先在淄水边出兵，和重异相遇，耿弇的前锋部队准备冲锋，耿弇担心会挫败敌军锐气，而使得张步不敢继续向前，于是便故意示弱以增强敌人的士气，又带兵回到内城，在内城陈兵。张步的士气旺盛，直逼耿弇的大营，和刘歆等人交战，耿弇登上王宫里面破旧的高台观望，看到刘歆等人和敌军交战，于是便亲自带领精兵以突袭张步在东城下的军队，并大破张步的军队。飞箭射中了耿弇的大腿，耿弇便用佩刀将箭斩断，左右之人没有知道的。一直交战到晚上才休兵。第二天早上耿弇又带兵出战。当时，光武帝在鲁地，听闻耿弇被张步攻击的消息，便亲自带兵前去救援，还没有到达。陈俊对耿弇说："剧县的敌军兵力强盛，可以暂且闭营休整士兵，以等待皇上到来。"耿弇说："皇上的大军马上就要到了，臣子应该宰牛斟酒以招待百官，现在反而要将敌寇留给皇上吗？”于是出兵大战，从早上到黄昏，再次大破敌军，杀伤无数，城中沟壑都填满了尸体。耿弇知道张步军队困顿而想要撤退，便预先让士兵在道路两旁埋伏以等待张步。半夜的时候，张步果然带军撤退，伏兵起身攻击，追赶到钜昧水边，八九十里的路上都是尸体，收缴两千多辆辎重。张步返回剧县，兄弟各自带兵散去。

【原文】

后数日，车驾至临淄自劳军，群臣大会。帝谓弇曰：“昔韩信破历下以开基，今将军攻祝阿以发迹，此皆齐之西界，功足相方。而韩信袭击已降，将军独拔勍敌，其功乃难于信也。又田横亨郦生，及田横降，高帝诏卫尉不听为仇。张步前亦杀伏隆，若步来归命，吾当诏大司徒释其怨，又事尤相类也。将军前在南阳建此大策，常以为落落难合①，有志者事竟成也！”弇因复追步，步奔平寿，乃肉袒负斧锧于军门。弇传步诣行在所，而勒兵入据其城。树十二郡旗鼓，令步兵各以郡人诣旗下，众尚十余万，辎重七千余两，皆罢遣归乡里。弇复引兵至城阳，降五校余党，齐地悉平。振旅还京师。

【注释】

①落落：孤高。

【译文】

几天之后，光武帝亲自前往临淄慰劳军士，君臣大会。光武帝对耿弇说：“昔日韩信攻破历下以奠定汉朝基业，而今将军攻破祝阿等地声名远扬，这些都是齐地的西界，功劳可以比肩韩信。而韩信攻打的是一座已经归降的城市，将军则独自攻破了一座有强敌驻守的城市，这份功劳恐怕要比韩信困难。又有田横烹煮郦生，等到田横归降的时候，高祖下诏卫尉不能向他寻仇。张步之前也杀了伏隆，如若张步前来归降，我应该会下诏大司徒放下之前的恩怨，又是一件很相似的事情。将军先前在南阳贡献大计，经常会感到孤独无援，幸好有志者事竟成啊！”耿弇因而追击张步，张步逃亡平寿，后又赤着胳膊背着斧子砧板前来军中归降。耿弇将张步送到光武帝所在的地方，而后带兵占据了平寿县。竖立十二郡的旗鼓，命令张步的士兵依据自己所在的郡县而站在相应的旗帜之下，士兵尚且还有十几万人，有七千多辆辎重，耿弇让这些士兵都返回故里。耿弇又带兵到达城阳，降服了五校的余党，齐地全部平定。耿弇整顿军队返回京师。

【原文】

六年，西拒隗嚣，屯兵于漆。八年，从上陇①。明年，与中郎将来歙分部徇安定、北地诸营保，皆下之。

弇凡所平郡四十六，屠城三百，未尝挫折。

年五十六，永平元年卒，谥为愍侯。

【注释】

①从：跟随。

【译文】

建武六年，耿弇带兵向西抵抗隗嚣，在漆地驻军。建武八年，耿弇跟随光武帝前往陇地攻打隗嚣。第二年，和中郎将来歙分头攻打安定、北地等各个营部，都攻破了。

耿弇一生平定了四十六个郡县，攻下三百座城池，从未遭受过挫折。

永平元年去世，时年五十六岁，谥号愍侯。

窦宪列传

【题解】

于东汉朝来说，窦宪最大的功绩就是击退了匈奴，解除了东汉王朝的威胁。只是，窦宪所在时期，东汉帝王年幼，朝政大权被太后把持。太后宠信窦宪，于是窦氏一族成为当时权势最大的外戚，开创了东汉外戚专权的先河。在窦氏一族的操控下，东汉政权变得混乱不堪，朝中内外欺上瞒下，骄横淫逸，最后窦氏一族身败名裂，被百姓所唾弃。

【原文】

宪字伯度。父勋被诛，宪少孤。建初二年，女弟立为皇后，拜宪为郎，稍迁侍中、虎贲中郎将；弟笃，为黄门侍郎。兄弟亲幸，并侍宫省，赏赐累积，宠贵日盛，自王、主及阴、马诸家，莫不畏惮。宪恃宫掖声势，遂以贱直请夺沁水公主园田[①]，主逼畏，不敢计。后肃宗驾出过园，指以问宪，宪阴喝不得对。后发觉，帝大怒，召宪切责曰："深思前过，夺主田园时，何用愈赵高指鹿为马？久念使人惊怖。昔永平中，常令阴党、阴博、邓叠三人更相纠察，故诸豪戚莫敢犯法者，而诏书切切[②]，犹以舅氏田宅为言。今贵主尚见枉夺，何况小人哉！国家弃宪如孤雏腐鼠耳。"宪大震惧，皇后为毁服深谢，良久乃得解，使以田还主。虽不绳其罪，然亦不授以重任。

【注释】

①沁水公主：汉明帝的女儿。

②切切：急迫的样子。

【译文】

窦宪字伯度。他的父亲窦勋被杀，窦宪自小便成了孤儿。建初二年，他的妹妹被册立为皇后，任命窦宪为郎官，后又升迁为侍中、虎贲中郎将；弟弟窦笃，为黄门侍郎。兄弟二人都受到了皇帝的亲幸，一起在宫中侍奉，赏赐无数，荣宠日盛，自王侯、公主到阴、马各个皇后家族，没有不畏惧忌惮的。窦宪仗着宫中的权势，便以低贱的价格强行夺取了沁水公主的园田，公主畏惧逼迫，不敢计较。后来肃宗的车驾经过园子，用手指着园子问窦宪，窦宪语塞无法应对。后来事情被察觉，皇帝大怒，召见窦宪并责备他说："你应该深思你之前的过错，抢夺公主园田的时候，又和赵高的指鹿为马有什么不同呢？思虑这件事情久了就会让人惊怖。昔日永平年间，先帝时常命令阴党、阴博、邓叠三个人相互纠察，所以诸位亲戚豪门没有敢犯法的，而今应该急迫颁布诏书，犹且还要拿舅舅家的田宅说事。而今贵为公主竟然还被人抢夺了园田，更何况是卑贱的百姓呢！国家抛弃窦宪就如同抛弃一只鸡或者是一只死老鼠而已。"窦宪大为震惊恐惧，皇后也为此自降服饰等级来引咎谢罪，很久之后才得到皇帝的谅解，并让窦宪归还公主的园田。此后虽然没有判定窦宪的罪过，但也不再对他委以重任了。

【原文】

和帝即位，太后临朝，宪以侍中，内干机密，出宣诰命。肃宗遗诏以笃为虎贲中郎将，笃弟景、瑰并中常侍，于是兄弟皆在亲要之地。宪以前太尉邓彪有义让。先帝所敬，而仁厚委随①，故尊崇之，以为太傅，令百官总已以听。其所施为，辄外令彪奏，内白太后，事无不从。又屯骑校尉桓郁，累世帝师，而性和退自守，故上书荐之，令授经禁中。所以内外协附，莫生疑异。

【注释】

①委随：顺从。

【译文】

和帝即位，太后掌管政权，任命窦宪为侍中，掌管宫内机密要事，宣布诏令。肃宗遗诏任命窦笃为虎贲中郎将，窦笃的弟弟窦景、窦瑰同为中常侍，于是窦氏兄弟都在朝中显要的职位上。窦宪因为前太尉为人义气、谦让，深得先帝的敬重，而且仁厚顺从，于是窦宪也很尊崇他，并且任命为太傅，命令百官都听从他的号令。窦宪颁布诏令，让邓彪在朝中上奏，而他再禀报给宫内的太后，没有事情不听从他的。又屯骑校尉桓郁，几代都作为皇帝的老师，秉性温和而又能够谦让自守，所以便上书举荐他，让他在宫中讲授经书。所以内外协调依附，没有产生嫌隙。

【原文】

宪性果急①，睚眦之怨莫不报复②。初，永平时，谒者韩纡尝考劾父勋狱，宪遂令客斩纡子，以首祭勋冢。齐殇王子都乡侯畅来吊国忧③，畅素行邪僻，与步兵校尉邓叠亲属数往来京师，因叠母元自通长乐宫，得幸太后，被诏召诣上东门。宪惧见幸，分宫省之权，遣客刺杀畅于屯卫之中，而归罪于畅弟利侯刚，乃使侍御史与青州刺史杂考刚等。后事发觉，太后怒，闭宪于内宫。

【注释】

①果急：暴躁。

②睚眦（yá zì）之怨：指的是小仇小怨。

③国忧：代指章帝驾崩这件事。

【译文】

窦宪性情比较暴躁，即便是一些小仇小怨也没有不报复的。起初，永平年间，谒者韩纡曾经审理他父亲窦勋的案件，于是窦宪便派遣刺客杀了韩纡的儿子，以其儿子的头颅来祭祀窦勋的坟。齐殇王的儿子都乡侯刘畅因章帝驾崩而前来吊念，刘畅素来行为邪僻，和步兵校尉邓叠的亲属几次来往京师，依仗邓叠的母亲元和长乐宫串通，得到了太后的宠幸，并被诏令前往上东门拜见。窦宪惧怕刘畅会得到太后的宠幸而分摊他在宫中的权势，于是便派遣刺客在屯兵宿卫的地方杀了刘畅，并将此归罪于刘畅的弟弟利侯刘刚，于是派遣侍御史与青州刺史一起审讯刘刚等人。后来事情败露，太后震怒，将窦宪幽禁在内宫。

【原文】

宪惧诛，自求击匈奴以赎死。会南单于请兵北伐，乃拜宪车骑将军，金印紫绶，官属依司空，以执金吾耿秉为副，发北军五校、黎阳、雍营、缘边十二郡骑士，及羌胡兵出塞。明年，宪与秉各将四千骑，及南匈奴左谷蠡王师子万骑，出朔方鸡鹿塞①，南单于屯屠河，将万余骑出满夷谷，度辽将军邓鸿及缘边义从羌胡八千骑，与左贤王安国万骑出稒阳塞②，皆会涿邪山。宪分遣副校尉阎盘、司马耿夔、耿谭将左谷蠡王师子、右呼衍王须訾等，精骑万余，与北单于战于稽落山，大破之，虏众崩溃，单于遁走，追击诸部，遂临私渠比鞮海。斩名王以下万三千级，获生口马、牛、羊、橐驼百余万头。于是温犊须、日逐、温吾、夫渠王柳鞮等八十一部率众降者，前后二十余万人。宪、秉遂登燕然山，去塞三千余里，刻石勒功，纪汉威德，令班固作铭。

【注释】

①鸡鹿塞：今内蒙古乌兰布和沙漠的北面。

②稒（gū）阳塞：今内蒙古包头的东南方向。

【译文】

窦宪担心被杀，便自行请求带兵攻打匈奴以此救赎自己的罪过。当时恰好南单于请求出兵北伐匈奴，于是便任命窦宪为车骑将军，金官印紫绶带，属官则依据司空的编制，任命执金吾耿秉为副将，征召北军五校、黎阳、雍营、缘边等十二郡的骑士，以及羌胡兵出塞。第二年，窦宪和耿秉各自带领四千骑士，以及南匈奴左谷蠡王师子的上万骑士，出朔方鸡鹿塞，南单于则在屠河屯兵，率领上万名骑士出满夷谷，度辽将军邓鸿及缘边各个郡县跟随羌胡的八千骑兵，和左贤王安国带领的一万骑士出稒阳塞，各路大军在涿邪山会师。窦宪分派副校尉阎盘、司马耿夔、耿谭将左谷蠡王师子、右呼衍王须訾等，带领万余精骑，和北单于在稽落山交战，大破北单于的军队，敌军阵营崩溃，北单于逃走，追击敌军各个营部，一直到私渠比鞮海。斩杀名王以下一万三千人，缴获俘虏、马匹、牛、羊、橐驼等百余万头。于是温犊须、日逐、温吾、夫渠王柳鞮等八十一部率领前来归降的敌军，前后有二十多万人。窦宪、耿秉便登上燕然山，和边塞相距三千多里，在石头上刻下此次的功劳，记录下汉室的威德，并命令班固为此作了铭文。

【原文】

宪乃班师而还。遣军司马吴汜、梁讽，奉金帛遗北单于①，宣明国威，而兵随其后。时虏中乖乱，汜、讽所到，辄招降之，前后万余人。遂及单于于西海上，宣国威信，致以诏赐，单于稽首拜受。讽因说宜修呼韩邪故事，保国安人之福。单于喜悦，即将其众与讽俱还，到私渠海，闻汉军已入塞，乃遣弟右温禺鞮王奉贡入侍，随讽诣阙。宪以单于不自身到，奏还其侍弟。南单于于漠北遗宪古鼎，容五斗，其傍铭曰“仲山甫鼎，其万年子子孙孙永保用”，宪乃上之。诏使中郎将持节即五原拜宪大将军，封武阳侯，食邑二万户。宪固辞封，赐策许焉。

【注释】

①遗：给予。

【译文】

于是窦宪班师回朝。派遣司马吴汜、梁讽，给北单于送上金帛等物，以宣明汉朝国威，而军队则跟随他们后面。当时恰逢匈奴内乱，吴汜、梁讽所到之处，便招降敌军，前后共招降了上万余人。最后在西海边追上了北单于，宣扬汉朝威信，并赐予他赏赐的诏书，北单于稽首叩拜。梁讽因此劝说北单于应该修缮呼韩邪时的旧例，以保国家安定、百姓之福。北单于很高兴，立即率领将士和梁讽一起回去，到达私渠海时，听说汉军已经进入边塞，便派遣他的弟弟右温禺鞮王拿着贡品入朝侍奉，跟随梁讽前往京城。窦宪因为北单于没有亲自到达，便上书奏请将他的弟弟送回。南单于在漠北地区赠给窦宪一口古鼎，能够容纳五斗，其上面有铭文说“仲山甫鼎，其万年子子孙孙永保用”，于是窦宪便将古鼎献给了朝廷。皇帝下诏让中郎将拿着符节前往五原任命窦宪为大将军，封武阳侯，食邑二万户。窦宪执意推辞，朝廷又赏赐策书加以赞许。

【原文】

旧大将军位在三公下，置官属依太尉。宪威权震朝庭，公卿希旨①，奏宪位次太傅下，三公上；长史、司马秩中二千石，从事、中郎二人六百石，自下各有增。振旅还京师。于是大开仓府，劳赐士吏，其所将诸郡二千石子弟从征者，悉除太子舍人。是时，笃为卫尉，景、瑰皆侍中、奉车、驸马都尉，四家竞修第宅，穷极工匠。明年，诏曰：“大将军宪，前岁出征，克灭北狄，朝加封赏，固让不受。舅氏旧典，并蒙爵土②。其封宪冠军侯。邑二万户；笃郾侯，景汝阳侯，瑰夏阳侯，各六千户。”宪独不受封，遂将兵出镇凉州，以侍中邓叠行征西将军事为副。

【注释】

①希旨：观望上位者的意图而加以迎合。

②舅氏旧典，并蒙爵土：西汉时期的旧例，皇帝的舅舅都有爵位、封地。

【译文】

旧时大将军位列三公之下，设置属官时要依照太尉的编制。窦宪权震朝廷，公卿们也都看着在上者的意思曲意迎合，上奏窦宪的职位应该在太傅之下，三公之上；长史、司马的俸禄为两千石，从事、中郎两个人的俸禄为六百石，以下品级官员的俸禄也都有所增加。窦宪休整军队返回京师。于是大开仓府，慰劳赏赐将士，他所带领的各个郡守的子弟，全部得到了太子舍人的职位。当时，窦笃为卫尉，窦景、窦瑰同为侍中、奉车、驸马都尉，四家竞相休整府邸，穷极工匠。第二年，皇帝下诏说："大将军窦宪，去年出征，攻克并消灭了北狄，朝廷为其封赏，他却执意辞让不接受。按照旧例，皇帝的舅舅都要分封侯爵、赏赐封地。而今封赏窦宪为冠军侯，食邑二万户；窦笃为郾侯，窦景为汝阳侯，窦瑰为夏阳侯，各自食邑六千户。"只有窦宪不接受封赏，于是又带兵镇抚凉州，任命侍中邓叠行使征西大将军的事宜，并为副手。

【原文】

北单于以汉还侍弟，复遣车谐储王等款居延塞，欲入朝见，愿请大使①。宪上遣大将军中护军班固行中郎将，与司马梁讽迎之。会北单于为南匈奴所破，被创遁走，固至私渠海而还。宪以北虏微弱，遂欲灭之。明年，复遣右校尉耿夔、司马任尚、赵博等将兵击北虏于金微山②，大破之，克获甚众。北单于逃走，不知所在。

【注释】

①大使：奉皇帝命令行事的临时使节。

②金微山：阿尔泰山。

【译文】

北单于因为汉室送回入朝侍奉的弟弟，便又派遣车谐储王等人在延塞居住，想要入朝拜见，并期望于使者的帮助。窦宪上书派遣大将军中护军班固行中郎将，和司马梁讽迎接北单于等人。恰逢北单于被南单于打败，北单于受伤逃走，班固到达私渠海后返回。窦宪因为北匈奴的势力薄弱，便想要将它消灭。第二年，又派遣右校尉耿夔、司马任尚、赵博等人带兵在金微山攻打北匈奴，并大破北匈奴军，俘虏敌军众多。北单于逃走，不知所踪。

【原文】

宪既平匈奴，威名大盛，以耿夔、任尚等为爪牙，邓叠、郭璜为心腹。班固、傅毅之徒，皆置幕府，以典文章。刺史、守令多出其门。尚书仆射郅寿、乐恢并以忤意，相继自杀。由是朝臣震慑，望风承旨。而笃进位特进，得举吏①，见礼依三公。景为执金吾，瑰光禄勋，权贵显赫，倾动京都。虽俱骄纵，而景为尤甚，奴客缇骑依倚形势，侵陵小人，强夺财货，篡取罪人，妻略妇女。商贾闭塞，如避寇仇。有司畏懦，莫敢举奏。太后闻之，使谒者策免景官，以特进就朝位。瑰少好经书，节约自修，出为魏郡，迁颍川太守。窦氏父子兄弟并居列位，充满朝廷。叔父霸为城门校尉，霸弟褒将作大匠，褒弟嘉少府，其为侍中、将、大夫、郎吏十余人。

【注释】

①得举吏：汉朝律例，三公以上得以举荐官吏。

【译文】

窦宪平定匈奴之后，威名大盛，以耿夔、任尚等为爪牙，邓叠、郭璜为心腹。班固、傅毅之类的人，都被安置在幕府，主要掌管文章之类的工作。刺史、守令大多出于他的门下。尚书仆射郅寿、乐恢都因为忤逆了他的意思，相继自杀。由此朝臣震慑，望风秉承他的旨意。而窦笃晋升为特进，能够举荐官吏，看到皇帝时行三公的礼仪。窦景为执金吾，窦瑰为光禄勋，权贵显赫，倾动京都。窦氏兄弟都极为骄纵，而又以窦景为重，他家中的奴仆、宾客、缇骑都依仗着窦景的权势，欺凌百姓，强取豪夺，抢夺罪人，蹂躏妇女。商贩闭门不出，犹如躲避敌寇一般。相关的官吏畏惧懦弱，也不敢上奏举报。太后听说了这件事，便派遣谒者下策罢免了窦景的官职，只以特进的官位保留他在朝中的位置。窦瑰年少好读经书，对自己也有所节制约束，后被调派到魏郡，调任为颍川太守。窦氏父子兄弟都位居高官，分管朝中政权。他的叔父窦霸为城门校尉，窦霸的弟弟窦褒任职将作大匠，窦褒的弟弟窦嘉任职少府，其余任职侍中、将、大夫、郎吏的有十几人。

【原文】

宪既负重劳①，陵肆滋甚。四年，封邓叠为穰侯。叠与其弟步兵校尉磊及母元，又宪女婿射声校尉郭举，举父长乐少府璜，皆相交结。元、举并出入禁中，举得幸太后，遂共图为杀害。帝阴知其谋，乃与近幸中常侍郑众定议诛之。以宪在外，虑其惧祸为乱，忍而未发。会宪及邓叠班师还京师，诏使大鸿胪持节郊迎，赐军吏各有差。宪等既至，帝乃幸北宫，诏执金吾、五校尉勒兵屯卫南、北宫，闭城门，收捕叠、磊、璜、举，皆下狱诛，家属徙合浦。遣谒者仆射收宪大将军印绶，更封为冠军侯②。宪及笃、景、瑰皆遣就国。帝以太后故，不欲名诛宪，为选严能相督察之。宪、笃、景到国，皆迫令自杀，宗族、宾客以宪为官者皆免归本郡。

【注释】

①负重劳：依仗大的功劳。

②更封为冠军侯：起初封窦宪为冠军侯，窦宪推辞不受，后又封窦宪为冠军侯。

【译文】

窦宪依仗着自己功劳巨大，骄横放纵得越来越厉害。和帝永元四年，封邓叠为穰侯。邓叠和他的弟弟步兵校尉邓磊以及其母元，还有窦宪的女婿射声校尉郭举，郭举的父亲长乐少府璜，都相交甚好。元、郭举同时出入宫中，郭举得到了太后的宠幸，于是二人便图谋弑杀皇帝。皇帝私下里知道了他们的阴谋，于是便和亲近的中常侍郑众商议诛杀他们的策略。因为当时窦宪还在外带兵，皇帝考虑到他会因为担心牵连而犯上作乱，于是便忍着没有动手。恰逢窦宪和邓叠班师回朝，皇帝诏令大鸿胪拿着符节在郊外迎接，赏赐将士时也各有差别。窦宪等人到达后，皇帝亲临北宫，诏令执金吾、五校尉带兵在卫南、北宫驻守，并关闭城门，逮捕了邓叠、邓磊、郭璜、郭举等人，都下狱诛杀，其家眷也被流放到合浦。后又派遣谒者仆射收回了窦宪的大将军印绶，更改为冠军侯。窦宪以及窦笃、窦景、窦瑰都被遣送回各自的封地。皇帝又因为太后的原因，不想以谋逆的罪名诛杀窦宪，于是便挑选一些严厉出色的国相监督他们。窦宪、窦笃、窦景回到封地，都被逼迫自杀，其宗族、宾客中凡是依仗窦宪为官的人都被罢免官职、遣送回本郡。

【原文】

论曰：卫青、霍去病资强汉之众，连年以事匈奴，国耗太半矣，而猾虏未之胜，后世犹传其良将，岂非以身名自终邪！窦宪率羌胡边杂之师，一举而空朔庭，至乃追奔稽落之表，饮马比鞮之曲，铭石负鼎，荐告清庙。列其功庸，兼茂于前多矣，而后世莫称者，章末衅以降其实也[①]。是以下流，君子所甚恶焉。夫二三子是之不过房幄之间，非复搜扬仄陋，选举而登也。当青病奴仆之时，窦将军念咎之日，乃庸力之不暇，思鸣之无晨，何意裂膏腴，享崇号乎？东方朔称“用之则为虎，不用则为鼠”，信矣。以此言之，士有怀琬琰以就煨尘者，亦何可支哉！

【注释】

①末衅：之后的过失。

【译文】

论说：卫青、霍去病依仗强大的汉朝军队，连年和匈奴作战，国家耗损过半，却并没有战胜狡猾的敌军，后世人犹且传颂他们为忠臣良将，难道不是因为他们终生俱付于此的缘故吗！窦宪带领羌胡军队以及边境地区聚集来的兵力，一举攻破了北方匈奴的宫廷，并追击到稽落山外面，在比鞮海的弯曲处饮马，将此功绩铭刻在石头上，告祭宗庙。列举他的功绩，要比前代多得多，而后世人却没有称颂的，大多是因为放大了他之后的过失而抹去了他之前的功劳。所以下流的处境，君子是厌恶居留的。这几个人只不过是因为椒房帷幄的恩宠而获得权势，并非是如普通人一般经过举荐访求，而从众人中选拔而出登上高位的。当卫青耻于奴仆身份时，当窦宪思过畏罪时，即便想要有所作为恐怕也没有机会，又如何会分封肥沃的土地，享受尊崇的称号呢？东方朔说“重用他就是老虎，不任用他便是老鼠”，确实如此。从这点上来看，士人有怀有美玉而却沦落尘埃的，多得又如何能够计算呢！

马援列传

【题解】

马援是一个志向远大之人，他曾经效忠在隗嚣帐下，后又投奔到光武帝的麾下，跟随光武帝南征北战，立下无数战功，在他六十二岁的时候，还主动请缨出战，最后病死军中，真正实现了他一直所推崇的“男儿要当死于边野，以马革裹尸还葬”的壮烈情怀。

【原文】

马援字文渊，扶风茂陵人也。其先赵奢为赵将，号曰马服君，子孙因为氏。武帝时，以吏二千石自邯郸徙焉。曾祖父通，以功封重合侯，坐兄何罗反[1]，被诛，故援再世不显[2]。援三兄况、余、员，并有才能，王莽时皆为二千石。

【注释】

①坐兄何罗反：汉武帝时期，江充以巫蛊之事污蔑太子，太子被逼起兵，兵败后自杀，后来沉冤得雪，皇帝诛杀了江充以及他的同党。马何罗和江充交好，担心因此连累到自己，于是便策划谋反。马何罗想要行刺汉武帝，被金日磾发现，被杀。

②再世：两代。

【译文】

马援字文渊，扶风茂陵人。他的祖先赵奢曾经是赵国的将军，号称马服君，于是他的后世子孙便沿用了“马”这个姓氏。汉武帝时期，马氏家族出了一个二千石的官员，便从邯郸迁徙到京城。曾祖父马通，因为军功而被封为重合侯，后来因其兄长马何罗谋反而受牵连，被杀，所以马援的祖父和父亲两代的地位并不显赫。马援的三个哥哥马况、马余、马员，都是有才能的人，王莽时期都为二千石的官员。

【原文】

援年十二而孤，少有大志，诸兄奇之。尝受《齐诗》，意不能守章句，乃辞况，欲就边郡田牧。况曰：“汝大才，当晚成。良工不示人以朴，且从所好。”会况卒，援行服期年，不离墓所；敬事寡嫂，不冠不入庐。后为郡督邮，送囚至司命府，囚有重罪，援哀而纵之，遂亡命北地。遇赦，因留牧畜，宾客多归附者，遂役属数百家。转游陇汉间，常谓宾客曰：“丈夫为志，穷当益坚，老当益壮。”因处田牧[1]，至有牛、马、羊数千头，谷数万斛。既而叹曰：“凡殖货财产，贵其能施赈也，否则守钱虏耳。”乃尽散以班昆弟故旧[2]，身衣羊裘皮绔。

【注释】

①处：治理。

②班：赐予。

【译文】

马援十二岁时成了孤儿，他自幼就有大志，几个兄长对他也极为看重。他曾经拜师学习《齐诗》，但却无法剖析章句、解说经义，于是便和兄长马况辞别，想要去边境种田放牧。马况说："你有大才，应该是大器晚成。优秀的工匠不会给人观看还未加工好的东西，尚且依照你的想法去做吧。"只是这时马况却突然离世，马援为其服丧一年，没有离开马况的墓地住所；恭敬地侍奉寡嫂，不戴好帽子就不进入她的房间。后来马援任职郡督邮，要将囚犯送往司命府，囚犯犯下重罪，马援却因为哀怜他而将他放了，自己也逃到了北边的郡地。后来遇到天下大赦，马援因而留在边境饲养牲畜，有很多宾客都前来依附他。于是供他驱使的总共有几百家人。他在陇地、汉地间辗转，经常对宾客说："大丈夫要立志，越是在困难的境地就应该越坚强，越是年老就应该越壮烈。"于是开始治理田地、牧业，一直到牛、马、羊发展到了几千头，谷物几万斛。后又感叹道："凡是增殖财货，最难能可贵地就是可以施舍救济他人，否则就只是一个守财奴而已。"于是便散尽钱财赠给自己的兄弟和故旧，自己身上只穿着羊皮衣裤。

【原文】

王莽末，四方兵起，莽从弟卫将军林广招雄俊，乃辟援及同县原涉为掾①，荐之于莽。莽以涉为镇戎大尹，援为新成大尹。及莽败，援兄员时为增山连率②，与援俱去郡，复避地凉州③。世祖即位，员先诣洛阳，帝遣员复郡，卒于官。援因留西州④，隗嚣甚敬重之，以援为绥德将军，与决筹策。

【注释】

①辟：征召。

②增山连率：上郡太守，王莽时期，将上郡改为增山。

③避地：迁移到其他地方以躲避灾祸。

④西州：陕西。

【译文】

王莽末年，四方起兵，王莽的从弟卫将军王林大肆招募英雄才俊，于是便征召马援以及其同县人原涉为掾吏，并将他们举荐给王莽。王莽任命原涉为镇戎大尹，马援为新成大尹。等到王莽败亡后，马援的兄长马员当时任职增山连率，和马援一同离开了自己所在的郡县，前往凉州躲避灾祸。世祖光武帝即位后，马员先前往洛阳拜见，光武帝派遣马员返回原先的郡县继续做太守，最后死于任职期间。马援也因而留在西州，深受隗嚣的敬重，任命马援为绥德将军，和他一起商议决策。

【原文】

是时，公孙述称帝于蜀，嚣使援往观之。援素与述同里闬①，相善，以为既至当握手欢如平生②，而述盛陈陛卫③，以延援入，交拜礼毕，使出就馆，更为援制都布单衣、交让冠④，会百官于宗庙中，立旧交之位。述鸾旗旄骑⑤，警跸就车⑥，磬折而入⑦，礼飨官属甚盛，欲授援以封侯大将军位。宾客皆乐留，援晓之曰："天下雄雌未定，公孙不吐哺走迎国士⑧，与图成败，反修饰边幅⑨，如偶人形。此子何足久稽天下士乎⑩！"因辞归，谓嚣曰："子阳井底蛙耳，而妄自尊大，不如专意东方。"

【注释】

①里闬（hàn）：乡里。

②握手：拉手。古时候以握手的方式表示亲近或者是信任。

③陛卫：帝王的御前侍卫。

④都布：白叠布，质地比较粗厚。

⑤鸾旗：天子仪仗中的旗子。

⑥警跸（bì）：古时，帝王出入的时候，所经之处，路途两旁的侍卫都要清理道路，警戒安全。

⑦磬折：弯腰，谦恭的意思。

⑧吐哺：根据记载，周公一顿饭中要几次吐出口中的食物，以接待来访的宾客。代指要礼遇士人。

⑨边幅：指人的仪表。

⑩稽：留止。

【译文】

当时，公孙述在蜀地称帝，隗嚣派遣马援前去探察。马援和公孙述是同乡，关系也一向很好，以为既然到了那里就应该如旧友般握手言欢，而公孙述却让御前侍卫一列摆开，之后才让马援进入，互相作揖礼拜之后，便让马援离开皇宫前往使馆，并且还给马援制作了白叠布的单衣、交让冠，在宗庙中和百官相会，并设下旧交的位置。公孙述摆出皇帝的仪仗，直到警卫清理完道路两旁后才登车，恭敬地进入宗庙，依据礼节而很隆重地接待了属官，并想要给马援封侯并授予大将军的职位。宾客都很乐意留下，马援劝他们说："天下胜负尚未确定，公孙述并不如周公那般殷勤礼让迎接国中有才能之士，以共商成败，却反而注重礼仪外表，如同人偶一般。这样的人又如何能够长时间留住天下的名士呢！"因而辞别回去，对隗嚣说："公孙述就是一个井底之蛙，并且狂妄自大，不如专心向着东方。"

【原文】

建武四年冬，嚣使援奉书洛阳。援至，引见于宣德殿。世祖迎笑谓援曰："卿遨游二帝间，今见卿，使人大惭。"援顿首辞谢，因曰："当今之世，非独君择臣也，臣亦择君矣。臣与公孙述同县，少相善。臣前至蜀，述陛戟而后进臣①。臣今远来，陛下何知非刺客奸人，而简易若是②？"帝复笑曰："卿非刺客，顾说客耳。"援曰："天下反覆③，盗名字者不可胜数。今见陛下，恢廓大度④，同符高祖，乃知帝王自有真也。"帝甚壮之。援从南幸黎丘，转至东海。及还，以为待诏，使太中大夫来歙持节送援西归陇右。

【注释】

①陛戟：殿阶两侧的执戟侍卫。

②简易：疏略平易。

③反覆：动荡。

④恢廓：宽宏。

【译文】

建武四年冬，隗嚣派遣马援拿着书信前往洛阳。马援到达洛阳后，光武帝便在宣德殿召见了他。光武帝笑迎马援并对他说："你游移于两个皇帝之间，如今我才见到你，真是让人惭愧啊。"马援顿首辞谢，并说："如今的世道，并不仅仅是君主选择臣子，臣子也会选择君主。我和公孙述是同乡，年幼时交好。我之前前往蜀地，公孙述先摆列护卫阵势而后才召见了我。我今天远道而来，陛下又何以知道我不是刺客或者奸诈小人，而如此平易疏略地召见了我？"光武帝又笑着说："你不是刺客，而是说客。"马援说："天下动荡不安，盗用名号的人更是数不胜数。而今见到陛下，宽宏大度，和汉高祖一样，才知道也是有真正的帝王的。"光武帝很欣赏他。马援跟随光武帝到达南边的黎丘，之后又转而到达东海。等到马援要回去的时候，光武帝任命他为待诏，派遣太中大夫来歙拿着符节护送他西归陇右。

【原文】

隗嚣与援共卧起，问以东方流言及京师得失。援说嚣曰："前到朝廷，上引见数十，每接讌语，自夕至旦，才明勇略，非人敌也。且开心见诚，无所隐伏，阔达多大节，略与高帝同。经学博览，政事文辩，前世无比。"嚣曰："卿谓何如高帝？"援曰："不如也。高帝无可无不可①；今上好吏事，动如节度，又不喜饮酒。"嚣意不怿，曰："如卿言，反复胜邪？"然雅信援，故遂遣长子恂入质。援因将家属随恂归洛阳。居数月而无它职任。援以三辅地旷土沃，而所将宾客猥多②，乃上书求屯田上林苑中，帝许之。

【注释】

①无可无不可：大事小事不拘成见。

②猥多：众多。

【译文】

隗嚣和马援同睡同起，向马原询问关于东方的流言以及京城的得失。马援劝说隗嚣说："之前到朝廷，皇帝召见了我几十次，每次都接见聚谈，可以从晚上谈到早上，他的才略勇谋，不是一般人能够匹敌的。并且他心胸开明，没有什么隐藏，阔达而知大节，和高祖非常相似。陛下博览群书，治政能力、文采思辨，前世中没有可以和他相比的。”隗嚣说：“你为何觉得他比得上汉高祖呢？”马援说：“他当然不如汉高祖。汉高祖在大事小事上都不拘成见；而今陛下喜好治理政事，在行动上也比较有节制，又不喜欢饮酒。”隗嚣有些不开心，说：“如若像你所说的这样，他反而比汉高祖略胜一筹？”不过他素来信任马援，所以派遣长子隗恂前往京城为质。马援也因此带着家属跟随隗恂前往洛阳。在洛阳居住了几个月都没有担任任何官职。马援以三辅地区土地肥沃，自己所带宾客众多为由，上书请求光武帝准许他在上林苑中开垦田地，光武帝答应了。

【原文】

会隗嚣用王元计，意更狐疑，援数以书记责譬于嚣，嚣怨援背己，得书增怒，其后遂发兵拒汉。援乃上疏曰：“臣援自念归身圣朝，奉事陛下，本无公辅一言之荐，左右为容之助。臣不自陈，陛下何因闻之。夫居前不能令人轾①，居后不能令人轩，与人怨不能为人患，臣所耻也。故敢触冒罪忌，昧死陈诚。臣与隗嚣，本实交友。初，嚣遣臣东，谓臣曰：‘本欲为汉，愿足下往观之。于汝意可，即专心矣。’及臣还反，报以赤心，实欲导之于善，非敢谲以非义②。而嚣自挟奸心，盗憎主人③，怨毒之情遂归于臣。臣欲不言，则无以上闻。愿听诣行在所，极陈灭嚣之术，得空匈腹④，申愚策，退就陇亩，死无所恨。”帝乃召援计事，援具言谋画。因使援将突骑五千，往来游说嚣将高峻、任禹之属，下及羌豪，为陈祸福，以离嚣支党。

【注释】

①轾：车顶前倾的样子，比喻看重。

②谲：诡诈，欺骗。

③盗憎主人：奸恶之人憎恶正直之人。

④匈腹：胸襟。

【译文】

当时隗嚣采纳了王元的计策，对朝中已经起了怀疑，马援则几次写信责备劝说隗嚣，隗嚣便埋怨马援背叛了自己，得到了马援的书信后更是恼怒无比，之后便发兵抵抗汉室。于是马援上书说："我一心要归附于朝廷，侍奉陛下，原本就没有受到公辅的一句荐言，也没有左右之人的帮助。我如若不自我陈述，陛下又因何能够倾听我的心声。如若居前而无法令人看重，居后也不能令人重视，被他人怨恨而又成不了别人的祸患，这是我所耻辱的事情。所以斗胆触犯罪忌，冒死陈述我的忠诚。我和隗嚣，原本就是交情很深的朋友。当初，隗嚣派遣我来到东边，对我说：'原本就想着要归附汉室，请你前去观察。如果你也觉得可以，那么就能够专心侍奉了。'等到我从洛阳回去，将心里的想法全部上报给他，实际上是想要劝导他归善，并不敢存有不义之心而欺骗他。而隗嚣自己却藏有恶心，憎恶自己的君主，于是便将所有的怨恨都施加在我的身上。我如若不说出来，就无法将真相告诉给陛下。我愿意听从您的旨意，极力陈述消灭隗嚣的办法，得以说出我心中全部的话语，申述我愚笨的计策，然后便退守田间，死而无憾了。"于是光武帝便征召马援前来商议计策，马援将他的所有谋划全部说出来。光武帝因而派遣马援带领五千骑兵，在隗嚣的大将高峻、任禹之间来往游说，下至羌族豪杰之间，为他们陈述其中的利害、祸福，以离间隗嚣的党羽。

【原文】

八年，帝自西征嚣，至漆，诸将多以王师之重，不宜远入险阻，计冘豫未决①。会召援，夜至，帝大喜，引入，具以群议质之。援因说隗嚣将帅有土崩之势，兵进有必破之状。又于帝前聚米为山谷，指画形势，开示众军所从道径往来，分析曲折，昭然可晓。帝曰："虏在吾目中矣。"明旦，遂进军至第一，嚣众大溃。

【注释】

①冘豫：犹豫，迟疑。

【译文】

建武八年，光武帝亲自向西征讨隗嚣，到达漆地，各位将士大多因为帝王之师比较贵重，而不适合远途跋涉而进入险阻地带，所以一直犹豫不决。恰逢应召而来的马援，在半夜时分赶到了，光武帝很高兴，便召见了他，并以群臣商议的事情向他询问意见。马援因此说隗嚣的大将有土崩瓦解的势头，出兵一定能够攻破他们。又在光武帝的面前将米堆积成山谷的形状，指点着现在的形势，并示意各个部队进攻的路径，分析其中的曲折，可以说是一目了然。光武帝说："敌军都已经在我的眼里了。"于是第二天早上进军到第一城，隗嚣部队溃败。

【原文】

九年，拜援为太中大夫，副来歙监诸将平凉州。自王莽末，西羌寇边，遂入居塞内，金城属县多为虏有。来歙奏言陇西侵残，非马援莫能定。十一年夏，玺书拜援陇西太守。援乃发步骑三千人，击破先零羌于临洮①，斩首数百级，获马、牛、羊万余头。守塞诸羌八千余人诣援降，诸种有数万，屯聚寇抄，拒浩亹隘。援与扬武将军马成击之。羌因将其妻子辎重移阻于允吾谷，援乃潜行间道，掩赴其营②。羌大惊坏，复远徙唐翼谷中，援复追讨之。羌引精兵聚北山上，援陈军向山，而分遣数百骑绕袭其后，乘夜放火，击鼓叫噪，虏遂大溃，凡斩首千余级。援以兵少，不得穷追，收其谷粮畜产而还。援中矢贯胫，帝以玺书劳之，赐牛、羊数千头，援尽班诸宾客。

【注释】

①先零羌：汉代羌族的一支。

②掩赴：乘其不备而到达。

【译文】

建武九年，光武帝任命马援为太中大夫，辅佐来歙监督各个将领平定凉州。自从王莽末年以来，西羌敌寇侵扰边境，后又在边塞内定居，金城的各个县属大都被敌军占领。来歙上奏说陇西地区遭到侵残，非马援无法

平定。建武十一年夏，光武帝下发玺书任命马援为陇西太守。于是马援便征调三千步兵、骑兵，在临洮击破先零羌的军队，斩杀敌军几百人，缴获马、牛、羊上万头。在边塞驻守的八千多羌族兵士都前来归降马援，羌族部落总有几万人马，经常屯聚在一起烧杀掠夺，据守浩亹关隘。马援和扬武将军马成合力击杀他们。羌人也因此将他们的妻儿、辎重转移到允吾谷，于是马援便悄悄从小路进兵，趁着敌军不备出击。羌人惊恐万分，又迁徙到更远的唐翼谷中，马援又带兵追击。羌人带着精兵聚集在北山上，马援将军队陈列在北山下，而后又分派几百骑兵偷袭敌军的后方，趁夜放火，击鼓叫噪，敌军溃败，被杀的有上千人。马援因为兵力少，无法继续追赶，只能收缴敌军的谷粮、牲畜以及其他的财产便返回了。马援的小腿也被箭矢射伤，光武帝下发玺书慰劳他，赏赐了几千头牛、羊，马援将它们全部分给了宾客。

【原文】

是时，朝臣以金城破羌之西，涂远多寇，议欲弃之。援上言，破羌以西城多完牢，易可依固；其田土肥壤，灌溉流通。如令羌在湟中，则为害不休，不可弃也。帝然之，于是诏武威太守，令悉还金城客民。归者三千余口，使各反旧邑。援奏为置长吏，缮城郭，起坞候[①]，开导水田，劝以耕牧，郡中乐业。又遣羌豪杨封譬说塞外羌，皆来和亲。又武都氐人背公孙述来降者，援皆上复其侯王君长，赐印绶，帝悉从之。乃罢马成军。

【注释】

①坞（wù）候：防御用的土堡。

【译文】

当时，朝臣以金城破羌县的西部路途遥远而又多贼寇为由，想要放弃那个地方。马援上书，破羌县的西部大多都是比较完好牢固的城池，容易依附加固；那里的田地比较肥沃，灌溉便利。如若任凭羌人在湟中地区活动，那么危害将不会休止，那个地方不能丢弃。光武帝赞同，便下诏给武威太守，命令他遣返所有在金城居住的百姓。遣返的有三千多人，让他们回到了各自的旧邑。马援上奏希望为那个地方设置长吏，修缮城郭，筑起土堡，开导水田，鼓励耕种放牧，郡中的百姓安居乐业。又派遣羌族豪杰杨封去游说塞外的羌人，都前来亲附。又有武都的氐人背离公孙述前来归降，马援都上书请求恢复他们侯王君长的称号，赏赐印绶，光武帝都听从了。于是便将马成率领的军队撤回。

【原文】

十三年，武都参狼羌与塞外诸种为寇，杀长吏。援将四千余人击之，至氐道县，羌在山上，援军据便地[①]，夺其水草，不与战，羌遂穷困，豪帅数十万户亡出塞，诸种万余人悉降，于是陇右清静。

【注释】

①便地：地形便利。

【译文】

建武十三年，武都郡的参狼羌与塞外的各个部落联合作乱，杀了郡里的长官。马援率领四千多人前去攻打他们，到达氐道县，羌人驻扎在山上，马援的军队便依据有利地形，截断了他们的水草供应，并不出兵作战，羌人陷入穷困的境地，其首领只能带着几十万户羌人逃出塞外，其他部落投降的有上万人，于是陇右地区就此清静了。

【原文】

援务开恩信，宽以待下，任吏以职，但总大体而已。宾客故人，日满其门。诸曹时白外事，援辄曰："此丞、掾之任，何足相烦。颇哀老子，使得遨游。若大姓侵小民，黠羌欲旅距[1]，此乃太守事耳。"傍县尝有报仇者，吏民惊言羌反，百姓奔入城郭。狄道长诣门，请闭城发兵。援时与宾客饮，大笑曰："烧虏何敢复犯我[2]。晓狄道长归守寺舍[3]，良怖急者，可床下伏。"后稍定，郡中服之。视事六年[4]，征入为虎贲中郎将。

【注释】

①旅距：聚众抗拒。

②烧虏：羌人的一支，即烧羌。

③寺舍：官舍。

④视事：就职治事。

【译文】

马援开明诚信，对下属比较宽容，能够将职权放给下属，而自己则只是掌握大局罢了。宾客故人，每天都挤满了他的门口。有部下给他禀报外面的事宜，马援立即便说："这是属丞、掾吏的职责所在，又何须劳烦我呢。你们如若爱惜我，就给我多点空间。如若大姓侵扰百姓，狡猾的羌人想要聚众抗拒，这才是属于太守的职责。"周围的县里有个人想要报仇，百姓官吏都惊慌地说是羌人造反，奔入城郭避难。狄道县令进门拜见，请求关闭城门、出兵镇压。当时马援正和宾客饮酒，听说后大笑道："烧羌之人哪来的胆子敢再侵犯我。告诉狄道的县长回到自己的官府，如若真的感到惶恐不安，可以躲在床底下。"后来局势慢慢平定下来，郡中的人都非常敬服他。马援在那里治事六年，后被征召回去任职虎贲中郎将。

【原文】

初，援在陇西上书，言宜如旧铸五铢钱。事下三府[1]，三府奏以为未可许，事遂寝[②]。及援还，从公府求得前奏，难十余条，乃随牒解释，更具表言。帝从之，天下赖其便。援自还京师，数被进见。为人明须发，眉目如画，闲于进对[③]，尤善述前世行事。每言及三辅长者，下至闾里少年，皆可观听。自皇太子、诸王侍闻者，莫不属耳忘倦。又善兵策，帝常言"伏波论兵，与我意合"，每有所谋，未尝不用。

【注释】

①三府：汉朝的制度，三公都可以开府，所以也将三公称之为三府。

②寝：废置。

③闲：通"娴"，熟习。

【译文】

起初，马援在陇西上书，说应该和旧制一样铸造五铢钱。光武帝将这件事情交给三府办理，三府又上奏这件事情不可以允许，事情便这样废置下来。等到马援从陇西回来，又从公府那里要回了之前的奏本，有十几条他人提出的责难，于是又在简牍上一一作了解释，再次向光武帝详细叙述了自己的想法。光武帝采纳了他的建议，天下人也从中得到了便利。马援自从回到京城，光武帝曾几次召见他。马援须发分明，眉目如画，熟习进献对策，尤其擅长讲述前代的故事。他所谈的上到三辅的长者，下到乡里的少年，都可以听到。从皇太子到陪侍的诸侯，但凡听他讲话莫不是集中倾听而就此忘了疲倦。马援又擅长用兵策略，光武帝时常说"伏波（马援）谈论用兵之道，经常和我不谋而合"，马援每次所谋略的事情，没有不被采纳的。

【原文】

又交阯女子徵侧及女弟徵贰反，攻没其郡，九真、日南、合浦蛮夷皆应之，寇略岭外六十余城，侧自立为王。于是玺书拜援伏波将军，以扶乐侯刘隆为副，督楼船将军段志等南击交阯。军至合浦而志病卒，诏援并将其兵。遂缘海而进，随山刊道千余里[①]。十八年春，军至浪泊上，与贼战，破之，斩首数千级，降者万余人。援追徵侧等至禁谿，数败之，贼遂散走。明年正月，斩徵侧、徵贰，传首洛阳。

【注释】

①刊道：砍伐树木为路。

【译文】

又有交阯郡女子徵侧以及她的妹妹徵贰叛乱，占领了这个郡，九真、日南、合浦地区的蛮夷都纷纷起兵响应，进犯南岭之外的六十多座城池，徵侧自立为王。于是光武帝下玺书任命马援为伏波将军，任命扶乐侯刘隆为副将，带领楼船将军段志等人南进攻打交阯。军队行至合浦而段志却因病离世，诏令马援一并统领他的兵力。于是军队沿着海岸继续前行，随山砍伐树木开道达一千多里。建武十八年春，军队行至浪泊上，和贼兵开战，大破贼人，斩杀敌军几千人，投降的有上万余人。马援带兵追赶徵侧等人到达禁谿，几次将他们打败，于是贼人四处溃散而逃。第二年正月，斩杀徵侧、徵贰，将她们的头颅送回洛阳。

【原文】

封援为新息侯，食邑三千户。援乃击牛酾酒，劳飨军士。从容谓官属曰："吾从弟少游常哀吾慷慨多大志，曰：'士生一世，但取衣食裁足，乘下泽车[1]，御款段马，为郡掾史，守坟墓，乡里称善人，斯可矣。致求盈余，但自苦耳。’当吾在浪泊、西里间，虏未灭之时，下潦上雾，毒气重蒸，仰视飞鸢跕跕堕水中[2]，卧念少游平生时语，何可得也！今赖士大夫之力，被蒙大恩，猥先诸君纡佩金紫，且喜且惭。”吏士皆伏称万岁。

【注释】

①下泽车：适宜在沼泽地行驶的轻便车。

②跕跕（dié dié）：坠落的样子。

【译文】

光武帝册封马援为新息侯，食邑三千户。马援便宰牛、置办美酒，犒劳军士。他很从容地对属官说：“我的从弟马少游经常哀叹我是一个慷慨激昂而又胸怀大志之人，说：‘人活一世，只求可以丰衣足食，能够乘坐轻便的马车，可以驾驭迟缓的马匹，能够为郡掾史，守着先祖的坟墓，被乡里人称善，就可以了。如若力求多余的事物，就属于自找苦吃了。’当初我在浪泊、西里之间游移，敌军还没有消灭，脚下淌着积水、上面罩着浓雾，毒气重重，抬头就可以看到坠落在水中的飞鸟，在床上躺着时就会想起少游平日里所说的话，可是又如何得到那样的生活呢！而今依仗士大夫们的力量，又蒙受皇上的恩典，竟然领先各位而戴上了金印紫绶，心里既高兴又惭愧。”将士们都伏在地上高呼万岁。

【原文】

援将楼船大小二千余艘，战士二万余人，进击九真贼徵侧余党都羊等，自无功至居风，斩获五千余人，峤南悉平[1]。援奏言西于县户有三万二千，远界去庭千余里，请分为封溪、望海二县，许之。援所过辄为郡县治城郭，穿渠灌溉，以利其民。条奏越律与汉律驳者十余事，与越人申明旧制以约束之，自后骆越奉行马将军故事[2]。二十年秋，振旅还京师，军吏经瘴疫死者十四五。赐援兵车一乘，朝见位次九卿。

【注释】

①峤南：岭南。

②骆越：古时候的种族名，今云南、贵州、广西之间。

【译文】

马援带着两千多艘大大小小的楼船，两万多名战士，攻打九真郡的贼人徵侧的余党都羊等人，从无功到达居风，斩杀了五千多贼人，峤南地区全部被平定了。马援上奏说西于县总共有三万二千户人家，最远的边界距离有一千多里，请求分为封溪、望海两个郡县，光武帝答应了。马援每经过一个郡县便为他们修缮城郭，开凿灌溉渠道，以利于百姓的生活。马援又上奏列出了越律和汉律相矛盾的地方有十几处，又与越人申明旧例以约束他们，自此之后骆越人一直都遵守马将军定下的规则。建武二十年秋，马援休整军队返回京师，将士们因为瘴气瘟疫而死的有十分之四五。光武帝赏赐给马援一乘兵车，朝见时也位于九卿之后。

【原文】

初，援军还，将至，故人多迎劳之。平陵人孟冀，名有计谋，于坐贺援。援谓之曰："吾望子有善言，反同众人邪？昔伏波将军路博德开置七郡①，裁封数百户；今我微劳，猥飨大县，功薄赏厚，何以能长久乎？先生奚用相济？"冀曰："愚不及。"援曰："方今匈奴、乌桓尚扰北边，欲自请击之。男儿要当死于边野，以马革裹尸还葬耳，何能卧床上在儿女子手中邪！"冀曰："谅为烈士，当如此矣。"

【注释】

①伏波将军路博德开置七郡：汉武帝时期，南越王相吕嘉叛乱，命路博德为伏波将军，征讨南越，平定后分置南海、珠崖、桂林等九郡。此处"七"应该是误写。

【译文】

起初，马援带兵返回，快要到达京城的时候，他的老朋友大多出城迎接慰劳他。平陵人孟冀，以计谋闻名，也前来恭贺马援。马援对他说："我希望您可以说出好的谋划，为何反而和众人一样呢？昔日伏波将军路博德设置了七个郡县，才给他食邑几百户的待遇；而今我功劳微薄，却食邑众多大县，功劳微薄而恩赏厚重，如何又能长久呢？先生您又该如何帮助我呢？”孟冀说：“我没有办法。”马援说：“如今匈奴、乌桓尚且还在侵扰北方边境，我想要上书请求带兵攻打他们。男儿应该死于边疆荒草之地，用马革裹尸的方式安葬，又怎能卧在床上而死于妻儿的面前呢！”孟冀说：“真正的大丈夫，应该这样做。”

【原文】

明年秋，援乃将三千骑出高柳，行雁门、代郡、上谷障塞。乌桓候者见汉军至，虏遂散去，援无所得而还。

援尝有疾，梁松来候之，独拜床下，援不答。松去后，诸子问曰：“梁伯孙帝婿，贵重朝廷，公卿已下莫不惮之，大人奈何独不为礼？”援曰：“我乃松父友也①。虽贵，何得失其序乎？”松由是恨之。

【注释】

①我乃松父友也：我是梁松父亲梁统的朋友。

【译文】

第二年秋天，马援带着三千骑兵从高柳出发，向雁门、代郡、上谷障塞等地行进。乌桓的探子看到汉军到了，纷纷溃散而去，马援又空手而还。

马援曾经生了一场病，梁松前来探望，并独自拜在他的床前，马援没有回礼。梁松离开后，人们都问他：“梁松是皇帝的女婿，在朝中身份显贵，公卿之下的官员没有不畏惧他的，而您为何不回礼呢？”马援说：“我是梁松父亲的朋友。梁松的身份虽然显贵，但怎么能因此失了长幼秩序？”梁松因此痛恨马援。

【原文】

二十四年，武威将军刘尚击武陵五溪蛮夷，深入，军没，援因复请行。时年六十二，帝愍其老，未许之。援自请曰：“臣尚能披甲上马。”帝令试之。援据鞍顾眄①，以示可用。帝笑曰："矍铄哉是翁也②！"遂遣援率中郎将马武、耿舒、刘匡、孙永等，将十二郡募士及弛刑四万余人征五溪③。援夜与送者诀，谓友人谒者杜愔曰："吾受厚恩，年迫余日索，常恐不得死国事。今获所愿，甘心瞑目，但畏长者家儿或在左右④，或与从事，殊难得调，介介独恶是耳。"明年春，军至临乡，遇贼攻县，援迎击，破之，斩获二千余人，皆散走入竹林中。

【注释】

①据鞍：跨在马上。顾眄（gù miǎn）：左顾右盼。

②矍（jué）铄：目光炯炯，精神抖擞。

③募士：招募而来的士兵。

④长者家儿：权要子弟。

【译文】

建武二十四年，武威将军刘尚带兵攻打武陵郡的五溪蛮夷，深入敌军后，却惨遭全军覆没，马援因而再次请求出兵作战。当时马援已经六十二岁，光武帝考虑到他年事已高，没有应允。马援又亲自请求说："我尚且还能够披甲上马。”光武帝下令让他先去尝试一下。马援便跨上马左顾右盼，以表示自己依然可以任用。光武帝笑着说：“你这个老人家依然精神抖擞啊！”于是便派遣马援率领中郎将马武、耿舒、刘匡、孙永等人，带领十二个郡中招募而来的兵士以及免除刑罚的罪犯共四万多人征讨五溪。马援夜间和前来送行的人诀别，对自己的朋友谒者杜愔说：“我深受皇上的厚爱，年岁日近、余日不多，我经常担心不能死于国事之上。而今终于得偿所愿，即便是死了也会甘心瞑目，但我担心有些权要子弟在我左右，或者是和我一同共事，到时候很难协调，这是我最为厌恶的事情。”第二年春天，马援的大军行至临乡，遭遇贼人攻打县城，马援迎面出击，大破贼军，斩杀两千多人，其余的都逃进了竹林里。

【原文】

初，军次下隽，有两道可入，从壶头则路近而水崄[1]，从充则涂夷而运远，帝初以为疑。及军至，耿舒欲从充道，援以为弃日费粮，不如进壶头，扼其喉咽，充贼自破。以事上之，帝从援策。

【注释】

①崄（xiǎn）：险要。

【译文】

起初，军队在下隽驻扎，有两条路可以走，从壶头走则路途近但水势却比较险阻，从充县走则路途远但道路平坦，当初光武帝也是犹疑不决。等到大军到达，耿舒想要从充县走，马援则认为这样会浪费时间和粮食，不如从壶头行军，扼其要塞，充县的贼人也就不攻自破。向光武帝请示了这件事情后，光武帝依从了马援的策略。

【原文】

三月，进营壶头。贼乘高守隘，水疾，船不得上。会暑甚，士卒多疫死，援亦中病[1]，遂困，乃穿岸为室，以避炎气。贼每升险鼓噪，援辄曳足以观之，左右哀其壮意，莫不为之流涕。耿舒与兄好畤侯弇书曰：“前舒上书当先击充，粮虽难运而兵马得用，军人数万争欲先奋。今壶头竟不得进，大众怫郁行死②，诚可痛惜。前到临乡，贼无故自致，若夜击之，即可殄灭③。伏波类西域贾胡④，到一处辄止，以是失利。今果疾疫，皆如舒言。”弇得书，奏之。帝乃使虎贲中郎将梁松乘驿责问援，因代监军。会援病卒，松宿怀不平，遂因事陷之。帝大怒，追收援新息侯印绶。

【注释】

①中病：生病。

②怫（fú）郁：忧郁。

③殄（tiǎn）灭：消灭。

④贾胡：做生意的胡人。

【译文】

三月，全军向壶头进发。贼兵依仗高处而坚守关隘，水流湍急，无法行船。当时暑天酷热，很多兵士都死于疾病，马援也生病了，于是全军疲乏，便在岸边凿洞作为居所，以此躲避炎热的天气。每次贼兵登高击鼓呐喊的时候，马援立即拖着病躯前去观望，左右之人哀叹他的此番壮举，没有不为他流泪的。耿舒和他的兄长好畤侯耿弇写信说：“先前我上书请求先攻打充县，虽然粮食很难运输但兵马却可以用得上，军中几万人都想要奋勇当先。而今行军壶头却无法继续前进，大批兵士忧郁不已而将要死去，实在是让人痛惜不已。之前到达临乡，敌人无故送上门来，如若连夜攻打他们，就可以将他们全部消灭。而伏波却如同西域的商人，到一处地方后就停留下来，才造成如今的失利局面。而今果然碰到了瘟疫疾病，都如我之前说的那样。”耿弇得到了书信，上报给光武帝。于是光武帝派遣虎贲中郎将梁松乘坐驿站的车马前去责问马援，并让他代理监军的职责。恰好马援此时因病去世，梁松对他又心怀不满，于是便趁机诬陷他。光武帝大为恼怒，将马援的新息侯印绶追收了回来。

【原文】

初，援在交阯，常饵薏苡实，用能轻身省欲①，以胜瘴气。南方薏苡

实大，援欲以为种，军还，载之一车。时人以为南士珍怪，权贵皆望之。援时方有宠，故莫以闻。及卒后，有上书谮之者，以为前所载还，皆明珠文犀。马武与於陵侯侯昱等皆以章言其状，帝益怒。援妻孥惶惧，不敢以丧还旧茔，裁买城西数亩地槁葬而已②。宾客故人莫敢吊会。严与援妻子草索相连，诣阙请罪。帝乃出松书以示之，方知所坐，上书诉冤，前后六上，辞甚哀切，然后得葬。

【注释】

①轻身：使身体轻便。

②槁（gǎo）葬：草草埋葬。

【译文】

当时，马援在交阯的时候，经常食用薏米，常用能够轻身省欲，能够抵抗瘴气。南方的薏米仁比较大，马援想要带回去耕种，军队返京的时候，他就运载了一车回去。当时的人将此看作是南方出产的珍奇宝物，所以权贵们都纷纷责怪马援。当时马援正当宠，所以并没有人敢当面说这件事情。等到马援去世后，有人上书诋毁他，说他之前从南方运载回来的都是明珠和有纹饰的犀牛角。马武和於陵侯侯昱等人纷纷上书说明实情，光武帝更加恼怒了。马援的妻儿终日惶恐不安，不敢将马援安葬在祖坟，于是便买下城西的几亩田地草草埋葬了。马援的宾客、故人都没人敢前来吊念。马严和马援的妻儿用草绳将他们自身捆在一块，前往朝中请罪。光武帝便将梁松的奏折拿给他们看，他们才知道了马援获罪的原因，后又上书申冤，前后上书六次，言辞哀切之至，然后才得以安葬马援。

梁冀列传

【题解】

在东汉王朝中，外戚专权时间最长、危害最大的莫过于梁冀家族了。梁冀自小就不学无术，凭借自己皇亲国戚的贵族身份为所欲为。顺帝时期，更是官拜大将军，奢侈无度，滥用职权，草菅人命，其罪行可谓罄竹难书。梁冀专权二十多年，将东汉王朝搅得乌烟瘴气，最后桓帝对其忍无可忍，和其他官员合谋，将梁氏一族铲除。

【原文】

冀字伯卓。为人鸢肩豺目①，洞精矘眄，口吟舌言②，裁能书计。少为贵戚，逸游自恣。性嗜酒，能挽满、弹棋、格五、六博、蹴鞠、意钱之戏③，又好臂鹰走狗④，骋马斗鸡。初为黄门侍郎，转侍中、虎贲中郎将，越骑、步兵校尉，执金吾。

【注释】

①鸢肩：双肩上耸的样子。豺目：像豺一般竖立的眼睛。

②口吟：嘴巴紧闭。舌言：说话模糊不清。

③挽满：拉满强弓。弹棋：古时一种博戏。格五：古时的一种格子戏。六博：古时一种掷彩下棋的比赛游戏。意钱：猜钱。

④臂鹰：泛指打猎或者是嬉戏。走狗：放狗狩猎。

【译文】

梁冀字伯卓。长得鸢肩豺目，斜眼、眼光总是直勾勾的，嘴巴紧闭、言辞不清，勉勉强强可以写下几个字。梁冀自幼就是皇亲国戚，生活安逸放纵。生性喜好饮酒，会挽满、弹棋、格五、六博、蹴鞠、意钱等之类的游戏，又喜欢带着老鹰、猎犬外出狩猎，喜欢骑马斗鸡。最初为黄门侍郎，后又升任侍中、虎贲中郎将，越骑、步兵校尉，执金吾。

【原文】

永和元年，拜河南尹。冀居职暴恣，多非法，父商所亲客洛阳令吕放，颇与商言及冀之短[①]，商以让冀，冀即遣人于道刺杀放。而恐商知之，乃推疑于放之怨仇，请以放弟禹为洛阳令，使捕之，尽灭其宗亲、宾客百余人。

【注释】

①颇：略微。

【译文】

永和元年，梁冀任职河南尹。梁冀在任职期间行为残暴、肆意妄为，多行非法之事，他的父亲梁商所亲近的宾客洛阳县令吕放，略微和梁商说了一些梁冀的缺点，梁商因此斥责梁冀，梁冀即刻派人在路旁刺杀了吕放。后又担心被梁商知道，便将此嫁祸给吕放的仇家，并请求任命吕放的弟弟吕禹任职洛阳县令，又派人抓捕吕放的仇家，灭掉了他的宗亲、宾客等一百多人。

【原文】

商薨未及葬，顺帝乃拜冀为大将军[①]，弟侍中不疑为河南尹。及帝崩，冲帝始在襁褓，太后临朝，诏冀与太傅赵峻、太尉李固参录尚书事。冀虽辞不肯当，而侈暴滋甚。冲帝又崩，冀立质帝。帝少而聪慧，知冀骄横，尝朝群臣，目冀曰："此跋扈将军也。"冀闻，深恶之，遂令左右进鸩加煮饼[②]，帝即日崩。复立桓帝，而枉害李固及前太尉杜乔，海内嗟惧……建和元年，益封冀万三千户，增大将军府举高第茂才，官属倍于三公。又封不疑为颍阳侯，不疑弟蒙西平侯，冀子胤襄邑侯，各万户。和平元年，重增封冀万户，并前所袭合三万户。

【注释】

①大将军：汉朝将军的最高称谓，大多都是由皇亲国戚担任。

②煮饼：汤面。

【译文】

梁商去世后还没有来得及下葬，顺帝便任命梁冀为大将军，他的弟弟侍中梁不疑为河南尹。等到顺帝驾崩，冲帝还在襁褓之中，太后掌管朝政，诏令梁冀与太傅赵峻、太尉李固总领尚书事宜。虽然梁冀一直推辞不肯接受，但性情却更加奢侈残暴了。冲帝又驾崩，梁冀拥立质帝。质帝年幼但非常聪慧，心知梁冀是骄横之人，曾经朝见群臣，看着梁冀说："这是跋扈将军。"梁冀听了后，很是痛恶他，便命令左右之人将毒药放入质帝的汤面中，质帝当天就驾崩了。梁冀又拥立桓帝，而又枉杀了李固及前太尉杜乔，天下的人都叹息惊惧……建和元年，又加封梁冀食邑三千户，增加大将军府推举贤才的权力，属官更是三公的两倍。又任命梁不疑为颍阳侯，梁不疑的弟弟梁蒙为西平侯，梁冀的儿子梁胤为襄邑侯，各自食邑一万户。和平元年，又增加梁冀食邑万户，加上之前的封赏已经有三万户了。

【原文】

其四方调发①，岁时贡献，皆先输上第于冀②，乘舆乃其次焉。吏人赍货求官请罪者，道路相望。冀又遣客出塞，交通外国，广求异物。因行道路，发取伎女御者③，而使人复乘势横暴，妻略妇女，殴击吏卒，所在怨毒④。

【注释】

①调发：征发。

②上第：第一等。

③伎女：女歌舞艺人。

④怨毒：怨恨。

【译文】

从四方征发来的物品，四季进贡的贡品，都要先把第一等的东西送给梁冀，皇帝只能得到次等的东西。那些请求为官的以及请求开释罪名的人，在道路边相互张望。梁冀又派遣宾客出塞，和外国交通，大量搜罗奇珍异宝。在出行的路上，也随意选择歌舞艺人随行，这些下属又仗势施暴，强奸霸占妇女，殴打小官，所到之处人们都对其怨恨不已。

【原文】

冀乃大起第舍，而寿亦对街为宅，殚极土木，互相夸竞。堂寝皆有阴阳奥室①，连房洞户。柱壁雕镂，加以铜漆，窗牖皆有绮疏青琐，图以云气仙灵。台阁周通，更相临望；飞梁石蹬，陵跨水道。金玉珠玑，异方珍怪，充积臧室。远致汗血名马。又广开园囿，采土筑山，十里九坂，以像二崤，深林绝涧，有若自然，奇禽驯兽，飞走其间。冀、寿共乘辇车，张羽盖，饰以金银，游观第内，多从倡伎，鸣钟吹管，酣讴竟路。或连继日夜，以骋娱恣。客到门不得通，皆请谢门者，门者累千金。又多拓林苑，禁同王家，西至弘农，东界荥阳，南极鲁阳，北达河、淇，包含山薮，远带丘荒，周旋封域②，殆将千里。又起菟苑于河南城西，经亘数十里③，发属县卒徒，缮修楼观，数年乃成。移檄所在，调发生菟，刻其毛以为识，人有犯者，罪至刑死。尝有西域贾胡，不知禁忌，误杀一兔，转相告言，坐死者十余人。冀二弟尝私遣人出猎上党，冀闻而捕其宾客，一时杀三十余人，无生还者。冀又起别第于城西，以纳奸亡。或取良人，悉为奴卑，至数千人，名曰“自卖人”。

【注释】

①奥室：内室。

②封域：领地。

③经亘：连接。

【译文】

于是梁冀便大肆建造房舍，孙寿也在对街建筑房屋，土木工匠殚精竭虑，相互竞争夸耀。大堂的寝室也都有暗道通往内室，每个房间都是可以相通的。柱子墙壁上都雕镂图案，然后再镀一层铜漆，所有的窗户都雕刻成空心花纹并装饰成青色连环花纹，以云气缭绕的仙灵图案为主。台阁四周相通，能够交互相应；桥梁高悬、石阶横跨水面。金玉珠玑，各方的奇珍异宝，充满仓库。甚至还有从远方送来的汗血宝马。梁冀还广开苑囿，挖土堆筑成山，十里内有九个山坡，以此模仿崤山的走势，茂密的森林和险要的山涧，仿若天成，奇珍异兽，在其间飞行奔跑。梁冀、孙寿同乘一辆辇车，撑开羽毛制作的伞盖，上面装饰着金银，在府邸内游玩观赏，后面还跟着很多倡伎，鸣钟吹管，一路高歌。有时连续几个日夜，尽情地寻欢作乐。宾客来到门前无法得到通报，都拜谢恳请门人，门人也收集了大量财物。之后又开拓了大量的林苑，犹如皇家一样，西到弘农，东到荥阳，南到鲁阳，北到黄河、淇河，包括深山，丘陵荒地，林苑所覆盖的领地，达近千里。又在河南城西修建了一座兔苑，面积有几十里，发动了属县的全部工匠，修葺楼观，花了几年的时间才筑成。又下发文书到各个属县，命人征调县内所有的活兔，并将这些兔子都剪掉一部分毛以此作为标识，如若有谁触犯了这些兔子，谁就会处死刑。曾经有一个来自西域的胡商，误杀了一只兔子，这件事情几经辗转相告，受牵连而被叛死罪的竟然有十几个人。梁冀的两个弟弟曾经派人前往上党山打猎，梁冀听说后便逮捕了他们的宾客，仅这一次便诛杀三十多人，没有一个生还者。梁冀又在城西建了另一座府邸，为了收纳奸邪亡命之人。有时候也会逮捕良民，将他们全部充当奴婢，人数达到几千人，将他们称作“自卖人”。

【原文】

元嘉元年，帝以冀有援立之功，欲崇殊典，乃大会公卿，共议其礼。于是有司奏冀入朝不趋，剑履上殿，谒赞不名，礼仪比萧何；悉以定陶、成阳余户增封为四县，比邓禹；赏赐金钱、奴婢、彩帛、车马、衣服、甲第，比霍光，以殊元勋。每朝会，与三公绝席①。十日一入，平尚书事。宣布天下，为万世法。冀犹以所奏礼薄，意不悦。专擅威柄，凶恣日积，机事大小，莫不咨决之。宫卫近侍，并所亲树。禁省起居，纤微必知。百官迁召，皆先到冀门笺檄谢恩，然后敢诣尚书。

【注释】

①绝席：不同坐。

【译文】

元嘉元年，桓帝因为梁冀有援立之功，想要以特别的礼遇来显示他尊崇的地位，于是便召集公卿，共同商议这件事情。于是有人上奏梁冀入朝可以不用小步快走，能够在殿前佩剑穿鞋，在皇帝面前可以不用自称名，礼仪和萧何同等；又把定陶、成阳剩余的编户全部封赏给梁冀，让他的食邑增加到四个县，和邓禹一样；又赏赐给他大量的金钱、奴婢、采帛、车马、衣服、甲第，和霍光同等：以此来彰显他的功勋。每次朝会，梁冀都不和三公同席。十天入一次朝，平议尚书事宜。并将这些诏告天下，成为万世的法制。（即便这样）梁冀还认为他们上奏的礼遇太微薄，心里很不高兴。他行事专横、玩弄权威，一天比一天残暴，大小事务，没有一件不征询他的建议再决定的。宫卫近侍，也都是他亲自安排的。宫里的日常起居，哪怕是纤微的事情他也必须知道。百官的升迁事宜，也都要先到梁冀的门前递上笺记书札谢恩，然后才敢去尚书省。

【原文】

时郎中汝南袁著，年十九，见冀凶纵，不胜其愤，乃诣阙上书……书得奏御，冀闻而密遣掩捕著。著乃变易姓名，后托病伪死，结蒲为人，市棺殡送。冀廉问知其诈，阴求得，笞杀之，隐蔽其事。学生桂阳刘常，当世名儒，素善于著，冀召补令史以辱之。时太原郝絜、胡武，皆危言高论，与著友善。先是，絜等连名奏记三府，荐海内高士，而不诣冀，冀追怒之，又疑为著党，敕中都官移檄捕前奏记者并杀之①，遂诛武家，死者六十余人。絜初逃亡，知不得免，因舆榇奏书冀门②。书入，仰药而死，家乃得全。及冀诛，有诏以礼祀著等。冀诸忍忌，皆此类也。

【注释】

①中都官：汉代京师各个官署的总称。

②舆榇（chèn）：将棺材装在车上，以表决心。

【译文】

当时，郎中汝南袁著，年仅十九岁，见梁冀凶残放纵，无法压制自己内心的怒火，便上书……奏书得以呈递，梁冀听说这件事后便秘密派人逮捕袁著。于是袁著改名换姓，后又称病假死，用蒲草编了一个假人，买来一口棺材将其殡葬。梁冀查问知道这件事情有诈，便暗中派人搜捕袁著，找到后便用竹板将他打死了，并悄悄隐瞒了这件事情。学者桂阳人刘常，是当时很有名望的大儒，素来和袁著交好，梁冀便任命他为令史以此来羞辱他。当时，太原郝絜、胡武，都是直言阔论之人，也都和袁著交好。先前，郝絜等人联名上书三府，给他们举荐天下间的名士，而没有通报给梁冀，梁冀再次想到这件事情非常恼怒，又怀疑他们是袁著的同党，然后便给京都各官署下发文书逮捕之前奏请的那些人并将他们杀掉，后来便诛杀

了胡武全家，死者有六十多人。刚开始郝絜还逃亡在外，后来知道无法幸免，便亲自拉着棺材前去梁冀门前上书。奏书送进府内后，郝絜喝药而死，由此也得以保全了他的家族。等到梁冀被诛杀的时候，皇帝下诏要厚葬袁著等人。梁冀所行的残忍忌讳的事情，大多都诸如此类了。

【原文】

永兴二年，封不疑子马为颍阴侯，胤子桃为城父侯。冀一门前后七封侯，三皇后，六贵人，二大将军，夫人、女食邑称君者七人，尚公主者三人，其余卿、将、尹、校五十七人。在位二十余年，究极满盛，威行内外，百僚侧目，莫敢违命，天子恭己而不得有所亲豫①。帝既不平之。延熹元年，太史令陈授因小黄门徐璜，陈灾异日食之变，咎在大将军，冀闻之，讽洛阳令收考授，死于狱。帝由此发怒。

【注释】

①恭己：君主权力落入他人之手。

【译文】

永兴二年，封梁不疑的儿子梁马为颍阴侯，梁胤的儿子梁桃为城父侯。梁冀一门前后有七个人被封侯，有三个皇后，六个贵人，两个大将军，夫人、女儿中享有食邑的有七个人，有三个人迎娶了公主，其他的卿、将、尹、校总共有五十七个人。梁冀当权二十多年，骄横至极，专横内外，百官不敢直视他，也不敢违背他的命令，天子大权旁落他人之手而使得万事都无法亲自过问。桓帝心中已经很不满了。延熹元年，太史令陈授通过小黄门徐璜，向皇上陈述了日食等异常的灾害，并将这种现象归咎在大将军梁冀身上，梁冀听说后，便私下指使洛阳令逮捕了陈授，致使陈授死于狱中。桓帝也由此发怒。

【原文】

初，掖庭人邓香妻宣生女猛，香卒，宣更适梁纪。梁纪者，冀妻寿之舅也。寿引进猛入掖庭，见幸，为贵人，冀因欲认猛为其女以自固，乃易猛姓为梁。时猛姊婿邴尊为议郎，冀恐尊沮败宣意[①]，乃结刺客于偃城，刺杀尊，而又欲杀宣。宣家在延熹里，与中常侍袁赦相比，冀使刺客登赦屋，欲入宣家。赦觉之，鸣鼓会众以告宣。宣驰入以白帝，帝大怒，遂与中常侍单超、具瑗、唐衡、左悺、徐璜等五人成谋诛冀。

【注释】

①沮败：败坏。

【译文】

起初，掖庭人邓香的妻子宣生了一个女儿名为猛，邓香去世，宣改嫁给梁纪。梁纪，是梁冀妻子孙寿的舅舅。孙寿将猛举荐到掖庭中，被皇帝宠幸，封为贵人，梁冀因此想要将猛认作义女以巩固自己的地位，于是便将猛的姓氏改为梁。当时猛的姐夫邴尊为议郎，梁冀担心邴尊会从中阻挠宣的心意，便和偃城的刺客勾结，刺杀邴尊，而后又想要杀掉宣。宣的家在延熹里，和中常侍袁赦为邻，梁冀派遣刺客登入袁赦的屋顶，想要从这里进入宣家。袁赦察觉后，击鼓聚集手下并把这件事情告诉给宣。于是宣立即入宫将这件事情告诉了桓帝，桓帝大为恼怒，于是便和中常侍单超、具瑗、唐衡、左悺、徐璜等五人达成诛杀梁冀的谋划。

【原文】

冀心疑超等，乃使中黄门张恽入省宿，以防其变。具瑗敕吏收恽，以辄从外入，欲图不轨。帝因是御前殿，召诸尚书入，发其事，使尚书令尹勋持节勒丞郎以下皆操兵守省阁，敛诸符节送省中。使黄门令具瑗将左右厩驺、虎贲、羽林、都候剑戟士，合千余人，与司隶校尉张彪共围冀第。使光禄勋袁盱持节收冀大将军印绶，徙封比景都乡侯。冀及妻寿即日皆自杀。悉收子河南尹胤、叔父屯骑校尉让，及亲从卫尉淑、越骑校尉忠、长水校尉戟等，诸梁及孙氏中外宗亲送诏狱，无长少皆弃市①。不疑、蒙先卒。其它所连及公卿、列校、刺史、二千石死者数十人，故吏宾客免黜者三百余人，朝廷为空，惟尹勋、袁盱及廷尉邯郸义在焉。是时事卒从中发，使者交驰，公卿失其度，官府市里鼎沸，数日乃定，百姓莫不称庆。收冀财货，县官斥卖②，合三十余万万，以充王府，用减天下税租之半。散其苑囿，以业穷民。录诛冀功者③，封尚书令尹勋以下数十人。

【注释】

①弃市：代指死刑。

②县官：朝廷，官府。

③录：奖赏。

【译文】

梁冀对单超等人起疑，便让中黄门张恽进入宫中，以防止变故。具瑗让人将张恽逮捕，以他突然从宫外进入，欲行不轨之事为由。于是桓帝亲自前往前殿，召各位尚书入宫，将梁冀的罪行公之于众，命令尚书令尹勋拿着符节带领丞郎以下的官员拿着兵器驻守宫廷内外，并将各种符节收起送回宫中。派遣黄门令具瑗率领他左右的厩驺、虎贲、羽林、都候剑戟士等，一共上千余人，和司隶校尉张彪一起围攻梁冀的府邸。派遣光禄勋袁盱拿着符节收缴梁冀的大将军印绶，改封他为比景都乡侯。梁冀以及他的

妻子孙寿当天便自杀了。又把梁冀的儿子河南尹梁胤、叔父屯骑校尉梁让，以及亲从卫尉淑、越骑校尉忠、长水校尉戟等人，还有梁家以及孙家的宗亲等全部下狱，不管老少全部判了死刑。梁不疑、梁蒙在此之前已经死去了。其他所牵连到的公卿、列校、刺史、二千石俸禄的官员有几十个人被处以死刑，梁冀之前的官吏宾客被罢免的有三百多人，朝中官职一时间都空了下来，只有尹勋、袁盱及廷尉邯郸义还在职。当时事情突然爆发，使者在其间来回奔走，公卿失去了法则，官府闹市中纷乱不堪，花了几天时间才将此平定，百姓没有不拍手叫好的。朝廷没收了梁冀的财货，并将其全部变卖，一共获得三十多亿银两，全部充入国库，也由此减免了天下百姓一半的赋税。开放梁冀建造的园圃，让穷困的百姓在里面居住。奖赏那些诛杀梁冀有功的人，封赏了尚书令尹勋以及之下的几十个人。

郑玄列传

【题解】

郑玄是东汉著名的经学大师，一生专注于经学，将“述先圣之元意，整百家之不齐”看作是自己的责任，建立了以古文经学为主的郑学，为汉代经学的集大成者，对后世有着很深远的影响。郑玄不喜为官，曾多次拒绝朝廷的征召，一心投入经学的研究，留下了《诗》《书》《礼》等经典的笺注之作。

【原文】

郑玄字康成，北海高密人也①。八世祖崇，哀帝时尚书仆射。玄少为乡啬夫，得休归，尝诣学官，不乐为吏，父数怒之，不能禁。遂造太学受业，师事京兆第五元先，始通《京氏易》、《公羊春秋》、《三统历》、《九章算术》②。又从东郡张恭祖受《周官》、《礼记》、《左氏春秋》、《韩诗》、《古文尚书》。以山东无足问者，乃西入关，因涿郡卢植，事扶风马融。

【注释】

①北海高密：今山东高密一带。

②《京氏易》：京房的易学著作。《公羊春秋》：对《春秋》的解读著作。《三统历》：汉朝刘歆的专著。《九章算术》：相传为周公所著，一共有九篇，分别是《方田》《粟米》《差分》《少广》《均输》《方程》《傍要》《盈不足》以及《勾股》。

【译文】

郑玄字康成，是北海高密人。郑玄的八世祖郑崇，汉哀帝时任职尚书仆射。郑玄年少时为乡啬夫，每次空闲回家的时候，都要去拜访那些教导官员的老师，他并不喜欢为官，父亲几次怒斥他，都无法将其阻止。于是郑玄又前往太学进修，拜京兆的第五元先为师，开始知晓《京氏易》《公羊春秋》《三统历》《九章算术》。又跟随东郡的张恭祖学习了《周官》《礼记》《左氏春秋》《韩诗》《古文尚书》。又因为山东地区已经没有可以拜访的学者，郑玄西进入关，因为涿郡卢植的关系，拜在马融的门下。

【原文】

融门徒四百余人，升堂进者五十余生。融素骄贵，玄在门下，三年不得见，乃使高业弟子传授于玄。玄日夜寻诵，未尝怠倦。会融集诸生考论图纬，闻玄善算，乃召见于楼上，玄因从质诸疑义，问毕辞归。融喟然谓门人曰："郑生今去，吾道东矣①。"

【注释】

①道东：此处是引用的一个典故。汉代易学大师田何的爱徒丁宽在离

开师门时，田何对他说“《易》东矣”。意思是说丁宽可以将易学发扬光大，并传播到东方。而此处运用这个典故，表示出马融对郑玄的重视，也预示了郑玄之后的成就。

【译文】

马融的门徒有四百多人，近身求学的有五十多个。马融素来骄贵，郑玄在他门下求学，三年都没有见到马融，马融只是让自己的高徒去传授郑玄。郑玄日夜诵读经文，不知疲倦。恰好赶上马融召集学生谈论经纬之道，听说郑玄擅长算术，便在楼上召见了他，郑玄也趁机向马融请教各种疑难问题，问完之后就辞别回去了。马融慨然对他的门徒说：“郑玄今天离去，定会将我的学术发扬到东方了。”

【原文】

玄自游学，十余年乃归乡里。家贫，客耕东莱，学徒相随已数百千人。及党事起，乃与同郡孙嵩等四十余人俱被禁锢[①]，遂隐修经业，杜门不出。时任城何休好《公羊》学，遂著《公羊墨守》、《左氏膏肓》、《谷梁废疾》；玄乃发《墨守》，针《膏肓》，起《废疾》。休见而叹曰：“康成入吾室，操吾矛，以伐我乎！”初，中兴之后，范升、陈元、李育、贾逵之徒争论古今学，后马融答北地太守刘瑰及玄答何休，义据通深，由是古学遂明。

【注释】

①孙嵩：字宝石。禁锢：朝廷禁止异己分子参与政事，此处指党锢之争。

【译文】

郑玄自从游学后，十几年没有回过家。郑玄家贫，只能在东莱以耕田为生，不过跟随他的门徒却有几百上千人。等到党锢之争爆发，郑玄和同郡的孙嵩等四十多人被朝廷禁止参与政事讨论，于是郑玄便退隐而开始修习经书，闭门不出。当时任城的何休喜好《公羊》学说，于是便著《公羊墨守》《左氏膏肓》《穀梁废疾》；郑玄阐发《墨守》，针砭《膏肓》，发起

《废疾》。何休看过之后而感叹说："康成进入我的房间，拿起我的矛，并征讨我！"当初，中兴之后，范升、陈元、李育、贾逵之辈争相谈论古今经学，后来马融回答了北地太守刘瑰以及郑玄回答了何休的疑问，义理、依据都极为通顺精深，由此古时经学的义理才算是明了了。

【原文】

灵帝末，党禁解，大将军何进闻而辟之。州郡以进权威，不敢违意，遂迫胁玄，不得已而诣之。进为设几杖[①]，礼待甚优。玄不受朝服，而以幅巾见。一宿逃去。时年六十，弟子河内赵商等自远方至者数千。后将军袁隗表为侍中，以父丧不行。国相孔融深敬于玄，屣履造门[②]。告高密县为玄特立一乡。

【注释】

①几杖：几案和手杖。

②屣履：脚拖着鞋，此处指鞋没有穿好，非常急迫的样子。

【译文】

灵帝末年，党锢解除，大将军何进听说了郑玄并想要征召他入朝为官。州郡的人都因为何进的权势威慑，而不敢违背他的意思，于是便一起胁迫郑玄，郑玄不得已之下只能前去应召。何进为郑玄设置了几案和手杖，对他的礼遇也非常优厚。郑玄不接受朝服，依然以幅巾的样子觐见。郑玄住了一宿后便逃走了。当时郑玄六十岁，他的弟子河内赵商等人从远方前来拜访的有几千人。后将军袁隗又推举他为侍中，郑玄以丧父为由不肯就任。国相孔融对郑玄很敬重，鞋都顾不上穿好便前去登门拜访。并且还命令高密县专门为郑玄设立了一个乡。

【原文】

董卓迁都长安，公卿举玄为赵相[①]，道断不至。会黄巾寇青部，乃避地徐州，徐州牧陶谦接以师友之礼。建安元年，自徐州还高密，道遇黄巾贼数万人，见玄皆拜，相约不敢入县境。玄后尝疾笃，自虑，以书戒子益恩曰：

吾家旧贫，不为父母群弟所容，去厮役之吏，游学周、秦之都，往来幽、并、兖、豫之域，获觐乎在位通人，处逸大儒，得意者咸从捧手[②]，有所受焉。遂博稽《六艺》，粗览传记，时睹秘书纬术之奥。年过四十，乃归供养，假田播殖，以娱朝夕。遇阉尹擅势，坐党禁锢，十有四年，而蒙赦令，举贤良方正有道，辟大将军三司府。公车再召，比牒并名[③]，早为宰相。惟彼数公，懿德大雅，克堪王臣，故宜式序。吾自忖度，无任于此，但念述先圣之元意，思整百家之不齐，亦庶几以竭吾才，故闻命罔从。而黄巾为害，萍浮南北，复归邦乡。入此岁来，已七十矣。宿素衰落，仍有失误，案之礼典，便合传家[④]。今我告尔以老，归尔以事，将闲居以安性，覃思以终业。自非拜国君之命，问族亲之忧，展敬坟墓，观省野物，胡尝扶杖出门乎！家事大小，汝一承之。咨尔茕茕一夫，曾无同生相依。其勖求君子之道[⑤]，研钻勿替，敬慎威仪，以近有德。显誉成于僚友，德行立于己志。若致声称，亦有荣于所生，可不深念邪！可不深念邪！吾虽无绂冕之绪[⑥]，颇有让爵之高。自乐以论赞之功，庶不遗后人之羞，末所愤愤者，徒以亡亲坟垄未成[⑦]，所好群书率皆腐敝，不得于礼堂写定，传与其人。日西方暮，其可图乎！家今差多于昔⑧，勤力务时，无恤饥寒。菲饥食，薄衣服，节夫二者，尚令吾寡恨。若忽忘不识，亦已焉哉！

【注释】

①赵相：赵王乾的国相。

②捧手：古时候，晚辈拜见长辈或者是向长辈询问问题的时候所行的礼仪。

③比牒，并名：比牒，连牍；并名，齐名。

④传家：家事传给后世子孙。

⑤勖（xù）：勉励。

⑥绂（fú）冕：代指权臣、高官。

⑦坟垄：坟墓。

⑧差多于昔：如今的生活已经和往日的窘迫不同了。意思是比之前的生活要好些。

【译文】

董卓将都城迁到长安，公卿推举郑玄为赵王乾的国相，郑玄因为道路被阻隔而没有赶去就任。恰好赶上黄巾贼寇在青州作乱，于是郑玄便前往徐州避难，徐州牧陶谦以师友之礼接待他。建安元年，郑玄从徐州返回高密，路中遭遇黄巾贼寇几万人，他们看到郑玄后都下跪拜见，相互约定不会侵犯高密境内。后来郑玄曾经病重过一次，考虑到自己可能会离开人世，便写下书信告诫儿子郑益恩说：

我们家以前贫困，我不被父母兄弟所容纳，辞去了职位较低的小官，在周、秦的旧都游学，往来于幽州、并州、兖州、豫州之间，得到了能够拜访学识通达的高人的机会，还有那些隐居在外的大儒学士，而最让我得意的是他们都愿意接受我，并且愿意传授给我知识。我于是得以涉猎《六艺》等经典儒家学说，粗略地浏览经书传记，能够时常窥探到秘籍和纬书的奥秘。我年过四十，才回到供养我的家乡，耕田播种，以此来欢度时日。遭遇宦官专权，又因为党锢之争而被牵连，十四年之后，才承蒙恩赦，被人举荐为贤良方正，后又得到了任职大将军和三司府的职位。两次得到了公车的征召，和我齐名被征召的人，早就已经成为宰相。也只有这几个人，德行美好、风范儒雅，能够担当王臣重任，理应按照秩序予以重用。我自己私下思量，自知无法担当这份责任，只想感念先圣的真意，整理百家学说，也希望在这一方面能够竭尽全力，所以即便被征召也从未听从过政令。然而黄巾乱贼作乱、危害四方，我犹如浮萍一般漂泊于南北，如今才得以回到故里。到今年，我已经七十岁了。而我之前的学识也已经慢慢衰弱，还有一些缺漏、错误的地方，根据礼法典制，我这个年纪是应该将家事传给后世子孙了。而今我对你说我已经年迈，应该将家事托付给你了，我准备安逸居住以休养身心，勤于思考以完成我一生的学业。如若不是君主的命令，不是问候宗亲的病况，不是恭敬地祭祀祖先坟墓，观察省视外界事物，我又何尝会拄着拐杖而走出大门呢！家中大大小小的事务，都由你一个人承担。只是孤身一人，也没有可以依靠的兄弟姐妹。勉励你寻求君子之道，不懈钻研，谨慎地对待自己的仪表，以亲近有仁德的人。同僚友人会促成你显赫的声誉，而德行的确立则来自于你自己的志向。如若别人称赞你的名声，这也是人生光荣的事情，这可以不深切思考吗！可以不深切思考吗！我虽然没有高官的功业，但却有几次辞让高官爵位的高洁志向。自己则以谈论古时圣贤典籍的功业为乐，希望不会给后世子孙带来什么羞辱，最后我所感到心中难安的，也就只有亡亲的坟墓还没有修成罢了，我所喜欢的书籍大都已经腐坏，无法在礼堂上写成定本，然后传给他人了。太阳将要落山，还有什么可图的！如今的家境比往日要好很多，你要勤于务时，就不会担忧饥饿和寒冷。饭菜简单，衣服简朴，你只要从这两方面着手节约，尚且会让我少留些遗憾。如若因为你的疏忽而忘记了这些，那也就算了吧！

【原文】

时大将军袁绍总兵冀州，遣使要玄，大会宾客，玄最后至，乃延升上坐。身长八尺，饮酒一斛，秀眉明目，容仪温伟。绍客多豪俊，并有才说，见玄儒者，未以通人许之，竞设异端，百家互起。玄依方辩对，咸出问表，皆得所未闻，莫不嗟服。时汝南应劭亦归于绍，因自赞曰[①]：“故太山太守应中远，北面称弟子何如？”玄笑曰：“仲尼之门考以四科，回、赐之徒不称官阀。”劭有惭色。绍乃举玄茂才，表为左中郎将，皆不就。公车征为大司农，给安车一乘[②]，所过长吏送迎。玄乃以病自乞还家。

【注释】

①自赞：自我引荐。

②安车：朝廷召见德高望重的人时所赐予的由马拉着的小车。

【译文】

当时，大将军袁绍在冀州带兵，派遣使者邀请郑玄，并大会宾客，郑玄是最后一个到达的，袁绍却让人将他引入上座。郑玄身高八尺，可以喝下一斛酒，长相眉清目秀，容貌温润而仪表俊伟。袁绍的宾客大多都是豪杰才俊，而且还都非常有才华，看到郑玄这样的儒者，都没有将他看作是学识通达之人，便争相利用奇说怪谈、百家观念来刁难他。郑玄依据经学回答辩论，他的答案都已经超出了问题本身，都是在座之人闻所未闻的事情，没有一个人不对他叹服的。当时汝南人应劭也归附于袁绍，因而自我引荐说：“前泰山太守应中远，想要做您的弟子如何呢？”郑玄笑着说：“孔子的弟子所要考的是德行、言语、文学和政事四门，颜回、子贡之类的弟子也都不称呼自己的官位和门第。”应劭面上有了惭愧之色。袁绍于是举荐郑玄为茂才，并上奏让他任职左中郎将，但郑玄都没有答应。随后朝廷公车征召他为大司农，并赏赐给他一辆安车，他所经过的地方长吏都出来欢送迎接。于是郑玄便称病要求回乡。

【原文】

五年春，梦孔子告之曰：“起，起，今年岁在辰，来年岁在巳。”既寤，以谶合之，知命当终，有顷寝疾。时袁绍与曹操相拒于官度[①]，令其子谭遣使逼玄随军，不得已，载病到元城县，疾笃不进，其年六月卒，年七十四。遗令薄葬。自郡守以下尝受业者，缞绖赴会千余人[②]。

【注释】

①官度：津名，今河南省郑州市中牟县北面。

②缞绖（shuāi dié）：丧服的一种。

【译文】

建安五年春天，郑玄梦到孔子对他说："起来，起来，今年为庚辰年，明年是辛巳年。"郑玄醒来后，便依据谶法推算，知道自己命不久矣，没过多久郑玄便卧病在床了。当时袁绍和曹操在官渡对抗，袁绍让他的儿子袁谭派人前去逼迫郑玄随军出征，郑玄不得已，只能带病前往元城县，但却因为病情严重而无法前行，同年六月离世，终年七十四岁。留下遗嘱要薄葬。自郡守之下曾经在他门下学习的，穿着丧服赶来悼念的有千余人。

【原文】

门人相与撰玄答诸弟子问《五经》[①]，依《论语》作《郑志》八篇。凡玄所注《周易》《尚书》《毛诗》《仪礼》《礼记》《论语》《孝经》《尚书大传》《中候》《乾象历》，又著《天文七政论》《鲁礼禘祫义》《六艺论》《毛诗谱》《驳许慎五经异义》《答临孝存周礼难》，凡百余万言。

【注释】

①相与：共同。

【译文】

郑玄的门人一起编撰了郑玄回答弟子关于《五经》所提出的问题，又依照《论语》的体例作了《郑志》八篇。郑玄所注解过的书有《周易》《尚书》《毛诗》《仪礼》《礼记》《论语》《孝经》《尚书大传》《中候》《乾象历》，又著有《天文七政论》《鲁礼禘祫义》《六艺论》《毛诗谱》《驳许慎五经异义》《答临孝存周礼难》，一共有一百多万字。

【原文】

玄质于辞训，通人颇讥其繁。至于经传洽孰，称为纯儒，齐、鲁间宗之。其门人山阳郗虑至御史大夫[①]，东莱王基、清河崔琰著名于世[②]。又乐安国渊、任嘏[3]，时并童幼，玄称渊为国器，嘏有道德，其余亦多所鉴拔，皆如其言。玄唯有一子益恩，孔融在北海，举为孝廉；及融为黄巾所围，益恩赴难陨身。有遗腹子，玄以其手文似己，名之曰小同。

【注释】

①郗虑：字鸿豫。

②王基：字伯舆，魏镇南将军安乐乡侯。崔琰：字季珪，魏东曹掾，后升任中尉。

③国渊：字子尼，魏司空掾，后升任太仆。任嘏：字昭光，魏黄门侍郎。

【译文】

郑玄对于经学的注解切实质朴，学识通达的人经常讥讽这种做法很烦琐。至于说到对经传的熟习，郑玄称得上是真正的儒者，齐鲁地区的人也比较尊崇他。他的门人山阳郗虑官拜御史大夫，东莱人王基、清河人崔琰在当时是比较著名的人物。又有乐安人安国渊、任嘏，当时他们还年幼，郑玄便称赞国渊为国家的栋梁之材，任嘏有道德品格，郑玄对其他人也都有评价和推举，之后都如他所说的那般。郑玄只有一个儿子名为郑益恩，孔融在北海任职时，将其举荐为孝廉；等到孔融被黄巾乱贼包围时，郑益恩挺身而出最后丧命于这场荒乱中。郑益恩有一个遗腹子，郑玄因为他的手纹和自己的相似，便起名为小同。

【原文】

论曰：自秦焚《六经》，圣文埃灭。汉兴，诸儒颇修艺文[1]；及东京[2]，学者亦各名家。而守文之徒，滞固所禀[3]，异端纷纭，互相诡激，遂令经有数家，家有数说，章句多者或乃百余万言，学徒劳而少功，后生疑而莫正。郑玄括囊大典，网罗众家，删裁繁诬[4]，刊改漏失[5]，自是学者略知所归[6]。王父豫章君每考先儒经训[7]，而长于玄，常以为仲尼之门不能过也。及传授生徒，并专以郑氏家法云。

【注释】

①艺文：六艺群书的概述。

②东京：东汉。

③滞固：固执，学者们都固执己见，不懂得疏通。

④删裁：删减，裁定。繁诬：繁冗错误的内容。

⑤刊改：校刊，修改。漏失：遗漏和缺失的内容。

⑥略知所归：大概了解经学的意旨所在。

⑦王父：祖父。

【译文】

论说：自从秦朝焚烧《六经》后，圣人的文章化作尘埃而灰飞烟灭。汉朝兴起，诸位学者大都研习经典文章；等到了东汉，学者也便各自划分学派。而墨守经文的人，都有些固执己见而不知道有所变通，异端学说纷纷而起，相互诡辩攻击，于是经学又分出了几家学派，每一学派中又有几种学说，有些章句繁多的甚至达到了一百多万字，学者白白辛苦却很少有成效，后来人虽然内心生疑但却也无法更正。郑玄囊括各个经典，网罗百家，删减裁定繁杂错误的观点，添加更改一些遗漏缺失的地方，自此学者们大概都能够了解经典的意旨了。范晔的祖父豫章君每次考究先儒学说时，都会依据郑玄的注解，并常常以为即便是孔子的门徒也是无法和郑玄相比的。他在传授门徒的时候，也是一心推崇郑玄并以他的学说为家法。

班固列传

【题解】

班固和他的父亲班彪，同为东汉著名的史学家和文学家。班彪死后，班固子承父业，潜心于文学，历经二十多年，著成了叙事详尽的《汉书》，并开创了史书的新体例。此外，班固还擅长辞赋，其中最为有名的就是《两都赋》。

【原文】

固字孟坚。年九岁，能属文诵诗赋，及长，遂博贯载籍，九流百家之言①，无不穷究。所学无常师，不为章句，举大义而已。性宽和容众，不以才能高人，诸儒以此慕之。

【注释】

①九流：指儒家、法家、道家、名家、阴阳家、墨家、农家、纵横家、杂家。

【译文】

班固字孟坚。年仅九岁的时候，就能够写文诵诗，等到长大后，便能博观古今，九流百家的学说，没有不深入探讨研究的。他求学的时候也没有固定的老师，学习时也不钻研一章一句，只是了解书中大义而已。班固生性宽容，并不会因为自己的才能而凌驾于他人之上，诸位儒者也因此敬慕他。

【原文】

永平初，东平王苍以至戚为骠骑将军辅政，开东阁，延英雄。时固始弱冠，奏记说苍[1]……苍纳之。

【注释】

①奏记：上书向官府陈述意见。

【译文】

永平初年，东平王刘苍因是皇帝的至亲而被任命为骠骑将军，辅佐朝中政事，开东阁，招揽各地英雄。当时班固二十岁，便向官府上书陈述自己的建议……他的建议被刘苍采纳。

【原文】

父彪卒，归乡里。固以彪所续前史未详，乃潜精研思，欲就其业。既而有人上书显宗，告固私改作国史者，有诏下郡，收固系京兆狱，尽取其家书。先是扶风人苏朗伪言图谶事，下狱死。固弟超恐固为郡所核考[1]，不能自明，乃驰诣阙上书，得召见，具言固所著述意，而郡亦上其书。显宗甚奇之，召诣校书郎，除兰台令史，与前睢阳令陈宗、长陵令尹敏、司隶从事孟异共成《世祖本纪》。迁为郎，典校秘书。固又撰功臣、平林、新市、公孙述事，作列传、载记二十八篇，奏之。帝乃复使终成前所著书。

【注释】

①核考：审核拷问。

【译文】

班固的父亲班彪去世，班固回到故乡。班固认为父亲班彪所著的《史记》中有关前代历史的描述并不详细，于是便潜心钻研思考，想要成就父亲的绩业。不久便有人上书显宗，告班固私自修改国史，于是皇帝向郡里下达诏令，将班固押入京兆狱，并将他家里的书全部没收。此前就有扶风人苏朗因为伪造图谶的事情，而被下狱处死。班固的弟弟班超担心班固会被郡守审核拷问，无法申明实情，于是便急忙赶赴京城并向皇帝上书，得以召见，班超将班固著书的本意一一禀报给皇上，而此时郡守也呈上了班固所著的书。显宗对班固很是好奇，便将他召到校书郎，任命为兰台令史，和前睢阳令陈宗、长陵令尹敏、司隶从事孟异一起完成《世祖本纪》。后来班固升任郎官，掌管宫中藏书的校订工作。班固还撰写了功臣、平林、新市、公孙述的事迹，作列传、载记二十八篇，并将此上奏给皇帝。于是皇帝让班固继续之前未完的史书编写工作。

【原文】

固以为汉绍尧运，以建帝业，至于六世①，史臣乃追述功德②，私作本纪，编于百王之末③，厕于秦、项之列④，太初以后，阙而不录，故探撰前记，缀集所闻，以为《汉书》。起元高祖，终于孝平王莽之诛，十有二世，二百三十年⑤，综其行事，傍贯《五经》，上下洽通，为《春秋》考纪、表、志、传凡百篇。固自永平中始受诏，潜精积思二十余年，至建初中乃成。当世甚重其书，学者莫不讽诵焉。

【注释】

①六世：指的是汉武帝。

②史臣：司马迁。

③百王之末：《史记》一书的记载，起于黄帝，结束于汉朝。

④秦：秦始皇。项：项羽。

⑤十有二世，二百三十年：汉高帝、汉惠帝、吕后、汉文帝、汉景帝、汉武帝、汉昭帝、汉宣帝、汉元帝、汉成帝、汉哀帝、汉平帝，共有十二世，加上王莽一代，共二百三十年。

【译文】

班固以为汉朝继承了尧帝的时运，得以建立帝业，到了汉武帝时，司马迁追述汉王朝的功德，独自著成了本纪，并编排于百王的末端，位于秦始皇、项羽的行列，汉武帝太初之后，便空缺而没有记录，所以班固才想要继续依据编次来记载前人事迹，将自己所听到的事情编集入内，从而著成了《汉书》。《汉书》起于汉高祖，终于汉平帝、王莽被杀，共十二代，二百三十年，综合其中的行为事迹，贯穿《五经》的思想，上下贯通，写为帝纪、表、志、传共一百篇。班固从永平年间接受诏令开始写作，潜精积思了二十多年，到建初年间才完成。当时的人很重视班固的书，学者中没有不诵读的。

【原文】

自为郎后，遂见亲近。时京师修起宫室，浚缮城隍，而关中耆老犹望朝廷西顾①。固感前世相如、寿王、东方之徒，造构文辞，终以讽劝，乃上《两都赋》，盛称洛邑制度之美，以折西宾淫侈之论②。

【注释】

①西顾：代指迁都长安的事情。

②西宾：《两都赋》中虚拟的人物。

【译文】

自从班固当上郎官后，便很受皇帝的宠信。当时京城在修建宫室，疏通护城河、修缮城墙，然而关中的老人依然盼望朝廷能够迁都长安。班固有感于前代的司马相如、吾丘寿王、东方朔之类的人，造构文辞，最终目的都是为了讽谏，于是便上书《两都赋》，盛赞洛阳都城建筑、法制的美好，以此驳斥西宾浮夸的言论。

【原文】

及肃宗雅好文章，固愈得幸，数入读书禁中，或连日继夜。每行巡狩，辄献上赋颂，朝廷有大议，使难问公卿，辩论于前，赏赐恩宠甚渥[①]。固自以二世才术，位不过郎，感东方朔、杨雄自论，以不遭苏、张、范、蔡之时，作《宾戏》以自通焉。后迁玄武司马。天子会诸儒讲论《五经》，作《白虎通德论》，令固撰集其事。

【注释】

①渥：丰厚。

【译文】

孝章皇帝喜好文章，于是班固就更加得宠了，曾多次进入宫中为皇帝读书，有时甚至是连夜读书。皇帝每次巡视、狩猎时，班固就会献上赋颂，朝中商议大事的时候，章帝也让班固前去问难公卿，让他在御前辩论，赏赐和恩宠都非常丰厚。班固自认为他和父亲都非常有才华，官位却都不超过郎官，又有感于东方朔、杨雄的自我评价的文章，认为没有生在苏秦、张仪、范雎、蔡泽的时代，于是便写了《宾戏》来自我排遣。后来班固升任玄武司马。天子召集儒者谈论《五经》，作《白虎通德论》，并让班固将这件事情记录下来。

【原文】

时北单于遣使贡献，求欲和亲，诏问群僚。议者或以为："匈奴变诈之国，无内向之心，徒以畏汉威灵，逼惮南虏[①]，故希望报命，以安其离叛。今若遣使，恐失南虏亲附之欢，而成北狄猜诈之计，不可。"固议曰："窃自惟思，汉兴已来，旷世历年，兵缠夷狄，尤事匈奴。绥御之方，其涂不一，或修文以和之，或用武以征之，或卑下以就之，或臣服而致之[②]。虽屈申无常，所因时异，然未有拒绝弃放，不与交接者也。故自建武之世，复修旧典，数出重使，前后相继，至于其末，始乃暂绝。永平八年，复议通之。而廷争连日，异同纷回[③]，多执其难，少言其易。先帝圣德远览，瞻前顾后，遂复出使，事同前世。以此而推，未有一世阙而不修者也。……臣愚以为宜依故事，复遣使者，上可继五凤、甘露致远人之会，下不失建武、永平羁縻之义。”

【注释】

①南虏：南匈奴。

②臣服而致之：宣帝时期，匈奴俯首称臣，并将自己的儿子送入朝中服侍。

③纷回：表示变化繁多。

【译文】

当时，北单于派遣使者进贡，并想要和亲，皇帝下诏询问群僚的建议。有的人说：“匈奴是一个多变狡诈的国家，内心并不想真正归附汉朝，只是畏惧汉朝的威灵，又受到南匈奴的逼迫而已，所以才希望汉朝能够派人回访，以此来平定内部的离叛。而今如果派遣使者前去，恐怕就会失了南匈奴依附于汉朝的友好关系，而成全了北匈奴的阴险狡诈之计，不可以。”班固提议说：“我私下里思虑，汉朝兴盛以来，历时很久，兵力却一直被夷狄所困扰，尤其是对匈奴的事情上。安抚、抵御他们的方法，途径不一，有时会修文和他们讲和，有时也会发动武力征讨，有时以卑微的姿态迁就他们，有时又能够让他们俯首称臣。虽然强弱不一，所根据的时势也各不相同，然而却都从未有过拒绝放弃不和他们交往的例子。所以从建武时期以来，又重新修正旧典，多次派遣重臣，前后相继，一直到建武末年，这种关系才暂时中断。永平八年，又开始商议和匈奴之间的来往。因为此事朝中争论了好几天，意见纷纷，大部分人认为很困难，少数人认为很容易。先帝圣德远见，思前想后，于是再次派遣使者，所行的事情和前代一样。以此推论，没有一代因不修复和匈奴的关系而留下空缺的。……我愚笨地认为还是应该遵守旧例，再次派遣使者，对上可以继承五凤、甘露年间让匈奴俯首称臣的功绩，对下也不失建武、永平年间笼络匈奴的义理。”

【原文】

固又作《曲引篇》，述叙汉德。以为相如《封禅》，靡而不典，杨雄《美新》，典而不实，盖自谓得其致焉①。

【注释】

①致：极致。

【译文】

班固又作了《曲引篇》，叙述汉朝的功德。并认为司马相如的《封禅》，文章虽然靡丽但却不符合典制，杨雄的《美新》，虽然符合典制但事情却不真实，而自认为《曲引篇》达到了极致境界。

【原文】

固后以母丧去官。永元初，大将军窦宪出征匈奴，以固为中护军，与参议。北单于闻汉军出，遣使款居延塞，欲修呼韩邪故事，朝见天子，请大使。宪上遣固行中郎将事①，将数百骑与虏使俱出居延塞迎之。会南匈奴掩破北庭，固至私渠海，闻虏中乱，引还。及窦宪败，固先坐免官。

【注释】

①上：上书请求。

【译文】

后来班固因为母亲离世而辞去官职。永元初年，大将军窦宪带兵攻打匈奴，任命班固为中护军，参与谋议军事。北单于听说汉军出征的消息，便派人前往居延塞议和，想要重修呼韩邪的旧例，朝见汉朝天子，请求汉朝能够派遣使者相互往来。窦宪上书请求让班固行中郎将的事宜，带领几百骑兵和北匈奴的使者一起前往居延塞迎接他们。此时南匈奴突击攻破了北匈奴，班固到达私渠海后，听说北匈奴内部叛乱，便带兵返回了。窦宪失败后，班固也受牵连而被免官。

【原文】

固不教学诸子①，诸子多不遵法度，吏人苦之。初，洛阳令种兢尝行，固奴干其车骑[2]，吏椎呼之，奴醉骂，兢大怒，畏宪不敢发，心衔之[3]。及窦氏宾客皆逮考，兢因此捕系固，遂死狱中。时年六十一。诏以谴责兢，抵主者吏罪。

【注释】

①教学：教育。

②干：冲犯。

③衔：怨恨。

【译文】

班固不教育他的儿子，他的儿子也大多不遵守法度，让当时的官员百姓都很苦恼。当初，洛阳令种兢曾经出行，班固的家奴冲犯了他的车骑，种兢的手下敲打并呵斥他，家奴因为醉酒而破口大骂，种兢大为恼怒，但又畏惧窦宪而不敢爆发，心中对班固产生了怨恨。等到窦氏一族、宾客全部被逮捕拷问的时候，种兢便因此逮捕了班固，班固最后死在狱中。时年六十一岁。皇帝下诏谴责种兢，将主管这桩案件的官吏定了罪。

【原文】

论曰：司马迁、班固父子，其言史官载籍之作[1]，大义粲然著矣。议者咸称二子有良史之才。迁文直而事核，固文赡而事详。若固之序事，不激诡，不抑抗[2]，赡而不秽，详而有体，使读之者亹亹而不猒[3]，信哉其能成名也。彪、固讥迁，以为是非颇谬于圣人。然其论议常排死节，否正直，而不叙杀身成仁之为美，则轻仁义，贱守节愈矣。固伤迁博物洽闻，不能以智免极刑[4]；然亦身陷大戮，智及之而不能守之。呜呼，古人所以致论于目睫也！

【注释】

①载籍：典籍。

②抑抗：贬低。

③猒（yàn）：同“厌”。

④极刑：宫刑。

【译文】

论说：司马迁、班固父子，所创作的谈论史官事迹的典籍，书中大义都比较清晰明了。评论之人赞叹他们有良史的才华。司马迁的文辞直率而事情翔实，班固的文辞靡丽而叙述周详。班固记述事情的时候，不偏激诡辩，不贬低抬高，文辞靡丽而不杂乱，详细而有体制，让读者读起来勤勉而又不知疲倦，他的成名很能让人信服。班彪、班固讥讽司马迁，认为他在论述是非时有违圣人的主张。然而他们在议论的时候经常排斥为气节而死的人，否定正直的人，而又不记述杀身成仁的美德，那么轻视仁义，轻贱守节的问题就更加严重了。班固感伤于司马迁博学多才，却又无法以自己的智慧来免除宫刑；然而他自己也深陷杀戮牢笼，虽然赶上了司马迁的才智却也无法保全自身。唉，这或许就是古人对于眼睛看不到睫毛一事而发起的谈论的原因吧！

班超列传

【题解】

班超，班彪的儿子，班固的弟弟。班超率领微弱力量，纵横西域三十年，在增援极其有限的情况下，班超却能够凭借自己非凡的智慧和高超的外交能力，使得西域五十多个国家归附汉朝，和西域各国建立了良好的外交关系，使得大汉朝出现了“四夷来宾”的和谐盛世。

【原文】

班超字仲升，扶风平陵人，徐令彪之少子也。为人有大志，不修细节。然内孝谨，居家常执勤苦，不耻劳辱。有口辩，而涉猎书传。永平五年，兄固被召诣校书郎，超与母随至洛阳。家贫，常为官佣书以供养①。

久劳苦，尝辍业投笔叹曰：“大丈夫无它志略，犹当效傅介子、张骞立功异域[②]，以取封侯，安能久事笔研间乎？”左右皆笑之。超曰：“小子安知壮士志哉！”其后行诣相者，曰：“祭酒，布衣诸生耳，而当封侯万里之外。”超问其状。相者指曰：“生燕颔虎颈[③]，飞而食肉，此万里侯相也。”久之，显宗问固[④]：“卿弟安在？”固对：“为官写书，受直以养老母[⑤]。”帝乃除超为兰台令史。后坐事免官。

【注释】

①佣书：受雇于人，帮人抄书。此处指代人做笔札的工作。

②傅介子、张骞立功异域：西汉昭帝时期，楼兰、龟兹两国拦截并杀害了汉朝使者，转身投靠在匈奴旗下，傅介子受命前往，指责这两国的不义之举，后又杀了在龟兹的匈奴使者。后来，傅介子和霍光联合，杀了楼兰王，回国后被封为义阳侯。张骞出使西域，开通了丝绸之路，使得西域各国都归顺汉朝。之后张骞还随卫青征讨匈奴，被封为博望侯。

③燕颔：像燕子一样的下巴。

④显宗：汉明帝。

⑤受直：得到酬劳。

【译文】

班超字仲升，扶风平陵人，徐县县令班彪的小儿子。班超胸有大志，不拘小节。然而对内比较孝顺恭谨，在家也能够坚持勤奋刻苦，并不以劳苦为羞耻。班超能言善辩，而又涉猎群书。永平五年，班超的哥哥班固被征召为校书郎，班超和母亲一起随同去洛阳。班超家境贫寒，经常为官府抄录文书并以此供养家庭。班超长久地劳作辛苦，有一次他将笔扔在地上并感叹说："大丈夫即便没有其他志向，也应该效法傅介子、张骞前往异域建功立业，以取得侯爵之位，又怎能长久地从事抄书的工作呢？"左右之人都取笑他。班超说："你们这些小子又怎会知道壮士的志向呢！"随后又去拜访看相的人，看相的人说："您只是一介布衣，不过在万里之外的地方您却是可以封侯的。"班超问他原因。看相的人指着他说："你有燕子般的下巴、老虎一样的脖子，既能展翅高飞又可以吞吃鲜肉，这是万里封侯的面相。"很久之后，汉明帝问班固："你弟弟现在在哪里？"班固回答说："在为官府抄书，以得到报酬来赡养老母亲。"于是汉明帝便任命班超为兰台令史。后来因犯错而被免官。

【原文】

十六年，奉车都尉窦固出击匈奴，以超为假司马，将兵别击伊吾①，战于蒲类海②，多斩首虏而还。固以为能，遣与从事郭恂俱使西域。

【注释】

①伊吾：汉伊吾卢地区，今新疆哈密。

②蒲类海：今新疆东面的巴里坤湖。

【译文】

汉明帝十六年，奉车都尉窦固带兵攻打匈奴，任命班超代理大司马一职，率兵分头攻打伊吾，在蒲类海交战，斩杀很多敌人后归还。窦固认为班超很有才能，便派他和从事郭恂一起出使西域。

【原文】

超到鄯善①，鄯善王广奉超礼敬甚备，后忽更疏懈。超谓其官属曰："宁觉广礼意薄乎？此必有北虏使来，狐疑未知所从故也。明者睹未萌，况已著邪。"乃召侍胡诈之曰："匈奴使来数日，今安在乎？"侍胡惶恐，具服其状。超乃闭侍胡，悉会其吏士三十六人，与共饮，酒酣，因激怒之曰：“卿曹与我俱在绝域，欲立大功，以求富贵。今虏使到裁数日，而王广礼敬即废；如令鄯善收吾属送匈奴，骸骨长为豺狼食矣。为之奈何？”官属皆曰：“今在危亡之地，死生从司马。”超曰：“不入虎穴，不得虎子。当今之计，独有因夜以火攻虏，使彼不知我多少，必大震怖，可殄尽也。灭此虏，则鄯善破胆，功成事立矣。”众曰：“当与从事议之。”超怒曰：“吉凶决于今日。从事文俗吏[2]，闻此必恐而谋泄，死无所名，非壮士也！”众曰：“善。”初夜，遂将吏士往奔虏营。会天大风，超令十人持鼓藏虏舍后，约曰：“见火然，皆当鸣鼓大呼。”余人悉持兵弩夹门而伏。超乃顺风纵火，前后鼓噪。虏众惊乱，超手格杀三人，吏兵斩其使及从士三十余级，余众百许人悉烧死。明日乃还告郭恂，恂大惊，既而色动。超知其意，举手曰：“掾虽不行，班超何心独擅之乎？”恂乃悦。超于是召鄯善王广，以虏使首示之，一国震怖。超晓告抚慰，遂纳子为质。还奏于窦固，固大喜，具上超功效，并求更选使使西域，帝壮超节，诏固曰：“吏如班超，何故不遣而更选乎？今以超为军司马，令遂前功。”超复受使，固欲益其兵，超曰：“愿将本所从三十余人足矣。如有不虞[3]，多益为累。”

【注释】

①鄯（shàn）善：古时西域国名，原名楼兰，今新疆鄯善东南方向。

②文俗：安于习俗，遵守礼法。

③不虞：意想不到的事情。

【译文】

班超前往鄯善，鄯善王广接待班超时的礼节很是恭敬完备，后来却突然变得疏忽怠慢起来。班超对他的属官说：“你们是否觉得广接待我们的礼节已经比之前薄弱很多吗？这一定是因为北匈奴的使者到了，他心中有疑惑而不知道该如何是好。明智的人可以看清楚还未萌芽的事情，更何况这件事情已经很明了了呢。”于是便召见侍奉他们的胡人并欺骗他说：“匈奴的使者来了好几天了，如今还在吗？”侍奉的胡人有些惶恐，便将所有的事情都告诉给班超了。班超便将胡人拘禁起来，并召集跟随他的三十六名将士，和他们一起饮酒，酒意正浓的时候，班超故意激怒他们说："你们和我同在绝域，都想要建立大的功业，以谋求富贵生活。而今匈奴的使者到来没几天，王广对我们的礼节就立即废止了；如若让鄯善王将我们逮捕起来送往匈奴，那我们的骸骨也都要被豺狼吃掉了。我们又该怎么办呢？"属官们都说："如今处于危亡之地，生死都跟随大司马。"班超说："不入虎穴，不得虎子。为今之计，只有趁夜火攻匈奴，让他们不知道我们有多少兵力，这样他们一定会大为震惊恐怖，我们就可以将他们消灭殆尽了。灭掉了这股匈奴势力，鄯善一定会闻风丧胆，我们立功的事情就可以成就了。"众人说："应该和从事商量一下这件事情。"班超发怒说："是吉是凶就在于今天了。从事是个安于礼俗之人，听到这个计划一定会恐慌而使得谋划泄露，我们也会不明不白地死去，这不是壮士所为！"众人说："好。"夜幕来临，于是班超带领将士往匈奴所在的营地奔去。当时恰逢大风天气，班超命令十个人拿着战鼓藏在匈奴的房舍后面，并约定说："看到火光，你们都击鼓大喊。"其他人则都手拿兵器弓弩在大门两侧埋伏。于是班超便顺着风势放火，前后鼓声大噪。匈奴人都惊恐慌乱，班超手刃了三个人，其手下将士杀了匈奴的使者以及三十多名随从，剩余的一百多人都被大火烧死。第二天班超才回来禀报窥恂，窥恂大惊，随即脸色就变了。班超知道他的意思，便举手说："您虽然没有参与昨天的事情，但我又哪敢有独自占有功劳的心啊？"窥恂这才高兴起来。于是班超召见鄯善王广，并把匈奴使者的头颅拿给他看，鄯善国上下都震动恐怖不已。班超又告谕安抚慰问他们，鄯善王便将自己的儿子送到汉朝做人质。班超回去后又向窦固禀报了这件事，窦固很高兴，将班超的功劳一一上报给了皇上，并请求派遣另外的使者出使西域，皇上对班超的气节很是赞赏，诏令窦固说："像班超这样的官员，为什么不直接派遣他去而要更换出使的人选呢？而今任命班超为军司马，让他成就大的功业吧。"于是班超再次接受出使的命令，窦固想要增加班超的兵力，班超说："我只希望带着原本跟随我的三十多个人就足够了。如若出现意想不到的事情，人多反而会成为累赘。"

【原文】

是时，于寘王广德新攻破莎车[①]，遂雄张南道[②]，而匈奴遣使监护其国，超既西，先至于寘。广德礼意甚疏。且其俗信巫。巫言："神怒何故欲向汉？汉使有騧马[③]，急求取以祠我。"广德乃遣使就超请马。超密知其状，报许之，而令巫自来取马。有顷，巫至，超即斩其首以送广德，因辞让之[④]。广德素闻超在鄯善诛灭虏使，大惶恐，即攻杀匈奴使者而降超。超重赐其王以下，因镇抚焉。

【注释】

①于寘（tián）：古西域国名，今新疆和田一带。

②雄张：势力扩张。

③騧（guā）马：黑嘴的黄马，也指浅黄色的马。

④辞让：责问。

【译文】

当时，于寘王广德刚刚将莎车国攻破，于是又将势力扩张到南道，而匈奴人派遣使者监护于寘国，班超到达西域后，也先行到了于寘国。广德对他们的礼节很是怠慢。并且于寘国的人很相信巫师。巫师说："上天发怒说是什么缘故让你想要依附汉朝？汉朝的来使骑着黑嘴的马，快点儿拿来以祭祀我。"于是广德便派遣使者向班超索要马匹。班超私底下已经知道了这件事情，便回复说同意把马给他，但需要巫师亲自前来取马。不一会儿，巫师来了，班超立即斩下他的头颅并将其送给广德，并因此责问他。广德早就听闻班超在鄯善国歼灭了匈奴的使团，心中有些惶恐，便立即杀掉了匈奴使者而归降班超。班超重重赏赐了于寘王及其属下，并在此镇守、安抚百姓。

【原文】

时龟兹王建为匈奴所立，倚恃虏威，据有北道，攻破疏勒[①]，杀其王，而立龟兹人兜题为疏勒王。明年春，超从间道至疏勒。去兜题所居盘橐城

九十里②，逆遣吏田虑先往降之。敕虑曰："兜题本非疏勒种，国人必不用命。若不即降，便可执之。"虑既到，兜题见虑轻弱，殊无降意。虑因其无备，遂前劫缚兜题。左右出其不意，皆惊惧奔走。虑驰报超，超即赴之，悉召疏勒将吏，说以龟兹无道之状，因立其故王兄子忠为王，国人大悦。忠及官属皆请杀兜题，超不听，欲示以威信，释而遣之。疏勒由是与龟兹结怨。

【注释】

①疏勒：古西域国名，今新疆喀什市一带。

②盘橐（pán tuó）城：今新疆喀什市东南郊多来巴提格路以南。

【译文】

当时，龟兹王建是匈奴人拥立的，他依仗着匈奴的威势，占据北道，攻破了疏勒国，并杀掉了疏勒国的国王，而改立龟兹人兜题为疏勒王。第二年春天，班超从小路到达疏勒国。和兜题所住的盘橐城相距九十里，班超便派遣下属田虑先行去招降他。班超对田虑说："兜题原本就不是疏勒国的人，国人也一定不会听从他的号令。如若不立刻投降，便可以将他逮捕。"田虑到了之后，兜题见田虑势单力薄，便丝毫没有归降的意思。于是田虑趁其不备，上前将兜题劫持并捆绑起来。兜题左右的人没有料想到这般情况，都吓得惊慌而逃。田虑急忙将这件事情报告给班超，班超即刻赶来，将疏勒国的将士全部召集在一起，告诉他们龟兹国王无道的事情，因而拥立已故疏勒国国王兄长的儿子忠为疏勒王，疏勒国上下很是喜悦。忠以及他的下属都请求杀掉兜题，班超不听，想要以此树立威信，便将兜题放回龟兹国。自此疏勒国和龟兹国结下了怨仇。

【原文】

十八年，帝崩。焉耆以中国大丧①，遂攻没都护陈睦②。超孤立无援，而龟兹、姑墨数发兵攻疏勒③。超守盘橐城，与忠为首尾，士吏单少，拒守岁余。肃宗初即位，以陈睦新没，恐超单危不能自立，下诏征超。超发还，疏勒举国忧恐。其都尉黎弇曰："汉使弃我，我必复为龟兹所灭耳。诚不忍见汉使去。"因以刀自刭。超还至于窴，王侯以下皆号泣曰："依汉使如父母，诚不可去。"互抱超马脚，不得行。超恐于窴终不听其东，又欲遂本志，乃更还疏勒。疏勒两城自超去后，复降龟兹，而与尉头连兵。超捕斩反者，击破尉头④，杀六百余人，疏勒复安。

【注释】

①焉耆：古西域国名，都城为今新疆焉耆西南部。

②都护：西域都护，总管西域各国。

③姑墨：汉代西域国名，今新疆温宿、阿克苏一带。

④尉头：汉代西域国名。

【译文】

永平十八年，汉明帝驾崩。焉耆国趁着中国大丧期间，发兵进攻并杀死都护陈睦。班超孤立无援，而龟兹国、姑墨国几次发兵攻打疏勒国。班超在盘橐城驻守，和忠首尾相应，虽然兵力单薄，但也坚守了一年多的时间。章帝刚刚即位，又因为陈睦被杀的事情，担心班超势力单薄、身处险境而无法自保，于是便下诏让班超回朝。班超带兵回朝，疏勒国上下都无比恐慌。他们的都尉黎弇说："汉朝使者抛弃了我们，我们一定会再次被龟兹国所灭的。实在不忍心看到汉朝使者离去。"因而拔剑自刎。班超回朝的时候路过于窴国，王侯之下的人都号啕大哭说："依赖汉朝的使者就如同依赖我们的父母一样，实在是不可以离去啊。"大家都争相抱着班超所骑的马腿，班超无法继续前行。班超担心于窴国人最后不让他东归，而他又想要实现自己原本的志向，于是又再次返回疏勒国。疏勒国的两座城池自从班超回去后，又重新归降龟兹国，而和尉头国联合。班超逮捕、斩杀了反叛的人，击破尉头国，杀掉六百多人，自此疏勒国又安定下来了。

【原文】

建初三年，超率疏勒、康居、于窴、拘弥兵一万人攻姑墨石城①，破之，斩首七百级。超欲因此叵平诸国②，乃上疏请兵。曰：

臣窃见先帝欲开西域，故北击匈奴，西使外国，鄯善、于窴即时向化。今拘弥、莎车、疏勒、月氏、乌孙、康居复愿归附③，欲共并力破灭龟兹，平通汉道。若得龟兹，则西域未服者百分之一耳。臣伏自惟念，卒伍小吏，实愿从谷吉效命绝域④，庶几张骞弃身旷野。昔魏绛列国大夫，尚能和辑诸戎，况臣奉大汉之威，而无铅刀一割之用乎⑤？前世议者皆曰取三十六国，号为断匈奴右臂。今西域诸国，自日之所入，莫不向化，大小欣欣，贡奉不绝，惟焉耆、龟兹独未服从。臣前与官属三十六人奉使绝域，备遭艰厄。自孤守疏勒，于今五载，胡夷情数，臣颇识之。问其城郭大小，皆言“倚汉与依天等”。以是效之，则葱领可通，葱领通则龟兹可伐。今宜拜龟兹侍子白霸为其国王，以步骑数百送之，与诸国连兵，岁月之间，龟兹可禽。以夷狄攻夷狄，计之善者也。臣见莎车、疏勒田地肥广，草牧饶衍，不比敦煌、鄯善间也，兵可不费中国而粮食自足。且姑墨、温宿二王⑥，特为龟兹所置，既非其种，更相厌苦⑦，其势必有降反。若二国来降，则龟兹自破。愿下臣章，参考行事。诚有万分，死复何恨。臣超区区，特蒙神灵，窃冀未便僵仆⑧，目见西域平定，陛下举万年之觞，荐勋祖庙，布大喜于天下。

【注释】

①康居：古西域国名，今巴尔喀什湖和威海之间。拘弥：古西域国名，今新疆于田县克里雅河以东。石城：今新疆乌什县城一带。

②叵：就。

③乌孙：古西域国名，今伊犁河谷。

④谷吉：西汉元帝时期，出使西域郅支国的司马，后来被郅支

人杀害。

⑤铅刀：铅质的刀，比喻没有用的人或者是物。

⑥温宿：古国名，今新疆温宿县。

⑦厌苦：厌恶。

⑧僵仆：死亡。

【译文】

章帝建初三年，班超率领疏勒、康居、于寘、拘弥一万兵力攻打姑墨国的石城，并将其攻破，杀敌七百。班超想要趁机平定西域各国，便上书请求朝廷发兵增援。说：

我知道先帝想要打通西域地区，所以才攻打北面的匈奴，派遣使者出使西边的国家，鄯善、于寘两国很快便归附汉朝。而今拘弥、莎车、疏勒、月氏、乌孙、康居也愿意归附汉朝，并想要联合兵力消灭龟兹国，平定通往汉朝的通道。如若能够平定龟兹国，那么西域地区也只有百分之一的人没有归顺汉朝了。我曾经私底下思虑，军人小吏，都愿意追随谷吉在绝域为国效力，被匈奴囚禁多年的张骞还是愿意将自身交付于旷野。昔日魏绛是各国的大夫，尚且还能让各戎狄国归附汉朝，更何况我依仗着大汉朝的威仪，难道还不如铅刀有用吗？前代的人都说夺取三十六国，就能够斩断匈奴的右臂。而今西域各个国家，从早到晚，没有不想着要归附汉朝的，大大小小的国家，都在不断地向汉朝进贡，唯有焉耆、龟兹两国没有顺服。我之前和三十六个属官曾奉命出使绝域，经过了艰难险阻。自从我孤守疏勒国以来，至今已经有五年的时间了，对于胡夷人的情况，我也颇有了解。询问他们的城池大小，都说“依仗汉朝和依仗上天是同等的”。从这句话上来看，是可以开通葱岭的，开通葱岭就能够征伐龟兹国了。而今最好的方法就是任命龟兹国的人质白霸做他们的国王，并让几百步骑兵护送他回国，然后和各个国家联合，几个月之内，就可以拿下龟兹国。让夷狄人攻打夷狄人，这是最好的谋略了。我见莎车、疏勒两国田地肥沃，草牧丰饶，和敦煌、鄯善两地不一样，军队可以不依靠中国的供给而能够自给自足。而且姑墨、温宿两国的国王，都是龟兹国给他们安置的，既然都不是他们本国人，大家也都非常厌恶他们，看形势一定会有人投降反叛。如若这两个国家来归降，那么龟兹国便不攻自破了。希望能够给我一个规章，以让我在行事的时候作为参考。即便万一有不测，我也死而无憾了。我本就是一个很渺小的人，承蒙神灵的护佑，私底下祈祷不要过早地死去，能够让我亲眼看到平定西域各方，陛下也能够举杯庆祝万年无疆，向祖庙祭祀，将这大喜之事公布于天下。

【原文】

书奏，帝知其功可成，议欲给兵。平陵人徐幹素与超同志，上疏愿奋身佐超。五年，遂以幹为假司马，将驰刑及义从千人就超①。

【注释】

①义从：自愿跟从。

【译文】

奏本呈交之后，章帝知道班超能够成就这份功业，便和朝臣商议给班超兵力。平陵人徐幹素来和班超志同道合，便上书希望能够前往西域辅佐班超，章帝建初五年，便任命徐幹代理大司马一职，带领免除刑罚的和自愿跟从的上千人马到达班超身边。

【原文】

先是，莎车以为汉兵不出，遂降于龟兹，而疏勒都尉番辰亦复反叛。会徐幹适至，超遂与幹击番辰，大破之，斩首千余级，多获生口。超既破番辰，欲进攻龟兹。以乌孙兵强，宜因其力，乃上言："乌孙大国，控弦十万，故武帝妻以公主①，至孝宣皇帝，卒得其用。今可遣使招慰，与共合力。"帝纳之。八年，拜超为将兵长史，假鼓吹幢麾②。以徐幹为军司马，别遣卫候李邑护送乌孙使者，赐大小昆弥以下锦帛③。

【注释】

①武帝妻以公主：公元前 105 年，汉武帝封江都王刘建的女儿细君为公主，嫁给乌孙国王昆莫猎骄靡，由此汉朝和乌孙国结为兄弟之邦，共同

牵制匈奴。

②幢麾（huī）：旌旗依仗之类。

③大小昆弥：乌孙将他们的王称为昆弥。老昆弥死后，他的后世子孙争相抢夺王位，于是汉宣帝便册立大小两个昆弥，赏赐给各自印绶。

【译文】

先前，莎车国认为汉朝不会发兵，于是便归降了龟兹国，而疏勒国都尉番辰也再次发动叛变。恰好徐幹赶到，于是班超和徐幹联合攻打番辰，大破番辰的军队，斩杀敌军上千余人，并捕获了很多俘虏。班超攻破番辰后，又想要进攻龟兹国。他又想到乌孙国兵力强盛，应该借助乌孙国的力量，于是便上书说："乌孙是个大国，能够拉弓射箭的就有十万人，所以汉武帝才将公主嫁给乌孙国国王，到孝宣皇帝时，乌孙便发挥了它的作用。而今可以派遣使者前去招降，和他们合力攻打龟兹国。"章帝采纳了他的建议。章帝建初八年，任命班超为将兵长史，并让他享受和大将军一样待遇的仪仗和旌旗。任命徐幹为大司马，并另外派卫候李邑护送乌孙使者，赏赐乌孙大小国王以及臣下锦帛等物。

【原文】

李邑始到于窴，而值龟兹攻疏勒，恐惧不敢前，因上书陈西域之功不可成，又盛毁超拥爱妻，抱爱子，安乐外国，无内顾心。超闻之，叹曰："身非曾参而有三至之谗①，恐见疑于当时矣。"遂去其妻。帝知超忠，乃切责邑曰："纵超拥爱妻，抱爱子，思归之士千余人，何能尽与超同心乎？"令邑诣超受节度。诏超："若邑任在外者，便留与从事。"超即遣邑将乌孙侍子还京师。徐幹谓超曰："邑前亲毁君，欲败西域，今何不缘诏书留之，更遣它吏送侍子乎？"超曰："是何言之陋也！以邑毁超，故今遣之。内省不疚，何恤人言！快意留之，非忠臣也。"

【注释】

①身非曾参而有三至之谗：曾参是孔子的学生，以孝顺闻名。一个同名之人杀了人，便有人将这件事情告诉给曾参的母亲，他的母亲却没有理会；之后又有第二个人前来诉说这件事情，曾参的母亲还是不予理睬；后来又来了第三个告知的人，曾参的母亲吓得翻墙逃走了。

【译文】

李邑刚到达于窴国，正好赶上龟兹国攻打疏勒国，因为心中恐惧而不敢继续前行，因而上书说无法成就西域的功业，又大肆诋毁班超拥着妻子，抱着儿子，在国外享乐，毫无国家之心。班超听说后，感叹说："我自己没有曾参的美德而又屡次遭到谗言的攻击，恐怕当朝要怀疑我了。"于是班超便送走了妻子。章帝知道班超的忠诚，便很是责备李邑说："即便班超拥着妻子，抱着孩子，那上千余名渴望返乡的将士，又如何能够和班超同心协力呢？"于是便命令李邑前往班超那里而接受班超的调遣。并诏令班超："如若李邑还能够胜任外面的工作，就把他留在你身边做事。"班超便即刻派遣李邑将乌孙的人质送往京城。徐幹对班超说："李邑之前诋毁你，想要败坏西域的功业，而今为何不依据诏书将他留在你身边，更派他人护送人质呢？"班超说："这句话是多么浅薄啊！正是因为李邑诋毁我，所以今天我将他派送回去。我内心没有什么可愧疚的，又何惧人言呢！如若贪图一时之快而将他留下，这不是忠臣所为。”

【原文】

明年，复遣假司马和恭等四人将兵八百诣超，超因发疏勒、于窴兵击莎车。莎车阴通使疏勒王忠，啖以重利[①]，忠遂反从之，西保乌即城[②]。超乃更立其府丞成大为疏勒王，悉发其不反者以攻忠。积半岁，而康居遣精兵救之，超不能下。是时，月氏新与康居婚，相亲，超乃使使多赍锦帛遗月氏王，令晓示康居王，康居王乃罢兵，执忠以归其国，乌即城遂降于超。

【注释】

①啖：引诱。

②乌即城：今新疆喀什市西面六十公里处。

【译文】

第二年，又派遣代理司马和恭等四人率领八百军士前去协助班超，班超因此征发疏勒、于窴的兵力攻打莎车国。莎车国暗地里派遣使者和疏勒国王忠联系，并且以重利引诱他，于是忠背叛班超而跟随了莎车国，驻守在西边的乌即城。于是班超便改立府丞成大为疏勒王，发动没有背叛的兵力攻打忠。这样僵持了半年的时间，而康居国又调遣精兵救援忠，班超无法将其攻下。当时，月氏国刚和康居国联姻，两国之间的关系也非常亲近，于是班超便派遣使者给月氏王赠送了很多锦帛，并命他晓谕康居王，于是康居王便撤兵了，班超捉拿了忠并回到自己的国家，随即乌即城也归降班超。

【原文】

后三年，忠说康居王借兵，还据损中[①]，密与龟兹谋，遣使诈降于超。超内知其奸而外伪许之。忠大喜，即从轻骑诣超。超密勒兵待之，为供张设乐，酒行，乃叱吏缚忠斩之。因击破其众，杀七百余人，南道于是遂通。

【注释】

①损中：城池的名字，地址不详。

【译文】

三年后，忠说服康居王借兵，并占据了损中城，秘密和龟兹合谋，派遣使者向班超诈降。班超心知其中有诈而表面上却假装答应了。忠很高兴，便立刻带着轻骑兵前来拜见班超。班超秘密下令让士兵武装等待，随后又摆放宴席、设置音乐来欢迎忠，酒席开始后，班超便命令士兵将忠捆绑并杀掉了他。又趁机攻破他的军队，杀敌七百多人，于是便开通了南道。

【原文】

明年，超发于窴诸国兵二万五千人，复击莎车。而龟兹王遣左将军发温宿、姑墨、尉头合五万人救之。超召将校及于窴王议曰："今兵少不敌，其计莫若各散去。于窴从是而东，长史亦于此西归，可须夜鼓声而发。"阴缓所得生口。龟兹王闻之大喜，自以万骑于西界遮超，温宿王将八千骑于东界徼于窴①。超知二虏已出，密召诸部勒兵，鸡鸣驰赴莎车营②，胡大惊乱奔走，追斩五千余级，大获其马畜财物。莎车遂降，龟兹等因各退散，自是威震西域。

【注释】

①徼：阻挡。

②鸡鸣：天亮以前。

【译文】

第二年，班超征发于窴各国两万五千人兵力，再次攻打莎车国。而龟兹国王派遣左将军征伐温宿、姑墨、尉头共五万兵力前来援助莎车国。班超召集各将士以及于窴王商议说："而今我们寡不敌众，最好的办法莫不如各自散去。于窴从此处向东撤离，长史也从此处向西撤离，可以等到半夜鼓声响起的时候出发。"然后又暗自放缓对所得俘虏的看管。龟兹王听说之后很高兴，亲自带领上万骑兵在西边拦截班超，温宿王则带领八千骑兵在东边阻拦于寘的军队。班超知道这两股敌军已经出发，便又秘密诏令各个部将整顿兵马，天亮之前奔赴莎车国的营地，胡人因惊慌而四处奔走，班超追杀敌军五千多人，将莎车国的马匹、牲畜、财物全部缴获。于是莎车国归降，龟兹国等也因此各自撤退，自此班超的大名威震西域。

【原文】

初，月氏尝助汉击车师有功①，是岁贡奉珍宝、符拔、师子②，因求汉公主。超拒还其使，由是怨恨。永元二年，月氏遣其副王谢将兵七万攻超。超众少，皆大恐。超譬军士曰："月氏兵虽多，然数千里逾葱领来，非有运输，何足忧邪？但当收谷坚守，彼饥穷自降，不过数十日决矣。"谢遂前攻超，不下，又抄掠无所得。超度其粮将尽，必从龟兹求救，乃遣兵数百于东界要之③。谢果遣骑赍金银珠玉以赂龟兹。超伏兵遮击，尽杀之，持其使首以示谢。谢大惊，即遣使请罪，愿得生归。超纵遣之。月氏由是大震，岁奉贡献。

【注释】

①车师：古西域国名。

②符拔：野兽的名字，长相似鹿，尾巴较长。

③要：拦截。

【译文】

起初，月氏国曾经帮助汉朝攻打车师国有功，这年又向汉朝进贡了珍宝、符拔、狮子，并想要迎娶汉朝公主。班超拒绝并遣返了他们的使者，他们由此心生怨恨。永元二年，月氏派遣副王谢率领七万兵力攻打班超。班超兵力较少，将士们都非常惊恐。班超劝导军士说："虽然月氏国的兵力比较多，但他们奔赴几千里、跨越葱岭而来，没有办法运输军需粮食，又有何忧虑呢？我们只需要收集谷粮坚守城中，他们粮食吃完后自己就投降了，几十天内就能够决出高下了。"于是谢前来攻打班超，没有攻破，又抢掠一番也没有所获。班超思量着敌军的粮食快要用完时，必定会向龟兹国求救，于是便派遣几百兵力在东界拦截他们。谢果然派遣骑兵带着珍

宝金银前去贿赂龟兹国。班超派遣的伏兵出击，将他们全部杀了，并拿着使者的头颅让谢看。谢很惊恐，即刻派人向班超请罪，并希望班超让他们活着回去。班超便将他们全部放了。月氏国由此大为震动，年年都向汉朝廷进贡。

【原文】

明年，龟兹、姑墨、温宿皆降，乃以超为都护，徐幹为长史。拜白霸为龟兹王，遣司马姚光送之。超与光共胁龟兹废其王尤利多而立白霸，使光将尤利多还诣京师。超居龟兹它乾城，徐幹屯疏勒。西域唯焉耆、危须、尉犁以前没都护[①]，怀二心，其余悉定。

【注释】

①危须：古西域国名，今博斯腾湖北面。尉犁：古西域国名，今新疆尉犁县。

【译文】

第二年，龟兹、姑墨、温宿都归降汉朝，于是便任命班超为都护，徐幹为长史。立白霸为龟兹王，派遣司马姚光护送他回去。班超和姚光一起威胁龟兹国废掉他们的国王尤利多而改立白霸，派遣姚光将尤利多送往京城。班超居住在龟兹国的它乾城，徐幹驻扎在疏勒国。西域地区除了焉耆、危须、尉犁因之前杀死过都护，而心怀二心，其他地方都平定了。

【原文】

六年秋，超遂发龟兹、鄯善等八国兵合七万人，及吏士贾客千四百人讨焉耆。兵到尉犁界，而遣晓说焉耆、尉犁、危须曰："都护来者，欲镇抚三国。即欲改过向善，宜遣大人来迎①，当赏赐王侯下，事毕即还。今赐王彩五百匹。"焉耆王广遣其左将北鞬支奉牛、酒迎超。超诘鞬支曰："汝虽匈奴侍子，而今秉国之权。都护自来，王不以时迎，皆汝罪也。"或谓超可便杀之。超曰："非汝所及。此人权重于王，今未入其国而杀之，遂令自疑，设备守险，岂得到其城下哉！"于是赐而遣之。广乃与大人迎超于尉犁，奉献珍物。

【注释】

①大人：王公贵族。

【译文】

和帝永元六年秋天，班超征召龟兹、鄯善等八国共七万兵力，以及将士、商人、宾客等一千四百多人讨伐焉耆。大军到达尉犁地界，班超派人晓谕焉耆、尉犁、危须说："都护此次前来的用意，是想要镇抚三国。现在想要改过向善，应该派遣王公大臣前去迎接，那么便会赏赐王侯以下之人，事情完毕后就会带兵返还。现在就赏赐给国王五百匹彩色织品。"焉耆王广派遣他的左将北鞬支带着牛肉、美酒前去迎接班超。班超责问鞬支说："虽然你是匈奴的质子，如今也掌管着国家大权，都护亲自到来，国王却不及时迎接，这都是你的罪过啊。"有人对班超说可以杀掉他。班超说："你有所不知。这个人的权势比焉耆王广还重，如若还没有进入他们的国家就将他杀掉，会让他们起疑，进而处处设防并严守险要地段，又岂能到达他们城下呢！"于是赏赐了鞬支并将他送回去。于是焉耆王广和王公贵族在尉犁地区迎接班超，献上珍奇宝物。

【原文】

焉耆国有苇桥之险，广乃绝桥，不欲令汉军入国。超更从它道厉度。七月晦，到焉耆，去城二十里，营大泽中。广出不意，大恐，乃欲悉驱其人共入山保。焉耆左候元孟先尝质京师，密遣使以事告超，超即斩之，示不信用。乃期大会诸国王，因扬声当重加赏赐①，于是焉耆王广、尉犁王汎及北鞬支等三十人相率诣超。其国相腹久等十七人惧诛，皆亡入海，而危须王亦不至。坐定，超怒诘广曰："危须王何故不到？腹久等所缘逃亡？"遂叱吏士收广、汎等于陈睦故城斩之，传首京师。因纵兵抄掠，斩首五千余级，获生口万五千人，马畜牛羊三十余万头，更立元孟为焉耆王。超留焉耆半岁，慰抚之。于是西域五十余国悉皆纳质内属焉。

【注释】

①扬声：扬言。

【译文】

焉耆国的苇桥处于险要位置，广便截断桥，不想让汉军进入自己的国家。班超便从其他地方涉水而过。七月的最后一天，班超到达焉耆，在距城二十里的地方，驻扎在大泽中。这些都出乎广的意料，很是惊恐，便想要把人马全部赶入山中以求得自保。焉耆左候元孟先前在京城做人质，他私下里派人将这件事情告诉班超，班超即刻杀掉了这个人，以表示他不相信这个消息。于是又约定好和诸位国王会面的时间，并扬言会重重赏赐他们，于是焉耆王广、尉犁王汎及北鞬支等三十多个人前来拜见班超。焉耆国的国相腹久等十七个人担心被杀，便都逃入海上，而危须王也没有如约前来。众人坐好之后，班超怒斥广说："危须王为何不到？腹久等人又为何逃亡？"于是便命令兵士将广、汎等人逮捕并送往陈睦之前所在的城池杀掉了，并将他们的头颅送往京城。又纵容士兵烧杀抢夺，杀了五千多人，俘虏了一万五千人，缴获马、牛、羊等三十多万头，改立元孟为焉耆王。班超在焉耆停留了半年的时间，安慰焉耆国的百姓。于是西域五十多个国家都将人质送往京城以表示归顺之意。

【原文】

超在西域三十一岁。十四年八月至洛阳，拜为射声校尉。超素有胸胁疾，既至，病遂加。帝遣中黄门问疾①，赐医药。其年九月卒，年七十一。

朝廷愍惜焉，使者吊祭，赠赗甚厚[②]。子雄嗣。

【注释】

①中黄门：在宫廷服侍的太监。

②赠赗（fèng）：赠送车马等物帮助安葬。

【译文】

班超在西域生活了三十一年。永元十四年八月返回洛阳，任命为射声校尉。班超的胸肋一直有毛病，回来不久，他的病情便加重了。和帝派遣中黄门前去慰问，并赏赐给他医药。同年九月去世，终年七十一岁。朝廷很是怜恤他，派遣使者前去吊念，并赏赐很多车马等送葬用的物品。他的儿子班雄继承了他的爵位。

【原文】

初，超被征，以戊己校尉任尚为都护。与超交代。尚谓超曰："君侯在外国三十余年，而小人猥承君后[①]，任重虑浅，宜有以诲之。"超曰："年老失智，任君数当大位，岂班超所能及哉！必不得已，愿进愚言。塞外吏士，本非孝子顺孙，皆以罪过徙补边屯。而蛮夷怀鸟兽之心[②]，难养易败。今君性严急，水清无大鱼，察政不得下和。宜荡佚简易[③]，宽小过，总大纲而已。"超去后，尚私谓所亲曰："我以班君当有奇策，今所言平平耳。"尚至数年，而西域反乱，以罪被征，如超所戒。

【注释】

①小人：小一辈的人。

②鸟兽之心：禽兽一般的性情。

③荡佚：放纵。

【译文】

起初，班超被召回时，任命戊己校尉任尚为都护。任尚和班超进行了前后交接工作。任尚对班超说："你在国外三十多年，而我作为后辈要去继承您的事业，任务繁重而我的思虑却比较短浅，还希望您能够有所教诲。"班超说："我年高糊涂，而您却几次担当重职，岂是我所能比的！一定要讲的话，我愿意说一下愚笨的建议。塞外的兵士，原本就不是孝子贤孙之辈，都是因为犯了罪过而发配边疆。而蛮夷有禽兽之心，很难驯养而又容易败亡。而今您是个脾性严厉急躁的人，不过水流太清就不会有大鱼，体察政事过于严厉就无法让下属和睦。应该少约束而行事简易，宽容小的过错，总领大纲就可以了。"班超离开后，任尚私下里对亲近的人说："我以为班超会有出奇的对策，如今听他所说也是一般啊。"任尚到达西域没几年，西域便开始叛乱，他也被征召回朝治罪，一切都如班超所劝诫的那样。

王充列传

【题解】

王充，自幼为孤儿，师从班彪。王充记忆力惊人，博览群书，并不局限于章句之间。王充的《论衡》，极具辩论色彩，既反思了经学的发展，又批判了谶纬学中的"虚妄"现象。王充到了老年时期，又著《养性书》，以此来修养身心。

【原文】

王充字仲任，会稽上虞人也[①]，其先自魏郡元城徙焉[②]。充少孤，乡里称孝。后到京师，受业太学，师事扶风班彪。好博览而不守章句。家贫无书，常游洛阳市肆[③]，阅所卖书，一见辄能诵忆，遂博通众流百家之言。后归乡里，屏居教授。仕郡为功曹，以数谏争不合去。

【注释】

①上虞：今浙江省上虞市境内。

②元城：今河北省大名县。

③市肆：集市。

【译文】

王充字仲任，会稽上虞人，他的先祖是从魏郡的元城迁徙过来的。王充年少时就成了孤儿，并以孝顺名闻乡里。后来前往京城，并在太学学习，他的老师是扶风人班彪。王充好博览群书而不拘泥于章句之间。他因为家境贫寒无钱买书，便经常跑到洛阳的集市上，阅读书贩卖的书，看一遍就能够朗诵记忆了，由此他知晓百家学说。后来王充回到乡里，开始独居教学。他还曾担任过郡里的功曹，因为和官员政见不合而辞官离去。

【原文】

充好论说，始若诡异，终有理实。以为俗儒守文，多失其真，乃闭门潜思，绝庆吊之礼，户牖墙壁各置刀笔。著《论衡》八十五篇，二十余万言，释物类同异，正时俗嫌疑[①]。

【注释】

①嫌疑：疑惑难解的事理。

【译文】

王充擅长论说，起初还犹如诡辩一般，但最后的结果却是有理有据。王充认为平庸的儒生只知道恪守文辞，大多失去了本真，于是便闭门潜心思虑，拒绝庆祝悼念的礼节应酬，窗户墙壁上各自放了一些刀笔。著有《论衡》一书，共八十五篇，二十多万字，解释了事物的异同之处，纠正了当时世俗上一些疑惑难解的事理。

【原文】

刺史董勤辟为从事[1]，转治中，自免还家。友人同郡谢夷吾上书荐充才学，肃宗特诏公车征，病不行。年渐七十，志力衰耗，乃造《养性书》十六篇，裁节嗜欲，颐神自守。永元中，病卒于家。

【注释】

①从事：官名，汉武帝时期设置。

【译文】

刺史董勤任命他为从事，后又升迁为治中从事，最后王充还是辞官回家。同郡的友人谢夷吾上书举荐王充的才学，肃宗又特地诏令公车府征召王充，王充因为生病而没有前往。王充年近七十，志力有所耗损，于是便著了《养性书》共有十六篇，大多都是关乎节制嗜好和欲望的，王充也以此修养身心。永元中年，王充在家里因病去世。

张衡列传

【题解】

张衡是我国古代著名的科学家，也是著名的文学家，而他在政治上也有所作为。在科学方面，张衡制造的浑天仪和地动仪，为我国科学技术的发展做出了杰出的贡献，地动仪更是比欧洲的地震仪早一千七百多年；在文学方面，张衡所著的《二京赋》具有很高的文学价值；在政治方面也颇有成绩。张衡性情恬淡，不好名利，是一个从容淡雅、无骄奢之情的人。

【原文】

张衡字平子，南阳西鄂人也[①]。世为著姓。祖父堪，蜀郡太守。衡少善属文，游于三辅，因入京师，观太学，遂通《五经》，贯六艺[②]。虽才高于世，而无骄尚之情。常从容淡静，不好交接俗人。永元中，举孝廉不行，连辟公府不就。时天下承平日久，自王侯以下，莫不逾侈。衡乃拟班固《两都》[③]，作《二京赋》，因以讽谏。精思傅会，十年乃成。文多，故不载。大将军邓骘奇其才[④]，累召不应。

【注释】

①西鄂：县名，今河南南阳。

②六艺：礼、乐、射、御、书、数等六种学问和技能。

③《两都》：指的是班固的《西都赋》和《东都赋》。

④邓骘：邓禹的孙子，安帝时期被封为大将军。

【译文】

张衡字平子，南阳西鄂人。张衡家世代都是有名望的大姓。他的祖父张堪，是蜀郡太守。张衡年少的时候就擅长写文，并在三辅地区游学，后又前往京城，在太学学习，于是便知晓《五经》，贯通六艺。虽然张衡的才学比当世人都高，但他却没有半点儿骄奢之情。张衡平日比较从容淡定，不喜欢和世俗人交往。永元年间，被举荐为孝廉而没有前去应召，几次被公府征召也不前往。当时天下太平已久，自王侯以下的官员，没有不过度奢侈的。于是张衡便仿照班固所作的《两都赋》，创作《二京赋》，并以此向朝廷讽谏。精心思虑润色，用了十年的时间才著成。文字比较多，所以就不摘录了。大将军邓骘惊奇张衡的才学，但多次征召他都没有回应。

【原文】

衡善机巧[①]，尤致思于天文、阴阳、历算[②]。……安帝雅闻衡善术学，公车特征拜郎中，再迁为太史令。遂乃研核阴阳[③]，妙尽璇机之正，作浑天仪，著《灵宪》、《算罔论》[④]，言甚详明。

【注释】

①机巧：机械的巧妙。

②致思：用心思考。

③研核：研究核查。

④《灵宪》：关于历法的书。《算罔论》：关于算术的书。

【译文】

张衡对于机械方面的技巧比较擅长，尤其在天文、阴阳、历算等方面用尽了心思……安帝听说张衡擅长术学，公车府又特意征召他为郎中，后又升任为太史令。于是张衡又开始研究核查阴阳之事，精妙地算尽测天仪器之理，制造出浑天仪，著有《灵宪》《算罔论》，里面的记载都非常详尽明了。

【原文】

顺帝初，再转，复为太史令。衡不慕当世[①]，所居之官，辄积年不徙。自去史职，五载复还，乃设客问，作《应间》以见其志云。

【注释】

①当世：高官权臣。

【译文】

顺帝初年，张衡再次调动官职，又任职太史令。张衡不知道迎合当世高官权臣，他担任官职时，都是多年得不到升迁的机会。自从他离任太史令一职后，五年之后又重新担任太史令，于是便设置了客问的方式，写下《应间》以表示他的志向。

【原文】

阳嘉元年[①]，复造候风地动仪[②]。以精铜铸成，员径八尺，合盖隆起，形似酒尊，饰以篆文山龟鸟兽之形。中有都柱[③]，傍行八道，施关发机。外有八龙，首衔铜丸，下有蟾蜍，张口承之。其牙机巧制，皆隐在尊中，覆盖周密无际。如有地动，尊则振龙机发吐丸，而蟾蜍衔之。振声激扬，伺者因此觉知。虽一龙发机，而七首不动，寻其方面[4]，乃知震之所在。验之以事，合契若神。自书典所记，未之有也。尝一龙机发而地不觉动，京师学者咸怪其无征[5]，后数日驿至，果地震陇西，于是皆服其妙。自此以后，乃令史官记地动所从方起[6]。

【注释】

①阳嘉：汉顺帝的年号。

②候风地动仪：测定地震的仪器。

③都柱：粗大的中心柱，可以摆动。

④方面：方向。

⑤无征：没有应验。

⑥所从方起：从哪个方向发生的。

【译文】

阳嘉元年，张衡又造出候风地动仪。此仪器由精铜铸成，直径八尺，上下覆盖、中间隆起，形状和酒樽相似，上面还装饰着篆文、山、龟、鸟、兽的图案。中间有能够摆动的粗大柱子，柱子旁边伸出八条槽道，设有可以拨动机件的机关。外围有八条龙，龙的嘴里各衔着一个铜球，龙头下面有蟾蜍，蟾蜍张口可以接住铜球。其中相互咬合而比较精巧的零件，都隐藏在樽中，覆盖周密而又没有一点儿缝隙。如若发生地震，酒樽就会震动龙首内的机关而使得龙头将铜球吐出，而下面的蟾蜍就会将其接住。声音激扬，监管仪器的人便因此知道发生了地震。虽然一条龙引动机关，但其他的七条龙都没有动静，只要遵循这条龙的方向，就能够知道地震发生的地点了。用实际情况来验证，灵验若神。自从出现典籍记载以后，还没有过这样的情况。曾经有一次龙首的机关发动却没有感觉到地面震动，于是京城中的学者便责怪它没有应验，几日之后驿使到来，陇西地区果然发生了地震，于是人们都叹服它的精妙。自此之后，朝廷才让史官记录下地震所发生的方向。

【原文】

后迁侍中，帝引在帷幄，讽议左右。尝问衡天下所疾恶者。宦官惧其毁己，皆共目之，衡乃诡对而出[①]。阉竖恐终为其患[②]，遂共谗之。

【注释】

①诡对：并非出于真心的应对。

②阉竖：对宦官的蔑称。

【译文】

张衡后来升任侍中，皇帝将他引入宫廷，在他左右负责讽谏之事。皇帝曾经问张衡天下人所憎恶的人是谁。宦官都担心张衡会诋毁自己，便都用眼睛直勾勾地看着他。于是张衡便说了一些应付的话就退出了。宦官担心张衡最终会成为他们的祸患，于是便一起谗言污蔑他。

【原文】

衡常思图身之事[①]，以为吉凶倚伏，幽微难明，乃作《思玄赋》，以宣寄情志[②]。

【注释】

①图身：思虑到自身的安全。

②宣寄：寄托。

【译文】

张衡经常思虑到自身的安全事宜，认为福祸可以相互转化，隐微而又难以明了，于是便作了《思玄赋》，以寄托自己的情志。

【原文】

永和初，出为河间相[①]。时国王骄奢[②]，不遵典宪；又多豪右，共为不轨。衡下车，治威严，整法度，阴知奸党名姓[③]，一时收禽，上下肃然，称为政理。视事三年，上书乞骸骨[④]，征拜尚书。年六十二，永和四年卒。

【注释】

①河间相：河间王刘政的相，职权相当于太守。

②国王：河间王刘政。

③阴知：暗地里查明。

④乞骸骨：乞求退休。

【译文】

永和初年，张衡为河间王刘政的相。当时刘政骄奢无度，不遵守宪章典制；又有很多的豪族大户，都行不轨之事。张衡刚刚上任，便树立威严，整顿法度，暗地里查明奸党的姓名，并将他们全部逮捕，使得河间上下对其肃然起敬，都赞扬他政事治理得好。张衡在任三年后，便给朝中上书乞求辞官回乡，朝中又征召他为尚书。张衡活了六十二岁，于永和四年去世。

马融列传

【题解】

马融，东汉时期的古文经学家，师从挚恂。马融不喜官场，但为了在乱世中求得一寸生存之地，便应邓骘的征召，前往东观校书。在马融看来，俗儒议政是一件非常可笑的事情，并主张文德和武功，主张圣贤之道。不过，马融虽然才学颇高，但他的糜烂、奢侈无度的生活，也为世人所讥讽和诟病。

【原文】

马融字季长，扶风茂陵人也①，将作大匠严之子。为人美辞貌，有俊才。初，京兆挚恂以儒术教授②，隐于南山，不应征聘，名重关西。融从其游学，博通经籍。恂奇融才，以女妻之。

【注释】

①扶风：今陕西宝鸡市的下辖县。

②挚恂：字季直，擅长属文，在当时颇有清名。

【译文】

马融字季长，扶风茂陵人，将作大匠马严的儿子。马融相貌俊美、善于言辞，有很出色的才华。起初，京兆人挚恂教授学生儒家学说，隐居于南山，不回应朝廷的征召，在关西地区颇有名望。马融跟着挚恂游学，贯通经籍。挚恂对马融的才华很是惊讶，将自己的女儿嫁给他为妻。

【原文】

永初二年，大将军邓骘闻融名①，召为舍人②，非其好也，遂不应命，客于凉州武都、汉阳界中。会羌虏飙起，边方扰乱，米谷踊贵，自关以西，道殣相望[3]。融既饥困，乃悔而叹息，谓其友人曰："古人有言：'左手据天下之图，右手刎其喉，愚夫不为。'所以然者，生贵于天下也。今以曲俗咫尺之羞[4]，灭无赀之躯，殆非老、庄所谓也。"故往应骘召。

【注释】

①邓骘：字昭伯，今河南新野县人，曾受大将军窦宪的征召，又因妹妹入宫为贵人，而被封为郎官，后又经过几次升迁，为车骑将军。

②舍人：邓骘左右的小官。

③道殣相望：路上随处都可以看到饿死的人。

④曲俗：鄙陋的习俗。

【译文】

永初二年，大将军邓骘听说了马融的大名，便征召为舍人，不过马融不喜欢为官，便没有回应征召之事，并客居在凉州武都、汉阳界中。恰逢羌人敌寇四起，扰乱边境，米粮、谷物的价格迅速上升，自函谷关向西，一路上随处都可以看到饿死的人。马融也是饥饿疲乏，于是后悔而叹息，对他的友人说："古人有句话：'左手拿着天下的地图，右手却去割自己的喉咙，这是愚蠢之人都不会去做的事情。'之所以这样说，是因为人的生命比天下要贵重。而今却因为屈从于鄙陋习俗之辱，而放弃了无价的身躯，恐怕并非是老子、庄子所提倡的。"所以便前去应邓骘的征召。

【原文】

四年，拜为校书郎中[1]，诣东观典校秘书。是时邓太后临朝，骘兄弟辅政。而俗儒世士，以为文德可兴，武功宜废，遂寝蒐狩之礼[2]，息战陈之法，故猾贼从横，乘此无备。融乃感激，以为文武之道，圣贤不坠，五才之用[3]，无或可废。元初二年，上《广成颂》以讽谏。

【注释】

①校书郎中：掌管典籍的校理工作。

②蒐（sōu）：田猎。

③五才：指的是勇、智、仁、信、忠五种品德。

【译文】

永初四年，马融担任校书郎中，奉命前往东观校理典籍。当时邓太后处理朝政，邓骘兄弟辅佐政事。而世上平庸的儒学人士和士大夫，认为可以用文德兴国，军事武功应该废止，于是废弃了狩猎的礼仪，暂停了排兵布阵的兵法讲习，所以才使得狡猾的寇贼趁机四起，骄横霸道。马融对此很愤慨，认为文德、武功，在圣贤之人面前都不应该偏废，五才的效用，也没有一样是可以偏废的。元初二年，马融上书《广成颂》以示讽谏。

【原文】

颂奏，忤邓氏[①]，滞于东观，十年不得调。因兄子丧自劾归。太后闻之怒，谓融羞薄诏除[②]，欲仕州郡，遂令禁锢之。

【注释】

①忤：忤逆，违背。

②羞薄：轻视。

【译文】

《广成颂》呈报后，忤逆了邓氏，职位便一直停滞于东观，十年内都没有得到升迁。后因为兄长的儿子去世而又以回家为由自我参劾。邓太后听说后很生气，说马融轻视朝中诏令，想要前往州郡任职，于是便下令禁止马融入仕。

【原文】

太后崩，安帝亲政，召还郎署，复在讲部[1]。出为河间王厩长史[2]。时车驾东巡岱宗，融上《东巡颂》，帝奇其文，召拜郎中。及北乡侯即位，融移病去，为郡功曹。

【注释】

①讲部：讲堂所在地或者是授课的部门。

②厩长史：管理马车的官。

【译文】

邓太后驾崩，安帝亲理朝政，征召马融任职郎署，并让他进入讲部授学。后来他又任职河间王的厩长史。当时天子的车驾东巡到岱宗，马融献上了《东巡颂》，皇帝对他的文采很是震惊，便任命他为郎中。等到北乡侯即位，马融称病辞官，只在郡中做功曹。

【原文】

阳嘉二年，诏举敦朴，城门校尉岑起举融，征诣公车，对策，拜议郎。大将军梁商表为从事中郎，转武都太守。时西羌反叛，征西将军马贤与护羌校尉胡畴征之，而稽久不进。融知其将败，上疏乞自效，曰：

今杂种诸羌转相抄盗[1]，宜及其未并，亟遣深入，破其支党，而马贤等处处留滞。羌胡百里望尘，千里听声，今逃匿避回，漏出其后，则必侵寇三辅，为民大害。臣愿请贤所不可用关东兵五千，裁假部队之号，尽力率厉，埋根行首，以先吏士，三旬之中，必克破之。臣少习学艺[2]，不更武职，猥陈此言，必受诬罔之辜。昔毛遂厮养，为众所蚩，终以一言，克定从要。臣惧贤等专守一城，言攻于西而羌出于东，且其将士必有高克溃叛之变。

【注释】

①抄盗：掠夺财物的寇贼。

②艺：经学六艺。

【译文】

阳嘉二年，天子诏令举荐一些敦厚朴实的贤人，城门校尉岑起举荐马融，朝中便征召他前往公车府，回答天子策问，任职议郎。大将军梁商又上书推举他为从事中郎，后又升迁为武都太守。当时正值西羌反叛，征西将军马贤与护羌校尉胡畴带兵前去征讨，可却长时间无法前进。马融知道他们必定会战败，于是便上疏乞求能够为国效力，说：

而今种族杂乱的羌人相互抢夺侵略，应该趁着他们还没有合并的时候，尽快派军深入，攻破羌人的旁支兵力，而马贤等人却处处滞留无法前进。羌人胡人在百里之外窥视中原，在千里之外倾听中原的动静，而今逃亡、躲藏、回避，遗漏的羌人肯定会带兵攻打马贤的后方，这样一来寇贼一定会侵入三辅地区，成为百姓的灾难。我愿意带领马贤所不可以用的五千关东兵，打着他部队的名号，尽力率领并勉励将士，冲锋陷阵、坚守不退，身先士卒，一个月之内，一定能够攻克羌人。我少时曾学习六艺，但没有担当过武职，陈述这番言论，一定会被扣上夸大、虚妄的罪名。昔日毛遂身份低微，被众人所嗤笑，最终却以一句话，就定下了合纵的要事。我担心马贤等人只一心驻守一座城池，说是要攻打羌人的西侧而羌人却从东侧而出，而且他的将士一定会出现高克溃败叛逃的变故。

【原文】

朝廷不能用。又陈：“星孛参、毕，参西方之宿，毕为边兵①，至于分野②，并州是也。西戎北狄，殆将起乎！宜备二方。”寻而陇西羌反，乌桓寇上郡，皆卒如融言。

【注释】

①边兵：边境战事。

②分野：和星位相对应的地域。

【译文】

朝廷没有采纳他的建议。马融又上书说："彗星出现在参宿、毕宿之间，参宿是西方的星宿，毕宿则昭示着边境的战事，在参宿相对应的区域，就是并州了。西戎北狄，恐怕也要兴兵作乱了！应该在这两个地方加强防备。"不久之后陇西一带的羌人反叛，乌桓占领了上郡，都如马融所说的那样。

【原文】

三迁，桓帝时为南郡太守。先是融有事忤大将军梁冀旨，冀讽有司奏融在郡贪浊[①]，免官，髡徙朔方[②]。自刺不殊，得赦还，复拜议郎，重在东观著述，以病去官。

【注释】

①浊：贪污的事情。

②髡（kūn）：古时将男子头发剃去的一种刑罚。

【译文】

随后马融经历了三次升迁，桓帝时期为南郡太守。先前马融有一件事情违逆了大将军梁冀的旨意，梁冀私下里让有关部门参奏马融在郡内行贪污之事，马融被罢免官职，剃掉头发并发配到朔方地区。马融自杀未遂，后又被赦免回京，再次任职议郎，又在东观著书立说，最后称病辞官。

【原文】

融才高博洽[①]，为世通儒，教养诸生，常有千数。涿郡卢植，北海郑玄，皆其徒也。善鼓琴，好吹笛，达生任性，不拘儒者之节。居宇器服，多存侈饰。常坐高堂，施绛纱帐，前授生徒，后列女乐，弟子以次相传，鲜有入其室者。尝欲训《左氏春秋》，及见贾逵、郑众注，乃曰："贾君精而不博，郑君博而不精。既精既博，吾何加焉！"但著《三传异同说》。注《孝经》《论语》《诗》《易》《三礼》《尚书》《列女传》《老子》《淮南子》《离骚》，所著赋、颂、碑、诔、书、记、表、奏、七言、琴歌、对策、遗令，凡二十一篇。

【注释】

①博洽：学识广博。

【译文】

马融才高广博，是当世的通儒，受他教养的学生，有上千人之多。涿郡人卢植，北海人郑玄，都是他的学生。马融擅长弹琴，喜好吹笛，生性豁达、不拘小节，也不被儒家礼节约束。他住所里面的器物、服饰，大多都奢侈、精饰。他经常坐在高堂之上，前面垂着绛色的纱帐，纱帐前面教授学生，纱帐后面便有女乐歌舞，弟子依照辈分秩序相互传授，很少有能够进入他室内的。他曾经想要训解《左氏春秋》，等他看到贾逵、郑众的注解，便说："贾逵的注解精妙但不广博，郑众的注解广博但不精妙，既有了精妙又有了广博，我还有何可增加的！"他只著了《三传异同说》。后又注解了《孝经》《论语》《诗》《易》《三礼》《尚书》《列女传》《老子》《淮南子》《离骚》，他所著的赋、颂、碑、诔、书、记、表、奏、七言、琴歌、对策、遗令，一共有二十一篇。

【原文】

初，融惩于邓氏，不敢复违忤势家，遂为梁冀草奏李固，又作大将军《西第颂》，以此颇为正直所羞。年八十八，延熹九年卒于家。遗令薄葬①。族孙日磾，献帝时位至太傅。

【注释】

①薄葬：简单下葬，指葬礼简单、节俭。

【译文】

当初，马融受到了邓氏的惩罚，不再敢违逆有权势的人，于是便为大将军梁冀起草参奏李固的文章，又为大将军作了《西第颂》，也因此被那些正直之人所耻笑。马融活了八十八岁，于延熹九年在家中去世。并留下简单安葬的遗言。他的族孙马日磾，献帝时期官居太傅。

【原文】

论曰：马融辞命邓氏，逡巡陇、汉之间[①]，将有意于居贞乎？既而羞曲士之节[②]，惜不赀之躯，终以奢乐恣性，党附成讥，固知识能匡欲者鲜矣。夫事苦，则矜全之情薄；生厚，故安存之虑深。登高不惧者，胥靡之人也[③]；坐不垂堂者，千金之子也。原其大略，归于所安而已矣。物我异观[④]，亦更相笑也。

【注释】

①逡巡：停留，此处指的是客居他乡。

②曲士：比喻孤陋寡闻的人。

③胥靡：一无所有。

④物我异观：从外物和自身两个角度观察。

【译文】

论说：马融推辞了邓氏的任命，客居在陇地、汉地之间，难道是有意保持贞洁的吗？不久又因为自己孤陋寡闻的气节而感到羞耻，又爱惜自己无价的身躯，最终因为奢侈放纵，而被人讥讽，所以了解本性能够匡正私欲的人很少。生活困苦，自然就会淡薄爱惜名节的想法；生活富足，所以才会思虑自身的安全。登高而又没有恐惧的人，是一无所有之人；怕被瓦片伤到而不敢坐在屋檐下的人，是千金之躯。追究其中的大义，总归于他们自身的处境罢了。从外物和自身两个角度观察，也只是相互嘲笑而已。

李固列传

【题解】

李固，东汉著名的士人。李固自幼好学，广结豪士，受四方人所敬仰。李固入仕后，讥讽权贵，降服盗贼，以匡扶社稷为己任。东汉中后期，朝政混乱，许多官吏为求自保而趋炎附势、随波逐流，而李固却威武不屈，最后被权势滔天的梁冀杀害。

【原文】

李固字子坚，汉中南郑人，司徒郃之子也。郃在《方术传》。固貌状有奇表，鼎角匿犀，足履龟文。少好学，常步行寻师，不远千里。遂究览坟籍，结交英贤。四方有志之士，多慕其风而来学。京师咸叹曰："是复为李公矣[1]。"司隶、益州并命郡举孝廉，辟司空掾，皆不就。

【注释】

①李公：李固的父亲李郃。

【译文】

李固字子坚，汉中南郑人，是司徒李郃的儿子。李郃的事迹在《方术传》中。李固的容貌很奇特，额角上的骨头微微突起犹如鼎脚一般，脚下还有像龟一样的花纹。李固自幼好学，经常走路去寻师，不远千里。李固研究了很多古代典籍，结交了很多英才贤士。四方的有志之士，大多都仰慕他的风采而前来向他学习。京城的人感叹说："这又是一个李郃啊。"司隶、益州一并命令郡举推荐李固为孝廉，并征召为司空掾，李固都没有前去就职。

【原文】

阳嘉二年[①]，有地动、山崩、火灾之异，公卿举固对策[②]，诏又特问当世之敝，为政所宜。……顺帝览其对，多所纳用，即时出阿母还弟舍，诸常侍悉叩头谢罪，朝廷肃然。以固为议郎。而阿母宦者疾固言直，因诈飞章以陷其罪[③]，事从中下。大司农黄尚等请之于大将军梁商，又仆射黄琼救明固事[④]，久乃得拜议郎。

【注释】

①阳嘉：汉顺帝的年号。

②对策：书面回答皇帝的问题。

③飞章：匿名诬告的书信。

④救明：帮助说明。

【译文】

汉顺帝阳嘉二年，出现了地动、山崩、火灾等异象，公卿都推举李固回答皇帝的策问，皇帝诏令中又特意提到了当世的弊端，治政最为适宜的方法。……汉顺帝浏览了李固的对策，大多数都采纳实施了，便立刻将宋阿母（汉顺帝的乳母）送回她弟弟的房舍，众位常侍也都叩头谢罪，朝廷秩序肃然。皇帝任命李固为议郎。而阿母、宦官嫉恨李固的直言进谏，因而伪造匿名书信污蔑李固，事情由内廷下发处理。大司农黄尚等人向大将军梁商求情，又有仆射黄琼帮助禀明李固的事情，于是很久之后李固才任职议郎。

【原文】

出为广汉雒令，至白水关，解印绶[①]，还汉中，杜门不交人事。岁中，梁商请为从事中郎。商以后父辅政，而柔和自守，不能有所整裁，灾异数见，下权日重。固欲令商先正风化，退辞高满，乃奏记……商不能用。

【注释】

①解印绶：交出官印，脱去绶带，意为辞官。

【译文】

李固出京任职广汉雒令，到达白水关后，他解下绶带、交出官印，又返回汉中，闭门不再涉足人事。这一年，大将军梁商征召他为从事中郎。梁商以皇后父亲的身份辅佐政事，但柔和自守，无法对朝政有所整肃裁决，灾难异象几次出现，下属的权力也是一天天变大。李固想要让梁商先纠正风俗教化，罢免那些自满的官员，于是便写奏记给梁商……梁商没有采用。

【原文】

永和中，荆州盗贼起，弥年不定，乃以固为荆州刺史。固到，遣吏劳问境内，赦寇盗前衅①，与之更始。于是贼帅夏密等敛其魁党六百余人②，自缚归首③。固皆原之，遣还，使自相招集，开示威法。半岁间，余类悉降，州内清平。

【注释】

①前衅：之前的罪行。

②魁党：首领。

③归首：投案自首。

【译文】

永和年间，荆州盗贼猖獗，常年无法平定，于是便任命李固为荆州刺史。李固到任后，派遣官吏慰问境内百姓，赦免盗贼之前的罪过，给他们重新来过的机会。于是盗贼首领夏密等人带领大小头目六百多人，自我捆绑着前来自首。李固都原谅了他们，并将他们释放，让他们自相招集，并宣告威严的法令。半年的时间，其他盗贼全部投降，荆州境内清静太平。

【原文】

上奏南阳太守高赐等臧秽①。赐等惧罪，遂共重赂大将军梁冀，冀为千里移檄，而固持之愈急。冀遂令徙固为太山太守。时太山盗贼屯聚历年，郡兵常千人，追讨不能制。固到，悉罢遣归农，但选留任战者百余人，以恩信招诱之。未满岁，贼皆弭散[2]。

【注释】

①臧秽：贪赃污秽。

②弭散：消散。

【译文】

李固上奏南阳太守高赐等人贪赃污秽。高赐等人惧怕获罪，于是便用重金贿赂大将军梁冀，梁冀为他们发了一日千里的加急文书，而李固坚持办理的心情也更加急迫。于是梁冀下令调任李固为泰山太守。当时，泰山盗贼已经屯聚多年，郡内经常派遣千人追赶，却都没有办法制止。李固到任后，将郡内的士兵全部遣散以让他们回家务农，只留下能够打仗的百余人，以恩惠信用来招降盗贼。不满一年，盗贼全部消散了。

【原文】

先是，周举等八使案察天下，多所劾奏，其中并是宦者亲属，辄为请乞，诏遂令勿考。又旧任三府选令史，光禄试尚书郎，时皆特拜，不复选试。固乃与廷尉吴雄上疏，以为八使所纠，宜急诛罚[1]，选举署置，可归有司。帝感其言，乃更下免八使所举刺史、二千石，自是稀复特拜，切责三公，明加考察，朝廷称善。乃复与光禄勋刘宣上言："自顷选举牧守，多非其人，至行无道，侵害百姓。又宜止槃游[2]，专心庶政。"帝纳其言，于是下诏诸州劾奏守令以下，政有乖枉，遇人无惠者，免所居官；其奸秽重罪，收付诏狱。

【注释】

①诛罚：责备并处罚。

②槃游：游乐。

【译文】

之前，周举等八位钦差巡视各地，有很多被弹劾参奏的人，他们都是宦官的亲属，于是宦官便为他们求情，皇帝便下诏令不再多加拷问。又有过去委任三府选拔官吏，光禄府任用尚书郎，当时都是特别拜授的，不用

参加选试。于是李固便和廷尉吴雄上疏，认为八位钦差所纠察的人，应该即刻责问处罚，选举设置官署，可以让相关部门实施。皇帝有感于他们的言论，便下令免除八位钦差所检举的刺史、二千石的官员，自此拜授官员的情况就很稀少了，并切责三公，明加考察，朝中官员对此很是称赞。于是李固又和光禄勋刘宣上言："之前选举的郡守州牧，大多都不适合，以至于他们治政无道，危害百姓。还应该禁止游乐，专心于政事。"皇帝采纳了他们的谏言，于是下诏各州弹劾郡守和县令之下的官员，凡是治政乖张枉错，而又没有施恩于百姓的，全部免除官职；对于那些犯有奸邪重罪的官员，全部收入诏狱。

【原文】

及冲帝即位，以固为太尉，与梁冀参录尚书事。明年帝崩，梁太后以杨、徐盗贼盛强，恐惊扰致乱，使中常侍诏固等，欲须所征诸王侯到乃发丧[①]。

固对曰："帝虽幼少，犹天下之父。今日崩亡，人神感动，岂有臣子反共掩匿乎？昔秦皇亡于沙丘，胡亥、赵高隐而不发，卒害扶苏，以至亡国。近北乡侯薨，阎后兄弟及江京等亦共掩秘[②]，遂有孙程手刃之事。此天下大忌，不可之甚者也。"太后从之，即暮发丧。

【注释】

①须：等待。

②江京：顺帝时期的宦官。

【译文】

等到冲帝即位，任命李固为太尉，和梁冀一起总领尚书事宜。第二年冲帝驾崩，梁太后以杨州、徐州两地盗贼猖獗，担心会惊扰京城秩序而引发混乱，于是便让中常侍召进李固等人，想要等所有征召的诸王侯全部到达再发丧。李固回答说："虽然皇帝年幼，但也犹如天下的父亲。而今驾崩身亡，人神哀恸，岂有臣子反要隐藏这个消息呢？昔日秦始皇在沙丘身亡，胡亥、赵高隐而不发，最后害死了扶苏，以致国家灭亡。近时北乡侯离世，阎皇后兄弟以及江京等人也一起隐藏消息，于是便有了孙程手刃江京的事情。这是天下间的大忌，不可以这样啊。"太后听从了他的建议，当天晚上就发丧了。

【原文】

固以清河王蒜年长有德，欲立之，谓梁冀曰："今当立帝，宜择长年高明有德，任亲政事者，愿将军审详大计，察周、霍之立文、宣[①]，戒邓、阎之利幼弱[②]。"冀不从，乃立乐安王子缵，年八岁，是为质帝。时，冲帝将北卜山陵。固乃议曰："今处处寇贼，军兴用费加倍，新创宪陵，贼发非一。帝尚幼小，可起陵于宪陵茔内[③]，依康陵制度[④]，其于役费三分减一。"乃从固议。时太后以比遭不造[⑤]，委任宰辅，固所匡正，每辄从用，其黄门宦者一皆斥遣，天下咸望遂平，而梁冀猜专，每相忌疾。

【注释】

①周：周勃。

②邓、阎之利幼弱：汉和帝去世后，邓太后立刘隆为殇帝，当时刘隆刚出生不过百天。殇帝不到两岁就死了，后来又立安帝刘祜，当时刘祜只有十几岁。汉安帝死后，阎太后立北乡侯刘懿为帝，刘懿当时尚且年幼，即位当年去世。

③宪陵：汉顺帝的陵墓。

④康陵：汉殇帝的陵墓。

⑤不造：不幸。

【译文】

李固认为清河王刘蒜年长而又有德行，想要立他为皇帝，对梁冀说："而今拥立帝王，应该选择一个年长而又高明有德的人，能够亲自治理政事的人，希望大将军您审慎大事，明察周勃、霍光立文帝、宣帝的事情，戒除邓太后、阎太后利用幼弱君主的事情。"梁冀不听，于是便立乐安王的儿子刘缵为帝，年仅八岁，这就是质帝。此时，又要为冲帝选择陵墓。李固提议说："而今处处都是盗贼，军需费用加倍，顺帝的宪陵刚刚建成，需要开支的地方还不止一处。而且冲帝尚且年幼，可以在宪陵内部另起一个陵，依照康陵的制度，就可以省下三分之一的费用。"于是便采纳了李固的提议。这时太后因为屡次遭遇不幸，而将朝廷政事都委托给宰辅大臣，李固所要匡正的，每次都能够被采纳施用，其黄门宦者全部斥遣，天下人都希望可以实现太平，而梁冀是个专断多疑之人，所以对李固很是嫉恨。

【原文】

冀忌帝聪慧，恐为后患，遂令左右进鸩。帝苦烦甚，促使召固。固入，前问："陛下得患所由？"帝尚能言，曰："食煮饼，今腹中闷，得水尚可活。"时冀亦在侧，曰："恐吐，不可饮水。"语未绝而崩。固伏尸号哭，推举侍医①。冀虑其事泄，大恶之。

【注释】

①推举：拷问查究。

【译文】

梁冀忌讳幼帝聪慧，担心会成为自己的祸患，于是便让左右之人进上毒酒。幼帝很是苦痛烦闷，让人立即召李固进宫。李固入内，上前问道："陛下得病是什么原因？"幼帝尚且还能说话，说："吃了汤面，现在腹中闷热，喝水尚且还可以活着。"当时梁冀也在一旁，说："恐怕要吐，不可以喝水。"话还没说完而质帝就驾崩了。李固趴在质帝身边号啕大哭，又拷问侍奉的御医。梁冀担心事情败露，于是对李固更加厌恶。

【原文】

因议立嗣，固引司徒胡广、司空赵戒，先与冀书……冀得书，乃召三公、中二千石、列侯大议所立。固、广、戒及大鸿胪杜乔皆以为清河王蒜明德著闻，又属最尊亲，宜立为嗣。先是蠡吾侯志当取冀妹，时在京师，冀欲立之。众论既异，愤愤不得意，而未有以相夺，中常侍曹腾等闻而夜往说冀曰①："将军累世有椒房之亲，秉摄万机，宾客纵横，多有过差。清河王严明，若果立，则将军受祸不久矣。不如立蠡吾侯，富贵可长保也。"冀然其言，明日重会公卿，冀意气凶凶，而言辞激切。自胡广、赵戒以下，莫不慑惮之。皆曰："惟大将军令。"而固独与杜乔坚守本议。冀厉声曰："罢会。"固意既不从，犹望众心可立，复以书劝冀。冀愈激怒，乃说太后先策免固，竟立蠡吾侯，是为桓帝。

【注释】

①曹腾：东汉时期的宦官。

【译文】

于是又开始商议立嗣的问题，李固引着司徒胡广、司空赵戒，先给梁冀写信……梁冀得到书信，便召见三公、中二千石、列侯商议立嗣的问题。李固、胡广、赵戒以及大鸿胪杜乔都认为清河王刘蒜以明德闻名，又是皇族中最尊亲的人，应该立为嗣君。之前蠡吾侯刘志迎娶了梁冀的妹妹，当时他正好在京城，于是梁冀便想要立他为皇帝。众人议论纷纷，梁冀心有忿恨不满意，但又无法找到定夺的办法，中常侍曹腾等人听说后便连夜前去劝说梁冀："将军连续几世都和皇族结亲，主持国家政务，宾客众多，多有过失差错。清河王刘蒜为人严明，如若将他立为皇帝，那么将军不久就要遭受祸害了。不如立蠡吾侯，可以长保将军富贵。"梁冀很赞同他的言论，第二天又召集公卿，梁冀气势汹汹，言辞比较激切。从胡广、赵戒之下，没有不忌惮的。都说："只听从大将军的号令。"而独有李固和杜乔坚持原本的建议。梁冀厉声斥责说："罢会。"李固的建议没被听从，但他犹且希望众人的心愿能够达成，于是再次给梁冀写信劝说。梁冀越来越愤怒，于是说服太后罢免了李固的官职，最后立蠡吾侯，是为汉桓帝。

【原文】

后岁余，甘陵刘文、魏郡刘鲔各谋立蒜为天子，梁冀因此诬固与文、鲔共为妖言，下狱。门生勃海王调贯械上书[①]，证固之枉，河内赵承等数十人亦要铁锧诣阙通诉[②]，太后明之，乃赦焉。及出狱，京师市里皆称万岁[③]。冀闻之大惊，畏固名德终为己害，乃更据奏前事，遂诛之，时年五十四。

【注释】

①贯械上书：带着手铐脚镣上书。

②铁锧（fū zhì）诣阙通诉：带着刑具前往朝堂投诉。

③市里：城中的百姓。

【译文】

一年之后，甘陵人刘文、魏郡人刘鲔各自谋算着要立刘蒜为天子，梁冀以这件事诬陷李固和刘文、刘鲔串通蛊惑人心，将他关入牢狱。李固的门生渤海王调戴着手铐脚镣上疏，力证李固的冤屈，河内赵承等几十个人也戴着刑具前往朝堂申诉，太后明了此事，便赦免了李固。李固出狱，城中百姓都高呼万岁。梁冀听说后非常惊讶，畏惧李固的名声德行最终会危害到自己，于是便另行上奏之前的事，诛杀了李固，李固当时五十四岁。

【原文】

临命[1]，与胡广、赵戒书曰："固受国厚恩，是以竭其股肱，不顾死亡，志欲扶持王室，比隆文、宣。何图一朝梁氏迷谬，公等曲从，以吉为凶，成事为败乎？汉家衰微，从此始矣。公等受主厚禄，颠而不扶，倾覆大事，后之良史，岂有所私？固身已矣，于义得矣，夫复何言！"广、戒得书悲惭，皆长叹流涕。

【注释】

①临命：临死的时候。

【译文】

李固临死的时候，给胡广、赵戒写信说："李固深受国家的恩惠，所以才竭尽全力地辅佐君主，不顾及死亡，一心想要扶持王室，想让汉室比文帝、宣帝时期更加昌隆。何曾想到一时间梁冀迷谬众人，你们等人也曲意逢迎，以致好事变为坏事，成功转为了失败？汉室的衰败，要从这里开始了。你们深受君主的厚禄，见汉室颠覆而又不扶持，让国家颠覆的大事，后代那些正直的史官，又岂能会容得私心呢？我的生命将要结束，但我已经得到了道义，还有什么可说的呢！”胡广、赵戒得到书信悲戚惭愧，都长叹而流泪。

陈蕃列传

【题解】

陈蕃，东汉著名的官吏。桓帝、灵帝时期，宦官把持朝政，残害忠良，使得朝廷内外乌烟瘴气，混乱不堪。陈蕃自幼就有大志，品行方正，治政严明，直言不讳，想要将朝中宦官铲除，只可惜功业未成，便被奸人所害。

【原文】

陈蕃字仲举，汝南平舆人也。祖河东太守。蕃年十五，尝闲处一室，而庭宇芜秽。父友同郡薛勤来候之①，谓蕃曰：“孺子何不洒扫以待宾客？”蕃曰：“大丈夫处世，当扫除天下，安事一室乎！”勤知其有清世志，甚奇之。

【注释】

①候：探望。

【译文】

陈蕃字仲举，汝南平舆人。他的祖父曾任职河东太守。陈蕃十五岁的时候，曾经独居一室，而他的庭院内杂乱不堪。他父亲的朋友同郡人薛勤来探望他，对陈蕃说：“你为何不洒扫庭除以招待宾客呢？”陈蕃说：“大丈夫处世，应该扫除天下，怎么可以侍奉一间屋子呢！”薛勤知道他有清世的志向，认为他很不一般。

【原文】

初仕郡，举孝廉，除郎中。遭母忧[1]，弃官行丧。服阕，刺史周景辟别驾从事，以谏争不合，投传而去[2]。后公府辟举方正，皆不就。

【注释】

①母忧：母亲的丧事。

②投传：丢掉官符，指弃官。

【译文】

起初陈蕃在郡中做官，被举荐为孝廉，后又任职郎中。此时又遇到母亲的丧事，陈蕃弃官服丧。服丧结束后，刺史周景征召他为别驾从事，后因为意见不合，陈蕃又弃官离去。后来公府征召并举荐他为方正，他都没有前去就职。

【原文】

太尉李固表荐，征拜议郎，再迁为乐安太守。时李膺为青州刺史，名有威政，属城闻风，皆自引去，蕃独以清绩留。郡人周璆，高洁之士。前后郡守招命莫肯至，唯蕃能致焉。字而不名[1]，特为置一榻，去则县之[2]。

【注释】

①字而不名：称呼他的字而不直呼名。

②县：通“悬”，悬挂。

【译文】

太尉李固上奏举荐陈蕃，征召他为议郎，后又升任乐安太守。当时，李膺为青州刺史，因治政严明闻名，所属郡县内的官员听到风声，都自行辞官而去，只有陈蕃因治官清明而被留任。同郡人周璆，是个高洁之士。前后郡守征召他而他都不肯前去就职，只有陈蕃能够将他请来。陈蕃称呼他的字而不直呼其名，并特意为他设置了一个榻，周璆离开后陈蕃就把榻悬起来。

【原文】

大将军梁冀威震天下，时遣书诣蕃，有所请托，不得通，使者诈求谒，蕃怒，笞杀之，坐左转修武令[①]。稍迁，拜尚书。

【注释】

①坐：获罪。

【译文】

大将军梁冀威震天下，当时派人给陈蕃送去书信，有所请托，陈蕃没有接见，使者使诈得以拜见，陈蕃发怒，用鞭子抽死了他，于是便因罪被降职为修武县令。之后又慢慢升迁，官拜尚书。

【原文】

时零陵、桂阳山贼为害，公卿议遣讨之，又诏下州郡，一切皆得举孝廉、茂才。蕃上疏驳之曰："昔高祖创业，万邦息肩，抚养百姓，同之赤子[①]。今二郡之民，亦陛下赤子也。致令赤子为害，岂非所在贪虐，使其然乎？宜严敕三府，隐核牧守令长，其有在政失和，侵暴百姓者，即便举奏，更选清贤奉公之人，能班宣法令情在爱惠者，可不劳王师，而群贼弭息矣。又三署郎吏二千余人，三府掾属过限未除，但当择善而授之，简恶而去之。岂烦一切之诏，以长请属之路乎！"以此忤左右，故出为豫章太守。性方峻，不接宾客，士民亦畏其高。征为尚书令，送者不出郭门。

【注释】

①同之赤子：待民如子。

【译文】

当时，零陵、桂阳地区的山贼猖獗，公卿商议派兵征讨，皇帝又诏令各个州郡，所有郡县都可以举荐孝廉、茂才。陈蕃上疏反驳说："昔日汉高祖建立绩业，天下百姓都卸下了重担，朝中抚养百姓，如同抚养自己的孩子一般。如今两个郡县的百姓，也是陛下的赤子。导致赤子为害，难道不是因为当地官员贪污暴虐，才让他们变成这样的吗？应该严令三府，暗地里审核州牧、太守、郡守、长吏等，有治政失和，侵害残暴百姓的，即刻检举弹劾，更选清正严明、秉公执法的人，能够颁布法令而又一心施惠于百姓，这样就可以不必劳烦王师，而群贼就自动消散、平息了。还有三署的两千多郎官，三府的属官期限已过却都未被授官，应该选择有能力的人授予官职，一些邪恶之人就让他们离去。哪还需要烦劳下诏地方举荐人才，而助增请托的风气呢！”陈蕃也因此忤逆了皇帝身边的人，所以被贬为豫章太守。陈蕃生性方正严峻，不接待宾客，士兵百姓也都畏惧他的高亢。后来又征召他为尚书令，送行之人都不出外城门。

【原文】

中常侍苏康、管霸等复被任用，遂排陷忠良，共相阿媚。大司农刘祐、廷尉冯绲、河南尹李膺，皆以忤旨，为之抵罪。蕃因朝会，固理膺等[①]，请加原宥，升之爵任。言及反覆，诚辞恳切。帝不听，因流涕而起。时小黄门赵津、南阳大猾张汜等，奉事中官，乘势犯法，二郡太守刘瓆、成瑨考案其罪，虽经赦令，而并竟考杀之。宦官怨恚，有司承旨，遂奏瓆、瑨罪当弃市。又山阳太守翟超，没入中常侍侯览财产，东海相黄浮，诛杀下邳令徐宣，超、浮并坐髡钳②，输作左校。蕃与司徒刘矩、司空刘茂共谏请瓆、瑨、超、浮等，帝不悦。有司劾奏之，矩、茂不敢复言。蕃乃独上疏……帝得奏愈怒，竟无所纳，朝廷众庶莫不怨之。宦官由此疾蕃弥甚，选举奏议，辄以中诏谴却③，长史已下多至抵罪。犹以蕃名臣，不敢加害。

【注释】

①固理：坚持申辩。

②髡（kūn）钳：刑法的名称，将犯人头发剃去，并给颈部带上铁圈。

③谴却：斥退。

【译文】

中常侍苏康、管霸等又重新被任用，于是就排斥陷害忠良，二人互相阿谀奉承。大司农刘祐、廷尉冯绲、河南尹李膺，都因为违背了他们的旨意而获罪。陈蕃在朝会上，坚持申诉李膺等人的冤屈，并请求谅情免罪，并升任他们的爵位。陈蕃反复申述，言辞诚实恳切。桓帝不听，陈蕃便流泪起身而出。当时，小黄门赵津、南阳大猾张汜等，服侍宦官，仗势犯法，南阳、太原两个郡的太守刘瓆、成瑨二人拷问他们的罪行，虽然他们已经获得了赦免的诏令，但最后还是把他们处死了。宦官由此埋怨、怨恨他们，相关部门奉宦官的命令，于是便上奏弹劾刘瓆、成瑨二人所犯之罪应该当街处死。又有山阳太守翟超，将中常侍侯览的财产全部没收，东海相黄浮，将下邳令徐宣杀死，翟超、黄浮也因此受到了髡钳之刑，让他们在左校服劳役。陈蕃和司徒刘矩、司空刘茂一起上书谏言并替刘瓆、成瑨、翟超、黄浮等人求情，皇帝因此不高兴。相关部门又弹劾他们，刘矩、刘茂便不敢再上书了。于是陈蕃便独自上书……桓帝得到奏折后越发地愤怒，陈蕃的意见一点儿都没有被采纳，朝廷众人也没有不怨恨他的。宦官由此更加嫉恨陈蕃，每每碰到选举奏议，就以皇帝的名义将其斥退，长史以下的官员大多获罪。只不过因为陈蕃是一位名臣，宦官并不敢加害于他。

【原文】

九年，李膺等以党事下狱考实。蕃因上疏极谏曰：

臣闻贤明之君，委心辅佐；亡国之主，讳闻直辞。……伏见前司隶校尉李膺、太仆杜密、太尉掾范滂等，正身无玷①，死心社稷。以忠忤旨，横加考案，或禁锢闭隔，或死徙非所。杜塞天下之口，聋盲一世之人，与秦焚书坑儒，何以为异？昔武王克殷，表闾封墓，今陛下临政，先诛忠贤。遇善何薄？待恶何优？夫谗人似实，巧言如簧，使听之者惑，视之者昏。夫吉凶之效，存乎识善；成败之机，在于察言。人君者，摄天下之政，秉四海之维②，举动不可以违圣法，进退不可以离道规③。谬言出口，则乱及八方，何况髡无罪于狱，杀无辜于市乎！……又青、徐炎旱④，五谷损伤，民物流迁，茹菽不足⑤。而宫女积于房掖⑥，国用尽于罗纨，外戚私门⑦，贪财受赂，所谓"禄去公室，政在大夫"。……天之于汉，悢悢无已⑧，故殷勤示变，以悟陛下。除妖去孽，实在修德。臣位列台司，忧责深重，不敢尸禄惜生，坐观成败。如蒙采录，使身首分裂，异门而出，所不恨也。

【注释】

①玷：缺点，污点。

②四海之维：国家的大纲。

③道规：道的规则。

④青、徐：青州、徐州。

⑤茹菽：粮食。

⑥房掖：内宫。

⑦私门：权贵人家。

⑧悢悢（liàng liàng）：眷念。

【译文】

延熹九年，李膺等人因为党事而被关入大牢并受严刑拷问。因此，陈蕃上书极力劝谏说：

我听说贤明的君主，会信任辅佐的大臣；亡国的君主，会忌讳直言之人。……我见前司隶校尉李膺、太仆杜密、太尉掾范滂等人，他们身正而无任何缺点，死心塌地地为着国家社稷。因为忠诚而违逆了皇帝的旨意，于是便遭受横加拷问，或者是被禁锢闭隔，或者是死在他地。堵塞了天下人的口，将全世界的人当作聋子、瞎子，和秦朝时期的焚书坑儒，又有什么差异呢？昔日武王攻克殷商，旌表商容的闾巷、修缮比干的坟墓，而今陛下亲临政事，却先诛杀忠臣贤良之人。对待好人为何如此刻薄？对待恶人又为何如此优厚？谗言之人看似忠诚老实，巧言如簧，让听者感到迷惑，让视者感到昏乱。所谓吉凶的验证，在于识别善恶；成败的时机，在于察言观色。作为人民的君主，掌管天下的政事，秉承国家的大纲，一举一动都不可以违逆圣法，一进一退都不可以背离道的规则。谬言说出口，就会祸及八方，更何况是剃去无罪之人的头发并将其关入大牢，并当街杀掉无辜之人呢！……又因为青州、徐州炎热干旱，五谷受到损伤，百姓流离辗转，粮食不足。而内宫的宫女充足，国家的财物都用在她们的穿着上，外戚权贵，贪财受赂，所谓"禄去公室，政在大夫"。……上天之于汉室，眷念不已，所以殷勤地示意其中的灾变，以此来明示陛下。除去妖孽，实质上就是修缮道德。我位列三公，忧虑到自身的责任重大，不敢白拿俸禄、爱惜生命，坐观成败。如果我的建议蒙受皇上厚爱而被采用，即便让我身首异处，异门而出，我也没有什么怨恨的了。

【原文】

帝讳其言切，托以蕃辟召非其人，遂策免之。

永康元年，帝崩。窦后临朝①，诏曰："夫民生树君，使司牧之，必须良佐，以固王业。前太尉陈蕃，忠清直亮。其以蕃为太傅，录尚书事。"时新遭大丧，国嗣未立，诸尚书畏惧权官，托病不朝。蕃以书责之曰："古人立节，事亡如存。今帝祚未立②，政事日蹙，诸君奈何委荼蓼之苦③，息偃在床④？于义不足，焉得仁乎！"诸尚书惶怖，皆起视事。

【注释】

①窦后：东汉桓帝的皇后窦妙。

②帝祚：帝位。

③荼蓼（tú liǎo）之苦：艰难辛苦的事情。

④息偃在床：过安静的日子。

【译文】

桓帝忌讳陈蕃的直言进谏，便以陈蕃征召人才不当为由，罢免了他的官职。

永康元年，桓帝驾崩。窦皇后总领朝政，并下诏说："百姓的本性就是要树立君主，让君主治理他们，一定要用良人辅佐，以此来巩固帝王的基业。前太尉陈蕃，忠厚清廉正直信实。所以任命陈蕃为太傅，主管尚书事宜。"当时，刚刚遭遇皇帝的丧事，国家还没有确立君主，诸位尚书都畏惧朝中权臣，称病不上朝。陈蕃便写书责备他们说："古人树立气节，服侍亡故的君主就要如同他活着的时候一样。而今帝位还没有确立，政事日益窘迫，各位为何要抛弃艰难困苦的事情，躲起来过安静的日子呢？这从节义上来说犹且不

足，又哪谈得上仁德呢！”各位尚书惶恐不安，都开始任职理事。

【原文】

灵帝即位，窦太后复优诏蕃曰：“盖褒功以劝善，表义以厉俗[1]，无德不报，《大雅》所叹。太傅陈蕃，辅弼先帝，出内累年[2]。忠孝之美，德冠本朝；謇愕之操，华首弥固。今封蕃高阳乡侯，食邑三百户。”

【注释】

①厉俗：激励世俗。

②出内：出纳帝命。

【译文】

灵帝即位，窦太后又再次嘉奖陈蕃说：“但凡褒奖有功之人是为了劝导人们向善，表彰节义是为了激励世俗，没有功德的就没有回报，这也是《大雅》所赞叹的。太傅陈蕃，辅佐先帝，长年出纳皇帝的命令。忠孝的美名，德冠本朝；操行正直，年迈后又更加坚定。现在封陈蕃为高阳乡侯，食邑三百户。”

【原文】

蕃上疏让曰：

使者即臣庐，授高阳乡侯印绶，臣诚悼心，不知所裁。臣闻让，身之文，德之昭也，然不敢盗以为名。窃惟割地之封[1]，功德是为[2]。臣孰自思省，前后历职，无他异能，合亦食禄，不合亦食禄。臣虽无素洁之行，窃慕“君子不以其道得之，不居也”。若受爵不让，掩面就之，使皇天震怒，灾流下民，于臣之身，亦何所寄？顾惟陛下哀臣朽老，戒之在得。

窦太后不许，蕃复固让，章前后十上，竟不受封。

【注释】

①窃惟：私下里考虑。

②功德是为：根据功劳和品德接受封赏。

【译文】

陈蕃上疏辞让说：

使者来到我家，授予我高阳乡侯的印绶，我的心里实在是惶恐不安，不知所措。我听说谦让，是为了修饰自身，昭明品德。然而也不敢盗用它来作虚名。我私下里考虑割地的封赏，只是依据功劳和品德。我仔细反省，前后所经历的职位，并没有其他不一样的能力，称职也可以食君之禄，不称职也可以食君之禄。我虽然没有素洁的品行，但又私下仰慕“君子不以其道得之，不居也”。如若接受了爵位而不辞让，我只能遮着脸面去就职了，让皇天震怒，降灾难于百姓，对我自身而言，又有何处可以立身呢？现在只愿陛下能够哀怜我的年迈，戒除掉我的贪心。

窦太后不答应，陈蕃又上疏坚持辞让，来回有十次，最后便没有接受封赏。

【原文】

初，桓帝欲立所幸田贵人为皇后①。蕃以田氏卑微，窦族良家②，争之甚固。帝不得已，乃立窦后。及后临朝，故委用于蕃。蕃与后父大将军窦武，同心尽力，征用名贤，共参政事，天下之士，莫不延颈想望太平。而帝乳母赵娆，旦夕在太后侧，中常侍曹节、王甫等与共交构③，谄事太后。太后信之，数出诏命，有所封拜，及其支类，多行贪虐。蕃常疾之，志诛中官，会窦武亦有谋。蕃自以既从人望而德于太后，必谓其志可申，乃先上疏……太后不纳，朝廷闻者莫不震恐。蕃因与窦武谋之。

【注释】

①贵人：仅次于皇后，授金印紫绶。

②良家：清白人家。

③交构：勾结。

【译文】

起初，汉桓帝想要立他所宠幸的田贵人为皇后。陈蕃以田氏卑微，窦氏良家为由，坚决立窦氏为皇后。桓帝不得已，便立了窦皇后。等到窦皇后临朝，所以将重任委托给陈蕃。陈蕃和窦皇后的父亲大将军窦武，齐心协力，征召贤明之士，一同参与政事，天下间的士人，没有不伸着脖子期望天下太平的。而灵帝的乳母赵娆，朝夕在窦太后身边服侍，中常侍曹节、王甫等人和她相互勾结，谄媚服侍太后。太后对他们很信任，几次颁布诏令，封赏加赐他们，至于他们的党羽，大多行贪污暴虐之事。陈蕃对他们很是痛恨，立志一定要诛杀宦官，恰好窦武也有同样的想法。陈蕃自认为自己在众人中有厚望而又有恩于窦太后，自己的志向一定可以实现，于是便首先上疏窦太后……窦太后不接纳，朝廷听说此事后没有不震惊惶恐的。因此陈蕃便和窦武谋划此事。

【原文】

及事泄，曹节等矫诏诛武等。蕃时年七十余，闻难作，将官属诸生八十余人。并拔刃突入承明门，攘臂呼曰："大将军忠以卫国，黄门反逆，何云窦氏不道邪？"王甫时出，与蕃相迕[①]，适闻其言，而让蕃曰："先帝新弃天下，山陵未成，窦武何功，兄弟父子，一门三侯？又多取掖庭宫人，作乐饮宴，旬月之间，赀财亿计。大臣若此，是为道邪？公为栋梁，枉桡阿党，复焉求贼！"遂令收蕃。蕃拔剑叱甫，甫兵不敢近，乃益人围之数十重，遂执蕃送黄门北寺狱。黄门从官驺蹋蹴蕃曰[②]："死老魅！复能损我曹员数，夺我曹禀假不？"即日害之。徙其家属于比景，宗族、门生、故吏皆斥免禁锢。

【注释】

①相迕（wǔ）：相遇。

②黄门从官驺：黄门侍郎的侍从骑士，黄门侍郎的简称。蹋蹴（tà cù）：用脚踢。

【译文】

事情败露后，曹节等人假借诏书诛杀窦武等人。陈蕃当时七十多岁，听说发生了变故，于是带着属官和门生共八十多人，一起拔刀冲入承明门，振臂高呼道："大将军忠诚报国，黄门反叛，为何说窦氏不遵守君臣之道呢？”王甫当时正好出来，和陈蕃相遇，恰巧听到了陈蕃的话，而斥责陈蕃说：“先帝刚刚离世，陵墓都还没有建成，窦武有何功劳，兄弟父子，一门中有三人封侯？又取走了很多后宫女子，寻欢作乐，一个月之间，搜刮了亿数的财物。大臣做到这般，难道是遵守君臣之道吗？您是国家栋梁，徇私枉法、结党营私，还想要去哪儿寻找贼人呢！”于是便下令逮捕陈蕃。陈蕃拔剑呵斥王甫，王甫的兵不敢接近，于是又增加兵力将陈蕃等人围了几十重，将陈蕃送到黄门北寺狱。黄门侍郎的侍从骑士用脚踢陈蕃说：“死老鬼！还能再减损我们的人员，夺取我们的俸禄吗？”当天就杀害了陈蕃。陈蕃的家属被流放到比景，宗族、门生、故吏都被罢免禁锢。

【原文】

论曰：桓、灵之世，若陈蕃之徒，咸能树立风声[1]，抗论惛俗。而驱驰崄阸之中[2]，与刑人腐夫同朝争衡[3]，终取灭亡之祸者，彼非不能洁情志，违埃雾也。愍夫世士以离俗为高，而人伦莫相恤也。以遁世为非义，故屡退而不去；以仁心为己任，虽道远而弥厉。及遭际会，协策窦武，自谓万世一遇也。懔懔乎伊、望之业矣[4]！功虽不终，然其信义足以携持民心[5]。汉世乱而不亡，百余年间，数公之力也。

【注释】

①风声：风操名声。

②崄陒（xiǎn è）：险阻。

③刑人腐夫：宦官。

④懔（lǐn）懔：庄严正大的样子。

⑤携持：携带、扶持。

【译文】

论说：桓帝、灵帝时期，像陈蕃这样的人，都可以树立好的风操名声，不屈服昏暗的世俗而直言不讳。而奔驰在艰难险阻之中，和同朝宦官抗衡，最终引来杀身之祸，他们并非无法洁身自好，躲避世俗，而是悲悯那些世上的读书人将脱离世俗看作是清高，而却无人顾惜到人伦道德。他们认为避世是不合道义的举止，所以多次惨遭罢免而不退去；他们以仁心看作是己任，虽然任重道远但却越加坚定。等到碰上机会，就协助窦武谋划，自称是万世才能遇到的良机。庄严正大的模样仿似要建立伊尹、吕望那样的功业！最后功业虽然没有完成，但他的信义却足以扶持民心。汉室混乱而没有灭亡，一百多年的时间，都是依靠这几个人的力量支撑的啊。

党锢列传

【题解】

《党锢列传》算是《后汉书》中比较重要的篇章，对于东汉历史的党锢事件进行了清晰的勾勒和描绘，并对此进行了深刻的分析。作者赞赏有深厚才学和崇高气节的人，而鄙夷那些卑劣的投机者。在此篇中，带有很浓重的个人情感色彩。

【原文】

夫上好则下必甚，矫枉故直必过，其理然矣。若范滂、张俭之徒，清心忌恶①，终陷党议②，不其然乎？

【注释】

①清心：纯正之心。

②党议：朋党之间的争议。

【译文】

上位者喜好什么那么追随者就会更变本加厉地模仿，矫正过失就一定会有过头的地方，道理就是这样。如范滂、张俭这样的人，都怀有纯正之心而一心和邪恶对抗，最终还是陷入了朋党之争，不正是这样吗？

【原文】

初，桓帝为蠡吾侯，受学于甘陵周福，及即帝位，擢福为尚书。时同郡河南尹房植有名当朝，乡人为之谣曰："天下规矩房伯武，因师获印周仲进。"二家宾客，互相讥揣①，遂各树朋徒，渐成尤隙，由是甘陵有南北部，党人之议，自此始矣。后汝南太守宗资任功曹范滂，南阳太守成瑨亦委功曹岑晊，二郡又为谣曰："汝南太守范孟博，南阳宗资主画诺。南阳太守岑公孝，弘农成瑨但坐啸。"因此流言转入太学②，诸生三万余人，郭林宗、贾伟节为其冠，并与李膺、陈蕃、王畅更相褒重。学中语曰："天下模楷李元礼，不畏强御陈仲举③，天下俊秀王叔茂④。"又渤海公族进阶、扶风魏齐卿，并危言深论，不隐豪强。自公卿以下，莫不畏其贬议，屣履到门⑤。

【注释】

①讥揣：讥评揣测他人。

②太学：古时最高学府，国学。

③强御：强行制约。

④俊秀：才智杰出之人。

⑤屣（xǐ）履：用脚拖着鞋走路，形容急忙的样子。

【译文】

当初，桓帝还是蠡吾侯的时候，曾在甘陵人周福门下学习，等到他继承帝位后，便提升周福为尚书。当时周福的同郡人河南尹房植在当朝很有声望，乡人便给他们编了一首歌谣："天下规矩房伯武，因师获印周仲进。"他们两家的宾客，也相互讥评揣测，于是各自树立起自己的朋党，慢慢地就产生了间隙和仇怨，于是甘陵地区就有了南北两派，党人之议，从这个时候开始了。后来汝南太守宗资任命范滂为功曹，南阳太守成瑨也委任岑晊为功曹，于是这两个郡中又有歌谣出现说："汝南太守范孟博，南阳宗资主画诺。南阳太守岑公孝，弘农成瑨但坐啸。"由此这些歌谣又传入太学，学生有三万多人，郭林宗、贾伟节是其中的头领，他们和李膺、陈蕃、王畅等人相互褒奖推崇。于是太学中又流传这样一句话："天下模楷李元礼，不畏强御陈仲举，天下俊秀王叔茂。"又有渤海的公族进阶、扶风人魏齐卿，都是直言深论之人，不避讳豪强。从公卿以下，没有不畏惧他们批评议论的，都急忙登门拜访他们。

【原文】

时河内张成善说风角[①]，推占当赦，遂教子杀人。李膺为河南尹，督促收捕，既而逢宥获免，膺愈怀愤疾，竟案杀之。初，成以方伎交通宦官，帝亦颇谇其占。成弟子牢脩因上书诬告膺等养太学游士，交结诸郡生徒，更相驱驰，共为部党，诽讪朝廷，疑乱风俗。于是天子震怒，班下郡国，逮捕党人，布告天下，使同忿疾，遂收执膺等。其辞所连及陈寔之徒二百余人，或有逃遁不获，皆悬金购募[②]。使者四出，相望于道。明年，尚书霍谞、城门校尉窦武并表为请，帝意稍解，乃皆赦归田里，禁锢终身。而党人之名，犹书王府。

【注释】

①风角：古时一种占卜方法，用五音占卜四方之风，以此断定吉凶。

②购募：悬赏缉拿。

【译文】

当时，河内人张成善于风角占卜，占卜到应该大赦，于是便让儿子杀人。当时李膺为河南尹，督促兵士逮捕他，不久之后就遇到大赦而被豁免罪责，李膺心中很愤慨，竟然还是按律将张成的儿子杀掉了。起初，张成利用方伎和宫里的宦官勾结，皇帝也时常向他询问占卜的事宜。张成的弟子牢脩因此上书诬告李膺等人供养太学游士，结交各郡中的学生，相互奔走驱驰，结党营私，诽谤朝廷，败坏风俗。于是震怒了天子，向各郡下达诏书，逮捕党人，诏告天下，让天下人一起忿恨他们，于是便抓捕了李膺等人。这一诏令涉及陈寔等两百多个人，对于那些逃匿而没有抓捕到的，都悬赏捉拿。派出去逮捕的人四处搜罗，随处都可以见到他们。第二年，尚书霍谞、城门校尉窦武一起为他们上书求情，皇帝的恨意才稍微有些舒解，于是便赦免他们并让他们回归田里，终身不能为官。而党人的名字，依然被记载在官府里。

【原文】

自是正直废放，邪枉炽结[①]，海内希风之流，遂共相摽榜，指天下名士，为之称号。上曰“三君”，次曰“八俊”，次曰“八顾”，次曰“八及”，次曰“八厨”，犹古之“八元”、“八凯”也[②]。窦武、刘淑、陈蕃为“三君”。君者，言一世之所宗也。李膺、荀翌、杜密、王畅、刘祐、魏朗、赵典、朱寓为“八俊”。俊者，言人之英也。郭林宗、宗慈、巴肃、夏馥、范滂、尹勋、蔡衍、羊陟为“八顾”。顾者，言能以德行引人者也。张俭、岑晊、刘表、陈翔、孔昱、苑康、檀敷、翟超为“八及”。及者，言其能导人追宗者也。度尚、张邈、王考、刘儒、胡母班、秦周、蕃向、王章为“八厨”。厨者，言能以财救人者也。

【注释】

①炽结：紧密勾结。

②八元、八凯：八元，相传高辛氏有八个才子；八凯，相传高阳氏有

八个才子。

【译文】

自此之后正直之人被废置，邪恶之人紧密勾结在一起，海内仰慕风操之人，都相互标榜赞扬，评判天下名士，并为他们取名号。最上等的为“三君”，次一些的为“八俊”，接下来依次是“八顾”“八及”“八厨”，犹如古时候的“八元”“八凯”。窦武、刘淑、陈蕃为“三君”。君，说的是世人所效法的宗师。李膺、荀翌、杜密、王畅、刘祐、魏朗、赵典、朱寓为“八俊”。俊，指的是人类中的精英。郭林宗、宗慈、巴肃、夏馥、范滂、尹勋、蔡衍、羊陟为“八顾”。顾，说的是能够以德行引导人的人。张俭、岑晊、刘表、陈翔、孔昱、苑康、檀敷、翟超为“八及”。及，指的是能够教导追随楷模之人。度尚、张邈、王考、刘儒、胡母班、秦周、蕃向、王章为“八厨”。厨，说的是能够用财物救助他人的人。

【原文】

又张俭乡人朱並，承望中常侍侯览意旨，上书告俭与同乡二十四人别相署号，共为部党，图危社稷。以俭及檀彬、褚凤、张肃、薛兰、冯禧、魏玄、徐乾为“八俊”，田林、张隐、刘表、薛郁、王访、刘祗、宣靖、公绪恭为“八顾”，朱楷、田槃、疎耽、薛敦、宋布、唐龙、嬴咨、宣褒为“八及”，刻石立墠，共为部党，而俭为之魁。灵帝诏刊章捕俭等[1]。大长秋曹节因此讽有司奏捕前党故司空虞放、太仆杜密、长乐少府李膺、司隶校尉朱寓、颍川太守巴肃、沛相荀翌、河内太守魏朗、山阳太守翟超、任城相刘儒、太尉掾范滂等百余人，皆死狱中。余或先殁不及，或亡命获免。自此诸为怨隙者，因相陷害，睚眦之忿，滥入党中。又州郡承旨，或有未尝交关，亦离祸毒[2]。其死徙废禁者，六七百人。

【注释】

①刊章：消除告发人姓名的抓捕文书。

②离：同“罹”，遭遇。

【译文】

又有张俭的同乡人朱並，奉承中常侍侯览的旨意，上书告发张俭和同乡二十四人相互取了很多名号，都是郡中的朋党，图谋危害社稷。称张俭以及檀彬、褚凤、张肃、薛兰、冯禧、魏玄、徐乾为“八俊”，田林、张隐、刘表、薛郁、王访、刘祗、宣靖、公绪恭为“八顾”，朱楷、田槃、疎耽、薛敦、宋布、唐龙、嬴咨、宣褒为“八及”，并刻立石碑平地祭祀，也是一个派系，而张俭就是他们的头领。灵帝下诏刊章逮捕张俭等人。大长秋曹节因此暗示相关部门上奏逮捕之前的党羽故司空虞放、太仆杜密、长乐少府李膺、司隶校尉朱寓、颍川太守巴肃、沛相荀翌、河内太守魏朗、山阳太守翟超、任城相刘儒、太尉掾范滂等一百多人，都死在了牢狱中。其余有些已经死了，有些已经逃亡了，免除了这场灾难。自此之后那些有仇怨间隙的人，相互陷害，一点小仇，也要诬告成党人。又有州郡为了秉承旨意，有的甚至没有和党人交往过，也都遭遇毒害。因此死亡、流放、禁锢的人，有六七百个。

【原文】

熹平五年，永昌太守曹鸾上书大讼党人[1]，言甚方切。帝省奏大怒，即诏司隶、益州槛车收鸾，送槐里狱掠杀之。于是又诏州郡更考党人门生故吏父子兄弟，其在位者，免官禁锢，爰及五属[2]。

【注释】

①讼：为人申冤。

②五属：五服内的亲属。

【译文】

熹平五年，永昌太守曹鸾上书为党人申冤，言辞甚是恳切。灵帝看了奏章后很恼怒，即刻下诏司隶、益州将曹鸾关入囚车，送往槐里监狱而被拷打致死。于是又下诏州郡继续追查党人的门生、故吏以及父子兄弟，在位的人，被免除官职、终身禁锢，牵连了五服内的亲属。

【原文】

光和二年，上禄长和海上言："礼，从祖兄弟别居异财，恩义已轻，服属疏末。而今党人锢及五族，既乖典训之文[1]，有谬经常之法。"帝览而悟之，党锢自从祖以下，皆得解释。

【注释】

①典训之文：《左传》中记载："父子兄弟，罪不相及。"

【译文】

光和二年，上禄长和海上言："礼，从祖兄弟都有各自的住所和财物，感情已经淡薄了，亲属关系也比较疏远。而今党人的祸患牵连到五服，这既背离了典训之文，又违背了人之常理。"灵帝看了之后有所醒悟，于是党人禁锢自从祖之下，都得到了赦免。

董卓列传

【题解】

董卓，是一位有勇有谋之人，骁勇善战，但却一心追求篡权机会，废黜少帝改立陈留王，由此登上了权力的最高峰。董卓奢侈无度，好犬马声色的生活，贪婪暴虐，杀人无数，后在王允、吕布、士孙瑞的谋划下，董卓被铲除。

【原文】

董卓字仲颖，陇西临洮人也。性粗猛有谋。少尝游羌中，尽与豪帅相结。后归耕于野，诸豪帅有来从之者，卓为杀耕牛，与共宴乐，豪帅感其意，归相敛得杂畜千余头以遗之，由是以健侠知名。为州兵马掾，常徼守塞下①。卓膂力过人②，双带两鞬，左右驰射，为羌胡所畏。

【注释】

①徼（jiào）守：巡守。

②膂（lǚ）力：体力。

【译文】

董卓字仲颖，陇西临洮人。董卓生性粗猛而又有谋略。年少时曾经在羌中一带游历，和各部首领相交。后来又回乡耕种，豪杰首领中有和他来往的，董卓便为他们杀掉耕牛，一起饮宴作乐，首领们感受到他的心意，回去时将收罗到的一千多头牲畜都赠给了董卓，由此董卓也以豪侠知名。后来董卓任职州兵马掾，经常在边塞巡逻。董卓体力过人，能够同时带动两副箭筒，左右可以同时开弓，羌胡人都非常畏惧他。

【原文】

桓帝末，以六郡良家子为羽林郎[①]，从中郎将张奂为军司马，共击汉阳叛羌，破之，拜郎中，赐缣九千匹。卓曰："为者则己，有者则士。"乃悉分与吏兵，无所留。稍迁西域戊己校尉，坐事免。后为并州刺史，河东太守。

【注释】

①羽林郎：皇帝的护卫。

【译文】

桓帝末年，董卓以六郡良家子的身份担任羽林郎，后又跟随中郎将张奂为军司马，一起攻打汉阳地区背叛的羌人，攻破后，董卓被升任郎中，赏赐缣布九千匹。董卓说："虽然我是立下功劳的那个人，但是赏赐却应该和将士们一起分享。"于是便将这些赏赐全部分给了下属官吏，自己什么都没有留下。随后升任西域戊己校尉，又因犯事而被罢免官职。之后担任并州刺史，河东太守。

【原文】

中平元年，拜东中郎将，持节，代卢植击张角于下曲阳，军败抵罪。其冬，北地先零羌及枹罕河关群盗反叛[①]，遂共立湟中义从胡北宫伯玉、李文侯为将军[②]，杀护羌校尉泠征。伯玉等乃劫致金城人边章、韩遂，使专任军政，共杀金城太守陈懿，攻烧州郡。

【注释】

①枹（fú）罕：今甘肃临夏。

②义从：归义从命，古时候汉族人称呼羌胡少数民族归附朝廷为“义从”。

【译文】

中平元年，董卓被任命为东中郎将，拿着符节，代替卢植前往曲阳攻打张角，因失败而被免官。当年冬天，北地先零羌及枹罕河关盗贼反叛，于是便拥立湟中归附朝廷的胡人北宫伯玉、李文侯为将军，杀掉了护羌校尉泠征。伯玉等人于是劫持了金城人边章、韩遂，并让他们专管军中大权，一起杀掉了金城太守陈懿，用火攻的方式攻打各个州郡。

【原文】

明年春，将数万骑入寇三辅，侵逼园陵[①]，托诛宦官为名。诏以卓为中郎将，副左车骑将军皇甫嵩征之。嵩以无功免归，而边章、韩遂等大盛。朝廷复以司空张温为车骑将军，假节，执金吾袁滂为副。拜卓破虏将军，与荡寇将军周慎并统于温。并诸郡兵步骑合十余万，屯美阳，以卫园陵。章、遂亦进兵美阳。温、卓与战，辄不利。十一月，夜有流星如火，光长十余丈，照章、遂营中，驴马尽鸣。贼以为不祥，欲归金城。卓闻之喜，明日，乃与右扶风鲍鸿等并兵俱攻，大破之，斩首数千级。章、遂败走榆中，温乃遣周慎将三万人追讨之。

【注释】

①园陵：皇陵。

【译文】

第二年春天，边章等人带领几万骑兵入侵三辅地区，逼近皇陵，并以诛杀宦官为由。皇帝下诏董卓为中郎将，辅佐左车骑将军皇甫嵩以发兵征讨叛贼。皇甫嵩因无功而被免官归朝，而边章、韩遂等人的势力变得更加强盛。朝廷又任命司空张温为车骑将军，拿着符节，任命执金吾袁滂为他的副手。后又任命董卓为破虏将军，和荡寇将军周慎一并归张温统帅。他们带领各州郡的步兵、骑兵共十多万兵力，在美阳屯兵，以保卫皇陵。边章、韩遂又带兵攻打美阳。张温、董卓和他们交战，形势很不利。十一月，晚上出现了如火的流星，火光长达十几丈，照射边章、韩遂的营地，驴子、马匹全都嘶鸣不已。盗贼认为这是不祥之兆，于是便想要撤回金城。董卓听说后很高兴，第二天，他和右扶风鲍鸿等人合并兵力攻打寇贼，大破贼兵，斩杀敌军几千人。边章、韩遂败走榆中，于是张温又派遣周慎率领三万兵马追击征讨他。

【原文】

温参军事孙坚说慎曰：“贼城中无谷，当外转粮食。坚愿得万人断其运道，将军以大兵继后，贼必困乏而不敢战。若走入羌中，并力讨之，则凉州可定也。”慎不从，引军围榆中城。而章、遂分屯葵园狭，反断慎运道。慎惧，乃弃车重而退。温时亦使卓将兵三万讨先零羌，卓于望垣北为羌胡所围，粮食乏绝，进退逼急①。乃于所度水中伪立隁，以为捕鱼，而潜从隁下过军。比贼追之，决水已深，不得度。时众军败退，唯卓全师而还，屯于扶风，封斄乡侯，邑千户。

【注释】

①逼急：急迫。

【译文】

张温的参军事孙坚劝说周慎说：“敌军城中没有粮食，应该会从外部运转粮食。我愿意带领一万兵士截断敌军的粮道，将军则率领大军断后，贼兵一定会因为困乏而不敢作战。如若他们要撤退羌中，我们就可以合力攻打他，那么凉州地区就可以平定了。”周慎不肯听从，带兵围困榆中城。而边章、韩遂分派兵力在葵园狭驻兵，反而切断了周慎的粮道。周慎畏惧，便放弃辎重而带兵撤退。张温当时也派遣董卓带领三万兵力征讨先零羌，董卓在望垣北被羌胡围困，粮食匮乏，进退两难。于是董卓便假装在所渡的水上建筑水堰，让敌军认为他要捕鱼以维持生计，而私下里却从堰下悄悄撤离了军队。等到贼人想要追击他们的时候，挖掘出的水流已经很深了，他们没办法渡河。当时，各个部队都败退归朝，只有董卓全师而还，在扶风驻扎，封为斄乡侯，食邑千户。

【原文】

三年春，遣使者持节就长安拜张温为太尉。三公在外，始之于温。其冬，征温还京师，韩遂乃杀边章及伯玉、文侯，拥兵十余万，进围陇西。太守李相如反，与遂连和，共杀凉州刺史耿鄙。而鄙司马扶风马腾，亦拥兵反叛，又汉阳王国，自号“合众将军”，皆与韩遂合。共推王国为主，悉令领其众，寇掠三辅。五年，围陈仓。乃拜卓前将军，与左将军皇甫嵩击破之。韩遂等复共废王国，而劫故信都令汉阳阎忠，使督统诸部。忠耻为众所胁，感恚病死。遂等稍争权利，更相杀害，其诸部曲，并各分乖①。

【注释】

①分乖：分离。

【译文】

中平三年春天，朝廷派遣使者拿着符节前往长安任命张温为太尉。三公在朝廷之外任职，就是从张温开始的。当年冬天，征召张温返还京师，此时韩遂杀了边章以及伯玉、文侯，带兵十多万人，攻打陇西。太守李相如反叛，和韩遂联合，一起杀掉了凉州刺史耿鄙。而耿鄙的司马扶风人马腾，也拥兵反叛，又有汉阳人王国，自称“合众将军”，都与韩遂联合。众人推举王国为主帅，率领各个军队，侵略三辅地区。中平五年，敌军围攻陈仓。于是朝廷任命董卓为前将军，和左将军皇甫嵩一起将贼军击破。韩遂等人又一起废掉了王国，而劫持原信都令汉阳人阎忠，让他督促统领各个部队。阎忠耻于受他们的胁迫，悲愤之下因病而亡。韩遂等人不久便开始为了争夺权力，而相互杀害，他们的各个部署，也渐渐地分离背叛。

【原文】

六年，征卓为少府，不肯就，上书言：“所将湟中义从及秦胡兵皆诣臣曰：‘牢直不毕①，禀赐断绝，妻子饥冻。’牵挽臣车，使不得行。羌胡敝肠狗态②，臣不能禁止，辄将顺安慰，增异复上。”朝廷不能制，颇以为虑。及灵帝寝疾，玺书拜卓为并州牧，令以兵属皇甫嵩。卓复上书言曰：“臣既无老谋，又无壮事，天恩误加，掌戎十年。士卒大小相狎弥久，恋臣畜养之恩，为臣奋一旦之命。乞将之北州，效力边垂③。”于是驻兵河东，以观时变。

【注释】

①牢直：粮饷。

②敝肠：坏心肠。

③边垂：边境。

【译文】

中平六年，征召董卓为少府，董卓不肯就职，上书说：“我率领的湟中羌胡军队以及秦胡士兵都禀报我说：‘粮饷还没有下放，赏赐的谷粮已经断绝，妻子儿女忍饥挨冻。’他们牵着我的车，使我无法前行。羌胡人的心肠如狗一样坏，我无法禁止，只能顺从安慰他们，如果还有什么异样再上书告知。”朝廷无法牵制董卓，很是忧虑。等到灵帝卧病不起时，又下发玺书任命董卓为并州牧，下令董卓将兵力全部交到皇甫嵩手中。董卓又上书说：“我既没有老谋，又没有壮事，天子的恩惠错加在我的身上，让我掌管了十年的兵力。士兵大小都和我长期相处，都眷恋我的供养之恩，愿意为我拼死作战。我乞求可以带领他们驻守北州边陲。”于是在河东驻军，以观察时势变化。

【原文】

及帝崩，大将军何进、司隶校尉袁绍谋诛阉宦，而太后不许，乃私呼卓将兵入朝，以胁太后。卓得召，即时就道。并上书曰：“中常侍张让等窃幸承宠，浊乱海内。臣闻扬汤止沸，莫若去薪①；溃痈虽痛，胜于内食。昔赵鞅兴晋阳之甲，以逐君侧之恶人。今臣辄鸣钟鼓如洛阳，请收让等，以清奸秽。”卓未至而何进败，虎贲中郎将袁术乃烧南宫，欲讨宦官，而中常侍段珪等劫少帝及陈留王夜走小平津。卓远见火起，引兵急进，未明到城西，闻少帝在北芒，因往奉迎。帝见卓将兵卒至，恐怖涕泣。卓与言，不能辞对；与陈留王语，遂及祸乱之事。卓以王为贤，且为董太后所养，卓自以与太后同族，有废立意。

【注释】

①扬汤止沸，莫若去薪：用扬汤的方式来制止水的沸腾，不如除去燃烧的柴火。

【译文】

等到灵帝驾崩，大将军何进、司隶校尉袁绍谋划着要诛杀宦官，但是太后不允许，他们便私底下征召董卓带兵入朝，以此胁迫太后。董卓得到诏令后，立刻就带兵上路了。并且上书说：“中常侍张让等人仗着皇帝的宠爱，浊乱天下。我听说扬汤止沸，莫若去薪；去除脓疮虽然很疼，但却胜过让它不断侵入身体。昔日赵鞅从晋阳发兵，以驱逐皇帝左右的恶人。而今我立即鸣着钟鼓前往洛阳，请让我逮捕张让等人，以清除奸秽之人。”董卓还没有到达而何进就失败了，虎贲中郎将袁术于是便烧掉南宫，想要征讨宦官。而中常侍段珪等人劫持少帝以及陈留王等人趁夜奔走小平津。董卓远远看到火光四起，带兵急进，天还没亮就到达城西，听说少帝在北芒山，于是又前去奉迎。少帝见董卓带兵突然到来，惊恐交加、涕泣而下。董卓和他说话，少帝都无法应对；董卓和陈留王说话，并提起祸乱之事。董卓认为陈留王贤能，并且是董太后养大，董卓自认为和董太后同族，于是起了废黜少帝而改立陈留王的念头。

【原文】

初，卓之入也，步骑不过三千，自嫌兵少，恐不为远近所服，率四五日辄夜潜出军近营，明旦乃大陈旌鼓而还，以为西兵复至，洛中无知者。寻而何进及弟苗先所领部曲皆归于卓，卓又使吕布杀执金吾丁原而并其众，卓兵士大盛。乃讽朝廷策免司空刘弘而自代之。因集议废立。百僚大会，卓乃奋首而言曰：“大者天地，其次君臣，所以为政。皇帝暗弱，不可以奉宗庙，为天下主。今欲依伊尹、霍光故事，更立陈留王，何如?”公卿以下莫敢对。卓又抗言曰①：“昔霍光定策，延年按剑。有敢沮大议，皆以军法从之②。”坐者震动。尚书卢植独曰：“昔太甲既立不明，昌邑罪过千余，故有废立之事。今上富于春秋，行无失德，非前事之比也。”卓大怒，罢坐。明日复集群僚于崇德前殿，遂胁太后，策废少帝。曰：“皇帝在丧，无人子之心，威仪不类人君，今废为弘农王。”乃立陈留王，是为献帝。又议太后蹙迫永乐太后，至令忧死，逆妇姑之礼③，无孝顺之节，迁于永安宫，遂以弑崩。

【注释】

①抗言：高声谈论。

②昔霍光定策，延年按剑。有敢沮大议，皆以军法从之：昔日霍光想要废黜刘贺，于是便召集朝中众臣商议，大臣们都不敢发言。大司马田延

年拿着剑呵斥道："谁回应得慢，就将谁杀掉。"

③又议太后蹙迫永乐太后，至令忧死，逆妇姑之礼：汉灵帝驾崩后，何太后（汉灵帝的皇后）和其弟弟何进专权，汉灵帝的母亲董太后不愿意他和自己争权，何太后便和弟弟何进以董太后原本是潘妃为由，不适合久居宫中，应该迁往河间安置，并让其立即出国门。六月，何进暗地里派人毒杀董太后，董太后的灵柩运回京城，被葬在文陵。

【译文】

起初，董卓进入洛阳的时候，不过率领了三千步兵、骑兵，自己也认为兵力薄弱，恐怕不能使远近折服，于是便每隔四五日就派人趁夜潜出军营并在郊外驻扎，第二天早上再大张旗鼓地返回城中，让人认为又有董卓的部队从西面而来，洛阳城中的人没有知道真实情况的。不久之后何进以及他弟弟何苗先前所率领的军队都归附在董卓旗下，董卓又派遣吕布杀掉执金吾丁原并收服了他的兵士，董卓的兵力大大增强。他又暗示朝廷策免司空刘弘而让自己代替他。因此召集众臣商议废立事宜。百官聚集一堂，董卓便昂首而谈说："天地为大，君臣为次，所以才可以治理朝政。皇帝暗弱，无法侍奉宗庙，成为天下的主人。而今想要依照伊尹、霍光的做法，改立陈留王为帝，如何呢？"公卿以下的官员都不敢应答。董卓又高声说道："昔日霍光召集众臣商议对策，田延年拿着剑在一旁。谁敢阻挠大计，都以军法论处。"在座的人很是震动。唯独尚书卢植说："昔日太甲被立为天子但却不贤明，昌邑王的罪过有上千条，所以才有了废立这件事情。而今皇帝还年幼，行为上也没有失德的地方，并不能和前事相比啊。"董卓大怒，起身而去。第二天又在崇德前殿召集群僚，于是一起威胁太后，策废少帝。说："皇帝还在服丧期间，但却没有人子的孝心，威仪上又有损人君的身份，而今废为弘农王。"于是便改立陈留王为帝，是为汉献帝。又谈到何太后曾经逼迫折磨过永乐太后（董太后），致使董太后忧郁而死，违背了婆媳的礼仪，没有孝顺的德行，将何太后迁居永安宫，并将她杀死。

【原文】

卓迁太尉，领前将军事，加节传斧钺虎贲，更封郿侯。卓乃与司徒黄琬、司空杨彪，俱带𫓧锧诣阙上书①，追理陈蕃、窦武及诸党人，以从人望。于是悉复蕃等爵位，擢用子孙。

【注释】

①𫓧锧：斩人的刑具。

【译文】

董卓升任太尉，统领前将军事宜，并加赐给他节传、斧钺、虎贲，更封为郿侯。董卓于是和司徒黄琬、司空杨彪，都带着刑具前往朝中上书，要求重新审理陈蕃、窦武以及其党人的冤屈，以此来顺从百姓的期望。于是又恢复了陈蕃等人的爵位，他们的子孙也都被重用。

【原文】

寻进卓为相国，入朝不趋，剑履上殿。封母为池阳君，置令丞。

是时，洛中贵戚室第相望，金帛财产，家家殷积。卓纵放兵士，突其庐舍，淫略妇女，剽虏资物，谓之“搜牢”。人情崩恐，不保朝夕。及何后葬，开文陵①，卓悉取藏中珍物。又奸乱公主，妻略宫人，虐刑滥罚，睚眦必死，群僚内外莫能自固。卓尝遣军至阳城，时人会于社下，悉令就斩之，驾其车重，载其妇女，以头系车辕，歌呼而还。又坏五铢钱，更铸小钱，悉取洛阳及长安铜人、钟虡、飞廉、铜马之属②，以充铸焉。故货贱物贵，谷石数万。又钱无轮郭文章，不便人用。时人以为秦始皇见长人于临洮，乃铸铜人。卓，临洮人也，而今毁之。虽成毁不同，凶暴相类焉。

【注释】

①文陵：汉灵帝的陵墓。

②钟虡（jù）：铜铸的神兽。

【译文】

不久后朝廷任命董卓为相国，入朝可以不快步行走，可以带着剑穿着鞋上殿。封董卓的母亲为池阳君，并为她设置了丞令。

当时，洛阳城中的权贵皇戚的府邸比比皆是，金帛财产，家家都比较殷实。董卓放纵自己的兵士，闯入这些权贵的家中，奸淫妇女，掠夺财物，并将此称为“搜牢”。人们惊恐崩溃，朝不保夕。等到何太后下葬，打开了文陵，董卓将其中的珍物悉数取出。他又奸淫公主，奸污宫女，滥用残暴刑罚，对他稍有怨言的人一定会被处死，群僚内外没有可以自保的人。董卓曾经派遣军队前往阳城，当时人们都在社下集会，董卓便下令将他们全部斩杀，驾驶他们的马车，载着他们的女人，将他们的脑袋系在车辕上，唱着歌而返。又毁掉五铢钱，而改铸小钱，将洛阳以及长安城内的铜人、钟虡、飞廉、铜马等，全部收集用以铸钱。由此导致钱财贱物品贵，一石谷粮就要几万钱。又因为所铸的小钱没有轮廓标识，不方便人们使用。当时的人们认为秦始皇因为在临洮见到了巨人，所以下令铸造了十二铜人。董卓，也是临洮人，而今却把十二铜人毁掉了。虽然一个铸造铜人一个毁掉铜人，二人的行为不同，但是他们的凶残程度却是相似的。

【原文】

初，长安遭赤眉之乱，宫室营寺焚灭无余，是时唯有高庙、京兆府舍，遂便时幸焉[①]。后移未央宫。于是尽徙洛阳人数百万口于长安，步骑驱蹙，更相蹈藉，饥饿寇掠，积尸盈路。卓自屯留毕圭苑中，悉烧宫庙官府居家，二百里内无复孑遗。又使吕布发诸帝陵，及公卿已下冢墓，收其珍宝。

【注释】

①便时：吉利的时日。

【译文】

起初，长安城遭遇赤眉之乱，宫室营寺焚烧殆尽，唯独剩下了高帝庙、京兆尹的府舍，于是便挑选一个吉日住了进去。后来又移居未央宫。于是将洛阳城内几百万人全部迁徙到长安，用步兵、骑兵驱赶着他们，人们相互踩踏跌倒，饥饿又迫使他们偷盗抢掠，尸体遍布整条路。董卓自己则带兵驻留在毕圭苑中，将宫廷、庙宇、官府、百姓住宅全部烧毁，二百里内一点遗迹都没有留下。又派遣吕布挖掘各个帝陵，以至于公卿之下的坟墓全部被挖开，收集了其中的珍宝。

【原文】

时长沙太守孙坚亦率豫州诸郡兵讨卓。卓先遣将徐荣、李蒙四出虏掠。荣遇坚于梁，与战，破坚，生禽颍川太守李旻，亨之[①]。卓所得义兵士卒，皆以布缠裹，倒立于地，热膏灌杀之。

【注释】

①亨（pēng）：古同“烹”，煮。

【译文】

当时，长沙太守孙坚也率领豫州各个部落征讨董卓。董卓先是派遣大将徐荣、李蒙四处掠夺。徐荣在梁地和孙坚相遇，和孙坚交战，攻破了孙坚，生擒颍川太守李旻，并将他煮了。董卓所得到的义兵士卒，全都用布匹缠裹住，并将他们倒立在地上，用热油浇灌而死。

【原文】

时河内太守王匡屯兵河阳津，将以图卓。卓遣疑兵挑战，而潜使锐卒从小平津过津北，破之，死者略尽。明年，孙坚收合散卒，进屯梁县之阳人。卓遣将胡轸、吕布攻之。布与轸不相能，军中自惊恐，士卒散乱。坚追击之，轸、布败走。卓遣将李傕诣坚求和，坚拒绝不受，进军大谷，距洛九十里。卓自出与坚战于诸陵墓间，卓败走，却屯黾池，聚兵于陕。坚进洛阳宣阳城门，更击吕布，布复破走。坚乃扫除宗庙，平塞诸陵，分兵出函谷关，至新安、黾池间，以截卓后。卓谓长史刘艾曰："关东诸将数败矣，无能为也。唯孙坚小戆[①]，诸将军宜慎之。"乃使东中郎将董越屯黾池，中郎将段煨屯华阴，中郎将牛辅屯安邑，其余中郎将、校尉布在诸县，以御山东。

【注释】

①戆（zhuàng）：愚。

【译文】

当时，河内太守王匡在河阳津驻扎，准备讨伐董卓。董卓派遣疑兵前去挑战，而暗地里又派遣精锐从小平津突击津北地区，大破王匡军队，王匡兵力几乎全军覆没。第二年，孙坚集合溃散的士兵，前往梁县的阳人驻扎。董卓派遣大将胡轸、吕布攻打他。吕布和胡轸二人互不相容，军中的将士也非常惊恐，士卒散乱。孙坚追击他们，胡轸、吕布败走。董卓派遣将领李傕前去和孙坚求和，孙坚拒绝而不接受，又带军前去大谷，在和洛阳相距几十里的地方驻扎。董卓亲自带兵和孙坚在各个皇陵间交战，董卓败走，撤退到黾池驻军，并在陕西地区聚兵。孙坚行军到洛阳的宣阳城门，再一次攻打吕布，吕布又败走。于是孙坚便打扫宗庙，填埋各个皇陵，分派兵力从函谷关出发，到达新安、黾池间，以截断董卓的后路。董卓对长史刘艾说："关东的各个将领屡次失败，看来是不会成就什么大事了。只有孙坚有股愚笨的劲儿，各位将领要慎重对待。"于是派遣东中郎将董越驻守黾池，中郎将段煨驻守华阴，中郎将牛辅在安邑驻守，其他中郎将、校尉都分派到各个郡县，以此来抵御山东的进攻。

【原文】

卓讽朝廷使光禄勋宣璠持节拜卓为太师，位在诸侯王上。乃引还长安。百官迎路拜揖，卓遂僭拟车服，乘金华青盖，爪画两幡，时人号"竿摩车"，言其服饰近天子也。以弟旻为左将军，封鄠侯，兄子璜为侍中、

中军校尉，皆典兵事。于是宗族内外，并居列位。其子孙虽在髫龀[①]，男皆封侯，女为邑君。

【注释】

①髫龀（tiáo chèn）：幼年。

【译文】

董卓暗示朝廷派遣光禄勋宣播拿着符节任命董卓为太师，位列诸王侯之上。随后便带兵返回长安。百官在路旁作揖迎接，董卓则使用的都是超越规格的车服，乘坐金龙华盖，车的两旁还有如同龙爪一样的花纹，当时的人称之为“竿摩车”，说他的服饰近似于天子。任命他的弟弟董旻为左将军，封鄠侯，其兄长的儿子董璜为侍中、中军校尉，都掌管兵事。于是董卓的宗族内外，都占有显赫的位置。虽然他的子孙还很年幼，但男的都封侯，女的都为邑君。

【原文】

数与百官置酒宴会，淫乐纵恣。乃结垒于长安城东以自居。又筑坞于郿[①]，高厚七丈，号曰“万岁坞”。积谷为三十年储。自云：“事成，雄据天下；不成，守此足以毕老。”尝至郿行坞，公卿已下祖道于横门外。卓施帐幔饮设，诱降北地反者数百人，于坐中杀之。先断其舌，次斩手足，次凿其眼目，以镬煮之[②]。未及得死，偃转杯案间。会者战慄，亡失匕箸，而卓饮食自若。诸将有言语蹉跌[③]，便戮于前。又稍诛关中旧族，陷以叛逆。

【注释】

①坞：堡垒。

②镬（huò）：无足鼎，古时候也用做烹人的工具。

③蹉跌（cuō diē）：失误。

【译文】

董卓时常和百官一起置办酒席宴会，淫乐纵恣。并在长安城的东面筑起一座堡垒以供自己居住。又在郿地修筑了一座坞堡，高厚有七丈，号称“万岁坞”。堡内储存的粮食可以供给三十年。董卓自称：“事成之后，可以雄踞天下；大事不成，守着这个堡垒也足以养老。”他曾经前往郿地巡视坞堡，公卿以下的官员都要前往横门外为他践行。董卓在帐内摆设宴饮，引诱北地几百个反叛的人，并在酒席上将他们杀掉。先割断了他们的舌头，又斩掉他们的手脚，后又挖出他们的眼睛，并用无足鼎烹煮他们。还有未立即死去的人，他们的躯体在酒席间挣扎扑腾。参加宴会的人都胆战心惊，丢掉了手中的筷子和勺子，而董卓却很自在地饮酒吃饭。诸位将领中有言语失误的，就当众杀死。他在宴席上又诛杀了几个关中的旧族，并诬陷他们叛逆。

【原文】

时太史望气，言当有大臣戮死者。卓乃使人诬卫尉张温与袁术交通，遂笞温于市，杀之，以塞天变。前温出屯美阳，令卓与边章等战，无功，温召又不时应命，既到而辞对不逊。时孙坚为温参军，劝温陈兵斩之。温曰：“卓有威名，方倚以西行。”坚曰：“明公亲帅王师，威振天下，何恃于卓而赖之乎？坚闻古之名将，杖钺临众，未有不断斩以示威武者也。故穰苴斩庄贾[①]，魏绛戮杨干[②]。今若纵之，自亏威重，后悔何及！”温不能从，而卓犹怀忌恨，故及于难。

【注释】

①穰苴（ráng jū）斩庄贾：司马穰苴和庄贾约定第二天中午在军门外会合，第二天，庄贾迟到，司马穰苴依照军法，将其斩首示众。

②魏绛戮杨干：晋悼公的弟弟杨干扰乱军中秩序，魏绛便依据军法，杀掉了杨干的随从。

【译文】

当时，太史观望天象，说应该会有大臣被杀死。于是董卓便让人诬陷卫尉张温和袁术勾结，然后当街鞭打张温，并将他杀了，以此来迎合天象的变化。之前张温带兵在美阳驻扎，命令董卓和边章等人作战，董卓没有立下战功，张温召见他时他又不听命，到达之后董卓的语气也非常不恭敬。当时孙坚是张温的参军，劝说张温在军前杀掉董卓。张温说："董卓有威名，我们要依仗着他向西行军。"孙坚说："您亲自率领帝王之师，威震天下，何必依仗董卓呢？我听说古时的名将，掌控兵事大权，没有不果断采取斩首刑罚以展示自己的威武的。所以司马穰苴斩杀了庄贾，魏绛杀了杨干的随从。如若今天纵容了他，就会亏损自己的威严，后悔都来不及了！"张温没有听从他的建议，而董卓却还是心有忌恨，所以才带来了如今的灾难。

【原文】

温字伯慎，少有名誉，累登公卿，亦阴与司徒王允共谋诛卓，事未及发而见害。越骑校尉汝南伍孚忿卓凶毒，志手刃之，乃朝服怀佩刀以见卓。孚语毕辞去，卓起送至閤，以手抚其背，孚因出刀刺之，不中。卓自奋得免[①]，急呼左右执杀之，而大诟曰："虏欲反耶！"孚大言曰："恨不得磔裂奸贼于都市[②]，以谢天地！"言未毕而毙。

【注释】

①自奋：自己拼命用力。

②磔（zhé）裂：车裂，古时酷刑的一种。

【译文】

张温字伯慎，年少时就很有名望，后一步步地登入公卿之位，也私下里和司徒王允谋划诛杀董卓的事情，事情还没有成功却被董卓所害。越骑校尉汝南伍孚痛恨董卓的凶残毒辣，立志一定要手刃董卓，于是便在朝服中藏了佩刀去见董卓。伍孚说完后辞别离开，董卓起身将他送到阁外，用手抚着伍孚的背部，伍孚因而拿出佩刀刺杀董卓，没有刺中。董卓拼命反抗才得以幸免，又急呼身边的侍卫将伍孚逮捕，而后大骂说："你是想要反叛吗！"伍孚大声喊道："恨不得将你在集市五马分尸，以此来告谢天地！"话还没说完就死了。

【原文】

时王允与吕布及仆射士孙瑞谋诛卓。有人书"吕"字于布上，负而行于市，歌曰："布乎！"有告卓者，卓不悟。三年四月，帝疾新愈，大会未央殿。卓朝服升车，既而马惊堕泥，还入更衣。其少妻止之，卓不从，遂行。乃陈兵夹道，自垒及宫，左步右骑，屯卫周匝，令吕布等扞卫前后。王允乃与士孙瑞密表其事，使瑞自书诏以授布，令骑都尉李肃与布同心勇士十余人，伪着卫士服于北掖门内以待卓。卓将至，马惊不行，怪惧欲还。吕布劝令进，遂入门。肃以戟刺之，卓衷甲不入①，伤臂堕车，顾大呼曰："吕布何在？"布曰："有诏讨贼臣。"卓大骂曰："庸狗敢如是邪！"布应声持矛刺卓，趣兵斩之。主簿田仪及卓仓头前赴其尸，布又杀之。驰赍赦书，以令宫陛内外。士卒皆称万岁，百姓歌舞于道。长安中士女卖其珠玉衣装市酒肉相庆者，填满街肆。使皇甫嵩攻卓弟旻于郿坞，杀得母妻男女，尽灭其族。乃尸卓于市。天时始热，卓素充肥，脂流于地。守尸吏然火置卓脐中，光明达曙，如是积日。诸袁门生又聚

董氏之尸，焚灰扬之于路。坞中珍藏有金二三万斤，银八九万斤，锦绮缋縠纨素奇玩，积如丘山。

【注释】

①衷甲：在衣服里面穿着铠甲。

【译文】

当时，王允和吕布以及仆射士孙瑞谋划着诛杀董卓。有人将“吕”字写在了布上，背着布行走于集市上，高声歌唱：“布乎!”有人将这件事情告诉给董卓，董卓没有明白。初平三年四月，献帝的病刚刚好，就在未央殿上召会百官。董卓穿着朝服登上车子，突然马匹受到惊吓而将董卓掀翻在地，董卓只好回去更换了衣服。董卓的少妻阻止他出门，董卓不听，于是便前去了。于是便在夹道陈兵，从自己的堡垒处一直到宫殿，左边是步兵右边是骑兵，周围还有卫兵驻扎，董卓让吕布等人近身保护。于是王允和士孙瑞秘密上奏谋杀董卓的事情，让士孙瑞自拟诏书授予吕布，命令骑都尉李肃和吕布同心的勇士十几个人，假装卫士在北掖门内等待董卓的到来。董卓快要到达的时候，他的马匹受惊不前，董卓感到奇怪便想要回去。吕布则劝说董卓进宫，于是董卓便进入北掖门内。李肃用戟刺董卓，董卓衣服里面穿着铠甲而没有被刺破，只是伤了手臂从马车上摔了下来，回头大喊说：“吕布在哪里?”吕布说：“有诏书说要征讨贼臣。”董卓大骂说：“庸狗你敢这样做!”吕布应声拿起长矛刺杀董卓，督促士兵将董卓杀了。主簿田仪以及董卓的下属都前去扑在董卓的尸首上，吕布又将他们杀了。又命人快马将赦令送入宫中，以此来通知宫廷内外。士卒都高呼万岁，百姓在街道旁载歌载舞。长安城里的士人、妇女卖掉了珠宝、玉石、衣服以换酒肉来相互庆贺，街角巷内都是相互庆贺的人。又派遣皇甫嵩前往郿坞攻打董卓的弟弟董旻，杀了他的母亲、妻子、儿女，将他的族人全部杀了。并将董卓的尸体丢在集市上。当时天气已经逐渐炎热，董卓又是一个肥胖之人，脂肪流了一地。看守尸体的官吏将火放在董卓的肚脐中，光明达曙，如此持续了好几天。袁氏的门生又聚集了董氏一门的尸体，焚烧扬灰于路旁。郿坞中珍藏有黄金两三万斤，白银八九万斤，绫罗绸缎、珍奇古玩，更是堆积如山。

酷吏列传

【题解】

酷吏一直是史家重点研究描写的对象之一，而对他们的评价，也是褒贬不一。他们有的打击权贵，是正直清廉之人；有些则是蛮横残暴，残害忠良，祸害百姓。司马迁曾经这样评价酷吏："其廉者足以为仪表，其厉者足以为戒。"

【原文】

汉承战国余烈，多豪猾之民。其并兼者则陵横邦邑，桀健者则雄张闾里①。且宰守旷远，户口殷大。故临民之职，专事威断，族灭奸轨，先行后闻②。肆情刚烈，成其不桡之威。违众用己，表其难测之智。至于重文横入，为穷怒之所迁及者③，亦何可胜言。故乃积骸满阱，漂血十里。致温舒有虎冠之吏，延年受屠伯之名，岂虚也哉！若其揣挫强势，摧勒公卿，碎裂头脑而不顾，亦为壮也。

【注释】

①雄张：横行自大。

②先行后闻：先行刑后上奏。

③穷怒之所迁及者：迁怒于无辜之人。

【译文】

汉朝承袭了战国时期遗留的风气，多豪强狡猾之人。那些土地兼并的人祸害邦邑，残暴肆虐之人横行乡里。而且边疆辽阔，户口殷实。所以一些治理百姓的官员，专行威断，奸猾不轨之人被灭族，都是先行刑后上奏的。他们肆情刚烈，成就了他们不屈不挠的威名。违背众人的意见而选择一意孤行，表露了难以揣摩的智慧。至于那些被冤枉入狱，或者是被迁怒的无辜之人，又如何说得尽呢。所以尸骸堆满坑穴，血流十里。致使百姓传言王温舒的官员都是穿着服饰的老虎，严延年也有屠夫的称号，这一点儿也不假啊！还有一些官吏挫伤豪强，侵犯公卿，即便脑袋破裂也不顾及，这也是非常壮烈的。

【原文】

自中兴以后，科网稍密[①]，吏人之严害者，方于前世省矣。而阉人亲娅[②]，侵虐天下。至使阳球磔王甫之尸，张俭剖曹节之墓。若此之类，虽厌快众愤，亦云酷矣！

【注释】

①科网：法网。

②亲娅：这里指外戚。

【译文】

自中兴以后，法网还是严密起来，官员残害百姓的，较前代就很少了。而宦官外戚，却肆虐天下。以至于阳球车裂王甫的尸首，张俭挖掘曹节的坟墓。诸如此类的，虽然一时间满足了众人发泄心中忿恨的需求，但也是比较残酷了！

【原文】

论曰：古者郭庬[①]，善恶易分。至于画衣冠，异服色，而莫之犯。叔世偷薄，上下相蒙，德义不足以相洽，化导不能以惩违，遂乃严刑痛杀，随而绳之，致刻深之吏，以暴理奸，倚疾邪之公直，济忍苛之虐情。汉世所谓酷能者，盖有闻也。皆以敢捍精敏，巧附文理，风行霜烈，威誉喧赫。与夫断断守道之吏，何工否之殊乎！故严君蚩黄霸之术，密人笑卓茂之政，猛既穷矣，而犹或未胜。然朱邑不以笞辱加物，袁安未尝鞫人臧罪，而猾恶自禁，人不欺犯。何者？以为威辟既用，而苟免之行兴；仁信道孚，故感被之情著。苟免者威隙则奸起，感被者人亡而思存。由一邦以言天下，则刑讼繁措，可得而求乎！

【注释】

①郭庬（máng）：淳厚，此处指民风淳厚。

【译文】

论说：古时候民风淳朴，善恶很容易区分。对于犯罪之人也只是在他的衣服上做个记号，改变他们服饰的颜色，而不会伤害到他们。而末世的风气则有些淡薄，上下相互蒙骗，仁德道义也无法让百姓融洽相处，教化引导也没办法惩处违法之事，于是便使用严苛的刑罚痛杀他们，之后便以此为准则，致使官吏严苛残酷，经常用残暴的手段审理奸邪案件，依仗着人们忌恨奸邪的公正之心，来完成他们残忍的暴虐手段。汉朝所谓的以残酷著称的人，大概都是有所耳闻的。他们都是以果敢、强悍、精敏，能够巧附文理，风行霜烈，而威名赫赫的。他们和那些只依靠道义来治理的官员，相差是多么悬殊啊！所以严延年嗤笑黄霸的治理方法，密县的官员讥笑卓茂的治政方法，他们都严苛到了极点，犹且还不一定可以治理好。然而朱邑不会将鞭打侮辱加在别人的身上，袁安也从未审讯过他人的罪过，而奸猾之人自然而然地就可以自我约束，百姓也不敢相互侵犯。这是为什么呢？我认为一旦使用了威猛的刑罚，就会产生苟且免罪的行为；仁德诚信的人会让人信服，所以就会萌生感化之情。苟且免罪之人趁着刑罚的疏漏而行奸邪之事，被感化的人即便执政的人死了也会有向善之心。从一个邦国来说天下，使用过多的刑罚，可以得到天下的安稳吗！

董宣列传

【题解】

董宣，是东汉时期著名的酷吏。在强权面前，他从未低过头。当着湖阳公主的面，杀了她为非作歹的家奴；在光武帝面前，也敢直言进谏，毫不避讳。董宣死后，家徒四壁，只能用棉被包裹着尸体，凄惨景象让看者为之动容。不过，董宣虽然位列酷吏，但他却不畏惧强势，治政严明，为官清廉，让人叹服。

【原文】

董宣字少平，陈留圉人也。初为司徒侯霸所辟，举高第，累迁北海相。到官，以大姓公孙丹为五官掾①。丹新造居宅，而卜工以为当有死者，丹乃令其子杀道行人，置尸舍内，以塞其咎。宣知，即收丹父子杀之。丹宗族亲党三十余人，操兵诣府，称冤叫号。宣以丹前附王莽，虑交通海贼，乃悉收系剧狱，使门下书佐水丘岑尽杀之。青州以其多滥，奏宣考岑，宣坐徵诣廷尉。在狱，晨夜讽诵，无忧色。及当出刑，官属具馔送之，宣乃厉色曰："董宣生平未曾食人之食，况死乎！"升车而去。时同刑九人，次应及宣，光武驰使驺骑特原宣刑②，且令还狱。遣使者诘宣多杀无辜，宣具以状对，言水丘岑受臣旨意，罪不由之，愿杀臣活岑。使者以闻，有诏左转宣怀令，令青州勿案岑罪。岑官至司隶校尉。

【注释】

①五官掾：官名。

②驺（zōu）骑：驾驶车马的侍从。

【译文】

董宣字少平，陈留圉县人。起初被司徒侯霸征召，举荐为高第，又经过几次升迁后为北海相。到职后，任命大姓人家公孙丹为五官掾。公孙丹刚刚建好了一座宅院，而占卜之人却认为应该会有死去的人，于是公孙丹便让他的儿子杀了路上的一个行人，并将尸体放在他的房舍，想要以此来消除自己的灾祸。董宣知道后，即刻逮捕了公孙丹父子并将他们杀了。公孙丹宗族亲党共有三十多人，拿着兵器前往府衙，喊冤叫屈。董宣因为公孙丹之前依附王莽，忧虑他们会和海贼勾结，于是便将他们全部收押大牢，并让门下书佐水丘岑将他们全部杀掉。青州府认为董宣滥杀无辜，上奏参劾董宣并拷问水丘岑，董宣奉旨前往廷尉受审。董宣在狱中时，早晚都讽诵书籍，毫无忧虑的神色。等到受刑的时候，官署准备了一些食物来为他送行，于是董宣厉声说："我生平从未吃过他人给的食物，更何况是要死的时候！"随后便登入囚车离开了。当时，一同受刑的有九个人，按照次序轮到董宣的时候，光武帝派遣侍从特意前来免除了董宣的罪过，并且让他暂时回到监狱。派遣使者拷问董宣滥杀无辜的事情，董宣都一一回答了，说水丘岑受他的指示，罪责不应该让水丘岑承担，乞求杀掉自己而放过水丘岑。使者将自己所听到的上奏给光武帝，光武帝下诏书将董宣降为怀县令，并命令青州府不要再追查水丘岑的罪过。后来水丘岑官拜司隶校尉。

【原文】

后江夏有剧贼夏喜等寇乱郡境，以宣为江夏太守。到界，移书曰："朝廷以太守能禽奸贼，故辱斯任。今勒兵界首①，檄到，幸思自安之宜。"喜等闻，惧，即时降散。外戚阴氏为郡都尉，宣轻慢之，坐免。

【注释】

①界首：交界的地方。

【译文】

后来江夏郡又有剧贼夏喜等人扰乱郡县边境，朝廷便任命董宣为江夏太守。董宣到达郡界后，下发文书说："朝廷认为我可以擒拿奸贼，所以才委任我这一职位。如今我带兵到达交界之处，檄文到的时候，希望你们可以考虑到保全自我的方法。"夏喜等人听说后，很是畏惧，即刻便归降解散了。外戚阴氏为郡都尉，董宣对他非常怠慢，也由此被免去了官职。

【原文】

后特征为洛阳令。时湖阳公主苍头白日杀人，因匿主家，吏不能得。及主出行，而以奴骖乘，宣于夏门亭候之①，乃驻车叩马，以刀画地，大言数主之失，叱奴下车，因格杀之。主即还宫诉帝，帝大怒，召宣，欲箠杀之。宣叩头曰："愿乞一言而死。"帝曰："欲何言？"宣曰："陛下圣德中兴，而纵奴杀良人，将何以理天下乎？臣不须箠，请得自杀。"即以头击楹，流血被面。帝令小黄门持之，使宣叩头谢主，宣不从，强使顿之，宣两手据地，终不肯俯。主曰："文叔为白衣时②，臧主匿死，吏不敢至门。今为天子，威不能行一令乎？”帝笑曰：“天子不与白衣同。”因敕强项令出。赐钱三十万，宣悉以班诸吏。由是搏击豪强，莫不震栗。京师号为“卧虎”。歌之曰：“枹鼓不鸣董少平[3]。”

【注释】

①夏门亭：洛阳北门外的万寿亭。

②白衣：平民百姓。

③枹鼓：县衙前面供鸣冤之人用的鼓。

【译文】

随后，董宣又被征召为洛阳令。当时湖阳公主的下属大白天杀了人，因而藏匿在湖阳公主家中，官员没办法将他逮捕。等到公主出行的时候，就让这个犯事的奴仆陪驾，董宣便在夏门亭处等候，勒住公主的车驾，用刀画地，大声数落公主的过失，并呵斥那个奴仆下车，当众将他杀了。公主立即回到宫里向光武帝申诉，光武帝很生气，便召董宣入宫，想要将他杖杀。董宣叩头说：“希望听我一句话再赐我死。”光武帝说：“你想要说什么？”董宣说：“陛下圣德中兴汉室，而却纵容奴仆杀掉好人，又该凭借什么治理天下呢？我不需要被杖杀，我请求自杀。”于是立即用头撞击厅柱，血流满面。光武帝让小黄门搀住了董宣，让董宣去给公主叩头谢罪，董宣不听，于是小黄门便强行让董宣叩头，董宣双手撑着地，最终都不肯低头。公主说：“文叔为平民百姓的时候，藏匿犯罪之人，隐藏杀人的人，官员都不敢上门捉拿。而今他贵为天子，难道不能对一个县令行使权威吗？”光武帝笑着说：“天子和平民百姓不一样。”因而让这个脖子强硬的县令出去了。赏赐给董宣三十万钱，他全部都分给了各个官署。由此董宣对抗打击豪强，豪强中没有不畏惧他的。京城中人称他为“卧虎”。歌唱他说：“枹鼓不鸣董少平。”

【原文】

在县五年。年七十四，卒于官。诏遣使者临视，唯见布被覆尸，妻子对哭，有大麦数斛、敝车一乘。帝伤之，曰：“董宣廉洁，死乃知之！”以宣尝为二千石，赐艾绶[1]，葬以大夫礼。拜子并为郎中，后官至齐相。

【注释】

①艾绶：系印绶的绿色丝带，为二千石以上官员所用。

【译文】

董宣做了五年的洛阳令。他七十四岁的时候，在任期离世。光武帝下诏让使者前去探望，只见董宣的尸体用布被盖着，他的妻子儿女相对哭泣，家中只有大麦几斛、破车一辆，光武帝得知后很是哀伤，说："董宣一生廉洁，直到他死后我才知道！"于是光武帝以董宣曾经担任二千石官员为由，赏赐艾绶，并以大夫的礼仪安葬他。后又任命董宣的儿子董并为郎中，后来官拜齐国相。

儒林列传

【题解】

本篇主要讲述了东汉时期儒学的发展状况，以及儒学的发展对于东汉社会的影响。东汉的帝王大多崇尚儒学，提倡儒道，使得儒学思想成为东汉时期百姓的普遍价值观念。

【原文】

昔王莽、更始之际，天下散乱，礼乐分崩，典文残落。及光武中兴，爱好经术[1]，未及下车，而先访儒雅，采求阙文，补缀漏逸。先是，四方学士多怀协图书，遁逃林薮。自是莫不抱负坟策[2]，云会京师，范升、陈元、郑兴、杜林、卫宏、刘昆、桓荣之徒，继踵而集。于是立《五经》博士，各以家法教授，《易》有施、孟、梁丘、京氏，《尚书》欧阳、大小夏侯，《诗》齐、鲁、韩，《礼》大小戴，《春秋》严、颜，凡十四博士，太常差次总领焉。

【注释】

①经术：经学儒术。

②坟策：古代典籍。

【译文】

昔日王莽、更始帝时期，天下混乱，礼乐分崩，典籍经文毁坏遗失。等到光武中兴时期，光武帝喜好经学儒术，还没有即位，便四处寻访儒雅之士，搜寻缺漏的文章，补全连缀缺漏散失的典籍。先前，四方的学士大都带着图书，逃到山林野泽中隐居起来。自此（光武帝时期）之后没有不拿着经书典籍，在京城云集的，范升、陈元、郑兴、杜林、卫宏、刘昆、桓荣之类的人，也接踵而至。于是光武帝设置《五经》博士，各自以家法的方式传授，《易》有施（施雠）、孟（孟喜）、梁丘（梁丘贺）、京氏（京房），《尚书》有欧阳（欧阳生）、大夏侯（夏侯胜）、小夏侯（夏侯建），《诗》有齐（辕固生）、鲁（申公）、韩（韩婴），《礼》有大戴（戴德）、小戴（戴圣），《春秋》有严（严彭祖）、颜（颜安乐），总共有十四家博士，太常按照次序来总领他们。

【原文】

建武五年，乃修起太学，稽式古典[①]，笾豆干戚之容[②]，备之于列，服方领习矩步者，委它乎其中。中元元年，初建三雍。明帝即位，亲行其礼。天子始冠通天，衣日月，备法物之驾，盛清道之仪，坐明堂而朝群后[③]，登灵台以望云物，袒割辟雍之上[④]，尊养三老五更。飨射礼毕[⑤]，帝正坐自讲，诸儒执经问难于前，冠带缙绅之人，圜桥门而观听者盖亿万计。其后复为功臣子孙、四姓末属别立校舍，搜选高能以受其业，自期门羽林之士，悉令通《孝经》章句，匈奴亦遣子入学。济济乎，洋洋乎，盛于永平矣！

【注释】

①稽式：取法。

②笾（biān）豆：古代祭祀用的礼器。

③群后：各个诸侯国的国王。

④袒割：天子袒着衣服，亲自切割牲畜，以表示敬老、养老的礼仪。

⑤飨射：古代礼仪的一种。

【译文】

建武五年，开始修建太学，效法古时典章制度，笾豆礼器以及武舞之荣，置备在行列内，穿着儒生服饰迈着规矩步伐的人，掺杂其中。中元元年，开始修建三雍。明帝即位后，亲自行使大礼。天子开始戴着通天冠，穿着日月服，乘坐法物齐备的车驾，举行隆重的清道仪式，坐在明堂之上朝见各诸侯国的国王，登上灵台以观望天象，袒着衣服亲自切割牲口于辟雍之上，尊养三老五更。飨射之礼结束后，皇帝正坐并亲自讲解经书，各个儒士拿着经书上前询问辩驳，冠带的士大夫，围绕在桥门处而观看听讲的人有亿万数。而后又为功臣子弟、四姓亲属另外建立校

舍，搜罗有较高能力的人来传授他们学业，自期门羽林的武士开始，都下令让他们通读《孝经》章句，匈奴人也派人前来学习。人很多，很强盛，在永平时期就非常盛大了。

【原文】

建初中，大会诸儒于白虎观①，考详同异，连月乃罢。肃宗亲临称制，如石渠故事，顾命史臣，著为通义。又诏高才生受《古文尚书》《毛诗》《谷梁》《左氏春秋》，虽不立学官，然皆擢高第为讲郎，给事近署，所以网罗遗逸，博存众家。孝和亦数幸东观，览阅书林。及邓后称制，学者颇懈。时樊准、徐防并陈敦学之宜，又言儒职多非其人，于是制诏公卿妙简其选，三署郎能通经术者，皆得察举。自安帝览政，薄于艺文，博士倚席不讲②，朋徒相视怠散，学舍穨敝，鞠为园蔬，牧儿荛竖，至于薪刈其下。顺帝感翟酺之言，乃更修黉宇③，凡所造构二百四十房，千八百五十室。试明经下第补弟子，增甲乙之科员各十人，除郡国耆儒皆补郎、舍人。本初元年，梁太后诏曰："大将军下至六百石，悉遣子就学，每岁辄于乡射月一飨会之，以此为常。"自是游学增盛，至三万余生。然章句渐疏，而多以浮华相尚，儒者之风盖衰矣。党人既诛，其高名善士多坐流废，后遂至忿争，更相言告，亦有私行金货，定兰台桼书经字，以合其私文。熹平四年，灵帝乃诏诸儒正定《五经》，刊于石碑，为古文、篆、隶三体书法以相参检，树之学门，使天下咸取则焉。

【注释】

①白虎观：古时候的观名。

②倚席：古时候，人们讲学的时候，都会席地而坐。此处指将席子搁置一边，有废止讲学的意思。

③黉（hóng）宇：学舍。

【译文】

建初年间，皇帝在白虎观大会儒士，考究审议《五经》的异同，一连几个月才结束。肃宗亲自前往并以天子的身份进行裁决，效仿汉宣帝在石渠阁时的旧制，命令史官，编著通义。又下诏高才生学习《古文尚书》《毛诗》《穀梁》《左氏春秋》，虽然没有设立学官，然而都会选拔成绩优异者为讲郎，任职于近署，以搜罗遗逸学说，博学百家。孝和皇帝也几次前往东观，浏览书籍。等到邓太后临朝，学者们都有些懈怠。当时，樊准、徐防一起上书陈述督促勉励习经的事宜，又说儒学官职大都不是本职人担任，于是又下令公卿精选合适的人才，三署中能够通晓经书典籍的郎官，都得以举荐选拔。自从安帝亲政后，不重视六艺经文，博士废止讲学，门人子弟懈怠懒散，学舍渐渐倾颓，成了菜园子，牧童樵夫，都前往此处放牧砍柴。顺帝有感于翟酺的言论，于是再次修缮学舍，一共修建了二百四十栋房子，共一千八百五十间屋子。明经考试落选的人补为太学的弟子，又增加甲乙两科人员各十位，郡中国中的年迈儒者除外都补任为郎、舍人。本初元年，梁太后下诏说："大将军以下至六百石官员，都要让自己的儿子前去学习，每年都要在乡射月举办飨射会，并将此作为常例。"自此游学之风盛行，学生一度达到三万多人。然而学士对于章句渐渐地疏远，而大多以浮华相比，儒者之风渐渐地衰败了。党人被诛杀后，一些名望很高、品行高尚之人也大多被牵连流放，后来到了愤恨争执的地步，甚至是相互控告，也有一些人私下用钱贿赂，更改兰台漆书的经书文字，以此来迎合他们自己的文字。熹平四年，灵帝下诏各个儒生正定《五经》，将其刻在石碑上，用古文、篆书、隶书三种字体书写以相互参照检验，将这块石碑树立在太学门口，让天下人都以此作为准则。

【原文】

初，光武迁还洛阳，其经牒秘书载之二千余两，自此以后，参倍于前。及董卓移都之际，吏民扰乱，自辟雍、东观、兰台、石室、宣明、鸿都诸藏典策文章，竞共剖散，其缣帛图书，大则连为帷盖，小乃制为縢囊。及王允所收而西者。裁七十余乘，道路艰远，复弃其半矣。后长安之乱①，一时焚荡，莫不泯尽焉。

【注释】

①长安之乱：汉献帝初平三年夏四月，司徒王允和吕布等人合谋诛杀董卓，董卓派遣部将李傕、郭汜围攻长安城。此处混战死伤官员百姓上万余人。

【译文】

起初，光武帝迁都洛阳，光是装载经牒秘书的车辆就有两千多乘，自此之后，比先前多了三倍。等到董卓迁都的时候，官员百姓混乱，从辟雍、东观、兰台、石室、宣明、鸿都等地收藏的经书典籍，都被破坏散失，其中的缣帛图书，大些的就被连缀成车盖和帷幔，小一些的被制成了縢囊。等到王允将这些书籍收集起来运往西京时，总共就有七十多辆，道路艰难险阻，又丢弃了一半。后来长安之乱的时候，被焚烧殆尽，没有留存了。

【原文】

东京学者猥众[①]，难以详载，今但录其能通经名家者，以为《儒林篇》。其自有列传者，则不兼书。若师资所承，宜标名为证者，乃著之云。

【注释】

①猥：众多。

【译文】

东京的学者很多，难以详细记载，而今只记载那些可以通晓经书的名家儒者，写成《儒林篇》。其中那些个人有列传的，就不再此篇记述了。如若师门相承，应该标注好姓名以做证明，然后才记述下来。

【原文】

论曰：自光武中年以后，干戈稍戢[①]，专事经学，自是其风世笃焉。其服儒衣，称先王，游庠序，聚横塾者，盖布之于邦域矣。若乃经生所处[②]，不远万里之路，精庐暂建，赢粮动有千百，其耆名高义开门受徒者，编牒不下万人，皆专相传祖，莫或讹杂。至有分争王庭，树朋私里，繁其章条，穿求崖穴，以合一家之说。故扬雄曰："今之学者，非独为之华藻，又从而绣其鞶帨。"夫书理无二，义归有宗，而硕学之徒，莫之或徙，故通人鄙其固焉，又雄所谓"譊譊之学，各习其师"也③。且观成名高第，终能远至者，盖亦寡焉，而迂滞若是矣。然所谈者仁义，所传者圣法也。故人识君臣父子之纲，家知违邪归正之路。

【注释】

①戢（jí）：收藏兵器，停止战争。

②经生：博士。

③譊譊（náo náo）：争辩。

【译文】

论说：自光武中年之后，战乱就渐渐平定了，一心从事经学的研究工作，自此世风渐渐笃厚。那些穿着儒生的衣服，讲解先王的圣道，在庠序游学，在横塾聚集的人，遍布于邦国各地。到达博士所居住的地方，不远万里前来求学的人，只能暂时修建精简的学舍，带着粮食前来学习的有上千上百人，那些有着很高名望、开门收徒的人，在简册上有记录的也不下上万人，都专业传授学习，没有讹传错误的地方。后来就发展为在朝堂辩论，各自也有乡里朋党，繁其章条，寻求隐秘的士人，希望能够符合自身的学说。所以扬雄说："如今的学者，不仅仅辞藻华丽，而且还过于烦琐。"原本书中的道理只有一个，意思就是要统一学说，而那些饱学之士，不能有任何的迁移改变，所以普通人常常嘲笑他们的固执，又有扬雄所说"争辩的学问，都是从老师那里学来的"。而且纵观那些成名高第之人，真正从远方而来的，并不多，却迂滞到如此的地步。然而他们所谈论的是仁义，所传授的是先圣之法。所以人们知道君臣父子的纲要，每家每户都知道违邪归正的道路。

范式列传

【题解】

范式列传节选自《独行列传》，讲述了二十多个分属不同流俗的独行者的形象，而范式就是其中的代表之一。范式列传，通过几个感人细节的描写，刻画出一个重情重义、有着高尚操行的独行者的形象，这也是东汉时期社会风气的客观体现。

【原文】

范式字巨卿，山阳金乡人也，一名汜。少游太学，为诸生，与汝南张劭为友。劭字元伯。二人并告归乡里。式谓元伯曰："后二年当还，将过拜尊亲，见孺子焉。"乃共尅期日。后期方至，元伯具以白母，请设馔以候之。母曰："二年之别，千里结言，尔何相信之审邪？"对曰："巨卿信士，必不乖违。"母曰："若然，当为尔醖酒[1]。"至其日，巨卿果到，升堂拜饮，尽欢而别。

【注释】

①醞（yùn）酒：酿酒。

【译文】

范式字巨卿，山阳金乡人，又叫氾。范式少时在太学游历，成为儒生，和汝南张劭为好友。张劭字元伯。后来两个人又一起告假回乡。范式对元伯说："两年之后我会回去，将会前去拜见您的父母，探望您的孩子。"于是便一起约定好了日期。后来约定的时间将要到了，元伯将这件事情一五一十地告诉给自己的母亲，并请母亲设下宴席等候范式。元伯的母亲说："分开了两年，相隔千里的诺言，你为何会相信他呢？"元伯回答说："我相信范式是个诚信之人，他不会违背誓言的。"元伯的母亲说："如果是这样，我应该给你们酿酒。"到了约定的时期，范式果然如约而至，登入大堂对拜而饮，尽兴后又告别离去。

【原文】

式仕为郡功曹。后元伯寝疾笃，同郡郅君章、殷子徵晨夜省视之。元伯临尽，叹曰："恨不见吾死友！"子徵曰："吾与君章尽心于子，是非死友①，复欲谁求？"元伯曰："若二子者，吾生友耳。山阳范巨卿，所谓死友也。"寻而卒。式忽梦见元伯玄冕垂缨屣履而呼曰："巨卿，吾以某日死，当以尔时葬，永归黄泉。子未我忘，岂能相及？"式怳然觉寤②，悲叹泣下，具告太守，请往奔丧。太守虽心不信而重违其情，许之。式便服朋友之服，投其葬日，驰往赴之。式未及到，而丧已发引，既至圹，将窆③，而柩不肯进。其母抚之曰："元伯，岂有望邪？"遂停柩移时，乃见有素车白马，号哭而来。其母望之曰："是必范巨卿也。"巨卿既至，叩丧言曰："行矣元伯！死生路异，永从此辞。"会葬者千人，咸为挥涕。式因执绋而引柩，于是乃前。式遂留止冢次，为修坟树，然后乃去。

【注释】

①死友：到死都不会相负的朋友。

②怳（huǎng）然：惆怅，失意。

③窆（biǎn）：下葬。

【译文】

范式官拜郡功曹。后来，元伯卧病在床，同郡的郅君章、殷子徵早晚都前去探望。元伯临终的时候，感叹说：“最遗憾的是没办法看到我的死友！”殷子徵说：“我和郅君章尽心照料您，都不是至死不负的朋友，又有谁是呢？”元伯说：“你们两个人，是我生前的朋友。山阳的范式，是我至死不负的朋友。”不久之后就死去了。范式突然梦到元伯戴着垂着缨带的黑色帽子急匆匆地向他走过来并大声说：“范式，我在某一天死去，应该在某时下葬，永远归附黄泉。您若还没有将我忘了，能不能再见一面？”范式惆怅地醒来，悲叹痛哭，便将这一情况上报给太守，希望能够前去奔丧。太守虽然心里不相信又不忍心违背范式的感情，就答应了。于是范式穿着为朋友服丧的服饰，到了元伯下葬的那天，疾驰前去。范式还没有赶到，元伯的灵柩已经出发，前往墓地，将要下葬，而灵柩却怎么都不肯进去。他的母亲抚着棺柩说：“元伯，你还有什么期望吗？”于是便将灵柩停下等候了一会儿，于是就看见有素车白马，从远方号哭而来。元伯的母亲看到后说：“这一定是范式了。”范式刚到，便叩拜灵柩说：“元伯你走吧！生死异路，从此就永别了。”参加葬礼的有上千人，都为此流下了眼泪。范式拿着绳索引导灵柩，于是灵柩才慢慢地向前。之后范式留在元伯的坟墓旁，为他修建坟墓、种植树木，而后才离开。

【原文】

后到京师，受业太学。时诸生长沙陈平子亦同在学，与式未相见，而平子被病将亡，谓其妻曰：“吾闻山阳范巨卿，烈士也，可以托死。吾殁后，但以尸埋巨卿户前。”乃裂素为书，以遗巨卿。既终，妻从其言。时式出行适还，省书见瘗[①]，怆然感之，向坟揖哭，以为死友。乃营护平子妻儿，身自送丧于临湘。未至四五里，乃委素书于柩上，哭别而去。其兄弟闻之，寻求不复见。长沙上计掾史到京师，上书表式行状，三府并辟，不应。

【注释】

①瘗（yì）：坟墓。

【译文】

后来范式前往京师，在太学求学。当时有一个长沙儒生陈平子也在太学学习，和范式从未见过面，而陈平子生病快要死去时，对他的妻子说：“我听说山阳的范式，是一个有气节壮志的人，可以托付生死。我死后，将尸首埋在范式的门前。”而后就撕下一块白布写了一封书信，以给范式。陈平子去世后，他的妻子遵照他的遗嘱去做。当时范式正好出行回来，读了书信也看到了坟墓，怆然不已，对着坟墓作揖哭泣，将他当成自己的死友。于是开始照料陈平子的妻儿，并亲自将他的灵柩运回临湘。在和目的地相距四五里的地方，范式把白布书信放在陈平子的灵柩上，哭着离开。陈平子的兄弟听说后，四处寻找都没有找到范式。长沙上计掾史前往京城，上书表彰范式的壮举，三府都要征召他，范式没有回应。

【原文】

式后迁庐江太守，有威名，卒于官[①]。

【注释】

①官：任职期间。

【译文】

后来范式升任庐江太守，颇有威名，后在任职期间去世。

乐羊子妻传

【题解】

乐羊子妻传，节选自《列女传》。《列女传》也是《后汉书》中极富有特色的类传。范晔为这些德行高尚、才华横溢的女子立传，体现了对女性的尊重。乐羊子妻只是一介平民，但却有着异于常人的气节。不贪图蝇头小利，尊老爱幼，不畏强暴，直至今天都值得人们赞扬称颂。

【原文】

河南乐羊子之妻者，不知何氏之女也。羊子尝行路，得遗金一饼，还以与妻，妻曰："妾闻志士不饮盗泉之水，廉者不受嗟来之食，况拾遗求利，以污其行乎！"羊子大惭，乃捐金于野，而远寻师学。一年来归，妻跪问其故。羊子曰："久行怀思，无它异也。"妻乃引刀趋机而言曰："此织生自蚕茧，成于机杼，一丝而累，以至于寸，累寸不已，遂成丈匹。今若断斯织也，则捐失成功，稽废时月。夫子积学，当日知其所亡，以就懿德。若中道而归，何异断斯织乎？"羊子感其言，复还终业，遂七年不反。妻常躬勤养姑[1]，又远馈羊子。

【注释】

①姑：古时女子称呼丈夫的母亲为姑。

【译文】

河南乐羊子的妻子，不知道是哪家的女儿。羊子曾经在走路的时候捡到了一块金子，回到家交给了妻子，妻子说："我听说有志之士不会饮用盗泉的水，有志者不接受嗟来之食，更何况是捡了他人的东西来谋求利益，以此玷污自己的德行呢！"羊子很惭愧，于是将金子丢弃在荒野，随后就远去拜师求学了。一年之后羊子回来，妻子跪着问他回来的原因。羊子说："长久离家有些思念，没有其他原因。"于是妻子拿刀走到纺织机前说："这织品生自蚕茧，而由机杼将它们织成，一根根的线累积起来，才有了这一寸，一寸寸的布再累积起来，才成了一匹布。而今如若切断已经完成的织品，那么整个努力都会废弃了，白白浪费了那么多时间。您积累学识，应该每天都学习一些你所不知道的东西，以此来成就自身的美德。如若半途而废，和割断织品又有什么区别？"羊子有感于妻子的话，又回去进修学业，七年都没再回家。他的妻子则躬身农事服侍公婆，并且还给远方的羊子寄去了物品。

【原文】

尝有它舍鸡谬入园中，姑盗杀而食之，妻对鸡不餐而泣①。姑怪问其故。妻曰："自伤居贫，使食有它肉。"姑竟弃之。

【注释】

①不餐：不吃。

【译文】

有一次别人家的鸡跑进羊子家的菜园子，她的婆婆便将这只鸡杀掉煮了，乐羊子的妻子不吃面前的鸡肉并哭泣起来。婆婆奇怪地问她原因。乐羊子妻说："我因为自己的贫困而难过，让自家的食物里面含有其他人家的肉。"最后她的婆婆将煮熟的鸡丢掉了。

【原文】

后盗欲有犯妻者①，乃先劫其姑。妻闻，操刀而出。盗人曰："释汝刀从我者可全，不从我者，则杀汝姑。”妻仰天而叹，举刀刎颈而死。盗亦不杀其姑。太守闻之，即捕杀贼盗，而赐妻缣帛，以礼葬之，号曰“贞义”。

【注释】

①犯：欺凌。

【译文】

后来有强盗想要欺凌乐羊子的妻子，于是便先劫持了她的婆婆。乐羊子妻听说后，拿着刀就出来了。强盗说：“放下你手中的刀并听从我就可以保全你们的性命，如若不听从我，我就杀掉你的婆婆。”乐羊子的妻子仰天长叹，随后就举刀自刎了。强盗也没有杀她的婆婆。当地的太守听说了这件事，即刻逮捕并杀掉了强盗，并且赐给乐羊子妻绢丝物品，依照礼仪厚葬了她，号称“贞义”。

参考文献

[1] 陈芳译注. 后汉书[M]. 北京：中华书局，2009（为原文主要参照版本）.

[2] 启五译注. 后汉书译注[M]. 上海：上海三联书店，2014.

[3] 马彪导读及译注，饶宗颐主编. 后汉书[M]. 北京：中信出版社，2015.

[4] 王承略、任成良译注. 后汉书[M]. 济南：山东画报出版社，2013.